JN007628

スイスイわかる 保育士採用 教養試験 問題集

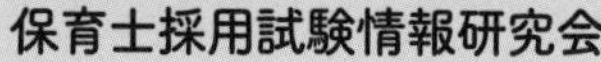

保育士採用試験情報研究会

TAC出版
TAC PUBLISHING Group

はじめに

本書は，すでに保育士の資格を持っている人，または取得見込みの人で，市区町村で実施している公務員採用試験の保育士職を受験する人を対象としています。

保育士採用試験に合格し，採用されるためには，次の３つのハードルを越えなければなりません。

①保育士採用試験は，行政・事務職の公務員試験と異なり，各自治体において毎年必ず実施されているわけではありません。そのため，採用試験の有無を早めに確認する必要があります。

②保育士採用試験は公務員採用試験の１つなので，専門試験，実技試験のみならず，教養試験，作文試験，口述試験が課されます。近年，保育士としての専門知識はもとより，教養ある人間が強く求められていることから，教養試験，作文試験，口述試験の全体に占めるウエートがかなり高くなっています。したがって，幅広い知識を身につける必要があります。

③保育士採用試験の場合，各自治体の採用人数が非常に少ないため，競争率は自治体によってはかなり高いものとなります。ただし，競争率は自治体によりばらつきがあるので，これに関する情報収集が重要となります。

上記の①については受験者の力の及ぶことではありませんが，②③については努力次第でクリアできるものです。

そこで本書は，受験者が受験の準備に苦労されている「教養試験」に的を絞り，短期間で実力が向上できるよう，出題頻度の高い問題を厳選し，わかりやすい解説をつけました。公務員試験の場合，各科目とも出題範囲が広いので，これらの類似問題および関連事項が確実に本番で出題されるとはいえませんが，合格圏に突入するためにはどうしてもマスターしておきたい知識・テクニックといえます。

編　集　部

<本書の構成>

■本書は，受験案内，教養試験，模擬試験（教養試験）の３部構成になっています。まずは，受験案内をよく読み，保育士採用試験の概要を把握して下さい。

■教養試験は，「一般知能」と「一般知識」の２つから構成されています。ただ，教養試験において基準点をクリアし，さらに高得点をめざすには「一般知能」の問題を徹底的にトレーニングする必要があります。なぜなら，「一般知識」の各科目をマスターするには多くの時間がかかりますが，「一般知能」の各科目は出題数も多いし，練習を積めば積むほど高得点が期待できるので，まずはこれを徹底的に準備しましょうということです。決して「一般知識」を軽視しているわけではありません。

★「一般知能」の科目である「文章理解」「数的推理」「判断推理」「資料解釈」は，「基本問題」「練習問題」「予想問題」の３つから構成されています。

★「一般知識」の各科目は，「Check !!重要事項」「予想問題」の２つから構成されています。

■模擬試験（教養試験）は，「模擬試験１」「模擬試験２」「模擬試験３」から構成されています。ここでのポイントは，試験にチャレンジして何点取れるかに神経を集中させるだけではなく，試験の終了後，まちがった箇所をチェックし，正しい知識を身につけることです。たまたま，正解の選択肢を選んだ場合も同様です。詳しい解説を載せているので，知識を蓄積するための手段として考えてください。

保育士採用 教養試験 CONTENTS

Ⅰ 受験案内

Ⅱ 教養試験

CONTENTS　保育士採用　教養試験

Ⅰ　受験案内

保育士への道

保育士採用試験の概要

作文試験

口述（面接）試験

保育士への道

1 保育士の職場と現状

保育士とは,「登録を受け, 保育士の名称を用いて, 専門的知識及び技術をもって, 児童(乳児・幼児など)の保育及び児童の保護者に対する保育に関する指導を行うことを業とする者」を指します。

2001年の児童福祉法の改正によって, 保育士資格が名称独占資格(保育士でない者が保育士と称することを禁止する)に改められるとともに, 保育士にも信用失墜行為の禁止が盛り込まれました。これは地域の子育てを支援する専門職として, 保育士としての役割が期待されていることを示すものです。

(1) 保育士の職場

保育士の職場として最初にあげられるのが保育所です。保育所には児童福祉法に定める基準により認可されている保育所と, 認可を受けていない認可外保育施設があります。

認可保育所…国が示す最低限必要な設備などを備えており, これらを維持するために必要な費用が, 国, 都道府県, 市町村から支給されます。なお, 運営主体により, 公立保育所(市区町村の設置), 私立保育所(市区町村以外の設置)に分けられます。

認可外保育施設…国, 都道府県, 市町村から運営費用の補助が受けられないため, 保護者の支払う保育料が認可保育所に比べ高いものとなります。なお, 認可外保育施設のなかには特色のある運営を目的に, あえて認可を受けない保育施設もあります。

保育士の資格を生かせる職場は保育所のほかに, 乳児院, 児童養護施設, 母子生活支援施設, 障害児関連施設等があります。

(2) 保育所と幼稚園の違い

保育所は, 親が仕事をしている, あるいはその他の事情で子どもの養育を行うのが困難な場合, 0歳から小学校入学までの子どもを預かり, 保育する施設です。そのため, 保育時間は長いものとなり(8時間が基本), 子どもにとっては第2の生活の場所となります。

一方, 幼稚園は, 満3歳以上の子どもの心身の発達を手助けすることを目的としたもので, その位置づけは小学校, 中学校, 高等学校, 大学などと同様に「学校」の1つです。

	保育所	幼稚園
根拠法	児童福祉法	学校教育法
所管省庁	厚生労働省	文部科学省
目的	日々保護者の委託を受けて，保育を必要とするその乳児又は幼児を保育すること	幼児を保育し，幼児の健やかな成長のために適当な環境を与えて，その心身の発達を助長すること。
対象	保育に欠ける0歳～小学入学前までの乳児・幼児など	満3歳～小学入学前までの幼児
1日の保育・教育時間	8時間を原則	4時間を標準
年間の保育・教育日数	規定なし。しかし，長期の休みは設けていない。	39週以上
職員	保育士	幼稚園教諭

（注）多くの私立幼稚園では「預かり保育」（保護者の希望による4時間以上の保育）が実施されており，保育時間が長くなっています。そのため，保育所と幼稚園の運営の方法が近づいています。

(3) 保育所の勤務体制

保育所の開所時間は通常 11 時間（保育時間は原則として 8 時間）ですが，時代の要請により，延長保育や夜間保育を行っている保育所が増えているため，開所時間は全般的に長くなっています。この傾向は都市部において近年さらに顕著になっています。

保育士の勤務時間は労働基準法に従い，1 日 8 時間（休憩時間を除く）となっています。したがって，他の職業より長いということはありま

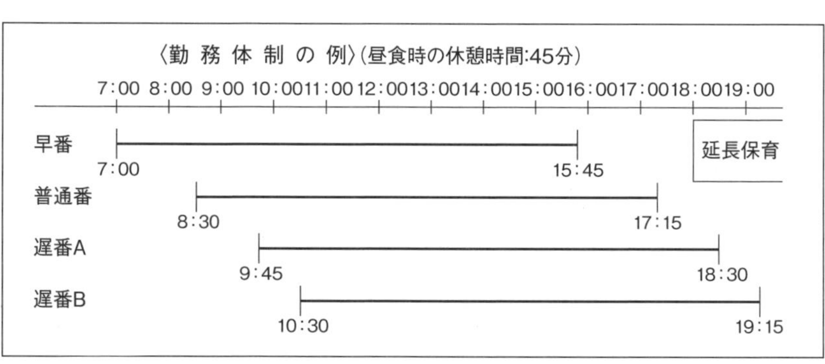

せん。ただ，保育所の場合，開所時間が長いことから，これに対応するため多くの保育所では前図のように普通番のほかに，早番，遅番A，遅番Bが設けられています。

なお近年，週休二日制の保育所が一般化しています。こうした保育所では，土曜日は交代勤務となり，他の曜日（日曜日以外）に1日休日をとるというパターンが多い。

2　保育士試験と保育士採用試験

保育士試験と保育士採用試験を混同している人がたまにいます。前者の試験は保育士資格を取得するために受験するものであり，後者の試験は保育士資格を持っている人が公立保育所などで働くために受験するものです。

(1) 保育士になるための２つの方法

保育士の資格を取得する方法は２つあります。

①高校卒業後，厚生労働大臣の指定する保育士を養成する学校・施設（保育士養成課程のある専門学校・短期大学・大学など）を卒業する。この場合，卒業と同時に保育士資格を取得できます。

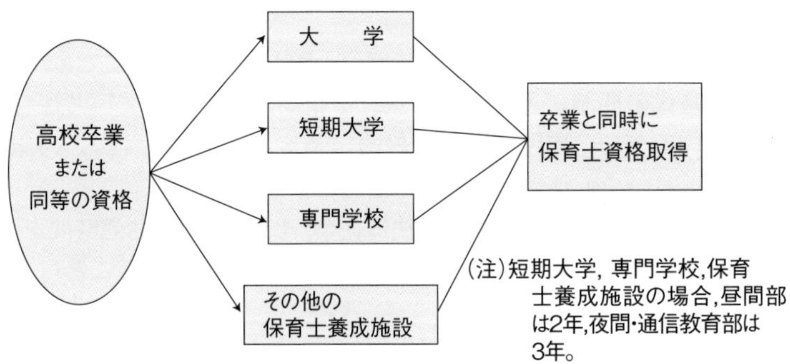

②都道府県知事の実施する保育士試験に合格して，保育士資格を取得する。

〈保育士試験の受験資格〉

1．学校教育法による大学に２年以上在学（短期大学は卒業）して62単位以上修得した者または高等専門学校を卒業した者，その他その者に準ずるものとして厚生労働大臣の定める者

2．学校教育法による高等学校もしくは中等教育学校を卒業した者，学校教育法第 90 条第２項の規定により大学への入学を認められた者もしくは通常の課程による 12 年の学校教育を修了した者（通常の課程以外の課程によりこれに相当する学校教育を修了した者を含む）又は文部科学大臣においてこれと同等以上の資格を有すると認定した者であって，児童福祉施設等において２年以上児童の保護に従事した者
3．児童福祉施設等において，５年以上児童の保護または援護に従事した者
4．前各号に掲げる者のほか，厚生労働大臣の定める基準に従い，都道府県知事において適当な資格を有すると認めた者

(2) 保育士として働くためには

保育士の資格を取得したら都道府県知事に登録を行い，保育士証の交付を受ける必要があります。

公立保育所で働くためには，市区町村で実施される保育士採用試験に合格し，採用されなければなりません。後で詳しく説明しますが，保育士採用試験は公務員試験なので，専門試験，実技試験のほかに教養試験が課されるのが大きな特徴です。

一方，私立保育所の場合，各運営主体（社会福祉法人等）が独自に採用試験を実施しています。そのため，各自治体で実施される保育士採用試験のように教養試験，専門試験などが必ず課されるということはなく，むしろ面接に試験のウエートが置かれています。

● 認定こども園 ●

★特徴　幼稚園と保育所の両方の機能や特長を併せもつ施設

★４つのタイプ　認定こども園は次の４つのタイプに分けられる。

・幼保連携型…幼稚園的機能と保育所的機能の両方の機能をもつ単一の施設として，認定こども園の機能を果たすタイプ。
・幼稚園型…認可幼稚園が保育所的な機能を備えたタイプ。
・保育所型…認可保育所が幼稚園的な機能を備えたタイプ。
・地方裁量型…幼稚園や保育所の認可をもたない地域の教育・保育施設が，認定こども園としての機能を果たすタイプ

保育士採用試験の概要

1　採用試験の流れ（申込みから採用まで）

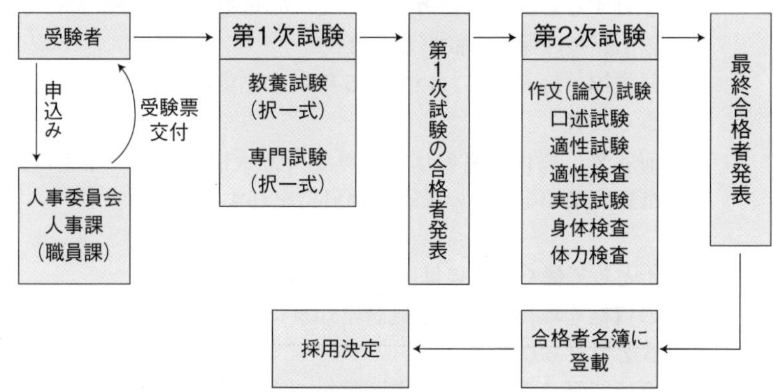

（注）・ごく一部の自治体では教養試験を課していない。
・作文（論文）試験,適性試験,適性検査を第1次試験で実施する自治体も多々ある。
・口述試験を第1次試験と第2次試験で実施する自治体もある。
・自治体によっては,第3次試験まで行われる。
・最終合格者は合格者名簿に登載され,その名簿の中から任命権者（市長など）が採用者を決定する。
・合格者名簿の有効期間は,名簿登載の日から原則として1年間である。

2　受験資格

(1) 年　齢

下記に示すように，各自治体によりまちまちであるが，最も多いのは「試験実施年の4月1日現在で，19歳以上28歳未満の者」です。ポイントは，早い時期に人事委員会または人事課(職員課)に直接問い合わせることです。

・試験実施年の4月1日現在で，25歳以下の者
・試験実施年の4月1日現在で，34歳以下の者
・試験実施年の4月1日現在で，19歳以上28歳未満の者
・試験実施年の4月1日現在で，19歳以上29歳未満の者，など

(2) 学　歴

都道府県や政令指定都市の場合，学歴を問われることは少ないですが，市役所の場合，学歴を問われることが少なくありません。例えば，市役所で上級，中級，初級と区分して試験を実施する場合，上級では大学卒業あるいは大学卒業見込み，中級では短大卒業あるいは短大卒業見込み

の学歴が必要となります。

(3) 資　格

各自治体とも,「保育士資格取得者または翌年３月までに取得見込みの者」となっています。なお，幼稚園教諭と同時に募集している自治体の場合，幼稚園教諭免許を併せてもっていることを求める自治体もあります。

(4) その他

大部分の自治体において，地方公務員法第 16 条の各号のいずれかに該当する者は受験できません。

・成年被後見人又は被補佐人
・禁錮以上の刑に処せられ，その執行を終わるまで又はその執行を受けることがなくなるまでの者
・当該自治体職員として懲戒免職の処分を受け，当該処分の日から２年を経過しない者，など

なお，一部の市役所では，現在○○市に居住している者，あるいは採用後市内に居住可能な者，などの住所要件を課しています。また最近は，外国籍の人の受験を可能とする自治体も増えています。

3　受験申込みの手順

(1) 試験の有無の確認

保育士採用試験は一部の自治体を除いて，毎年は実施されないことが多いので，受験の際には志望する自治体に試験の有無を確認する必要があります。試験の実施時期は６月下旬頃，７月下旬～８月上旬頃，９月中旬～下旬頃，のいずれかに行われますが，欠員が出たら行う自治体も少なくありません。各自治体のホームページを絶えずチェックしましょう。

(2) 受験申込書の入手

入手方法は３つあります。

①指定の場所に，直接とりに行く。
②志望する自治体の人事委員会または人事課 (職員課) に「保育士採用試験の受験申込書」を請求し，送付してもらう。この際，封筒の表に「保育士採用試験受験申込書請求」と朱書し，切手を貼った返信用封筒を同封する。
③多くの自治体では申込書の請求をホームページ上でできるので，これを利用する。

(3) 受験申込書の提出

受験申込書に必要事項を受験者本人が記入し，写真を貼って申し込む。記入の際には，「採用試験案内」の「記入要領」を参考にすること。

また，多くの自治体ではインターネットによる申込みが可能である。ただし，申込締切直前はアクセスが混雑することがあるので注意が必要。

4　試験の構成・内容

試験の種目には，教養試験（択一式），専門試験（択一式），作文（論文）試験，口述試験（個別面接など），実技試験，適性試験（一部の自治体で実施），適性検査，身体検査，体力検査があります。自治体により，第１次試験と第２次試験で課される試験種目は異なりますが，便宜上，下のように分けてみました。なお，口述試験を第１次試験で実施する自治体もありますが，この場合，口述試験は合計最低で２回行われます。

［第1次試験］

教養試験 （択一式）	公務員として必要な一般的な知識および一般的な知能に関するもの（地方公務員中級程度，ごく一部の自治体で初級程度） ★出題科目 ・一般知識分野（社会科学，人文科学，自然科学） ・一般知能分野（文章理解，判断推理，数的推理，資料解釈） ★出題数 一般知識分野　20～30問 （選択解答制を導入している自治体も多い） 一般知能分野　20～25問 （各自治体とも必須解答） 合計　40～55問　出題数40問の自治体が多い。 ★制限時間　90～150分　120分の自治体が多い。
専門試験 （択一式）	保育士として必要な専門知識に関するもの ★出題科目 ・社会福祉　・子ども家庭福祉（社会的養護を含む） ・保育の心理学　・保育原理　・保育内容 ・子どもの保健（精神保健を含む）など ※自治体により出題科目が一部異なるので，「採用試験案内」などで必ずチェックすること。また，記述式を併せて課す自治体も一部あります。 ★出題数　30～40問（各自治体とも全問解答）　30問の自治体が多い。 ★制限時間　90～120分　90分の自治体が多い。

（注1）教養試験や専門試験で記述式を課す自治体もごく一部であります。
（注2）教養試験，専門試験とも基準点が設けられており，それに達しない場合には自動的に不合格となります。

作文(論文)試験	与えられたテーマについて記述する。 ★字数　800～1,200字程度が多い。 ★制限時間　60～90分程度が多い。 ※「作文試験」ではなく，「論文試験」を課す自治体も多い。

［第2次試験］

口述試験 (面接試験)	主として人物，性向および職務に対する適応性などをチェックすることを目的に行われる。2回行う自治体もある。 ★面接形式　主として,個別面接の形式で実施される。所要時間は10～15分程度。集団面接あるいは集団討論を課す自治体も増えている。最初に,1分間の自己PRを課す自治体も増えている。
* 適性試験	事務能力適性検査。地方初級公務員試験で実施されているものと同じで，問題のタイプは計算，分類，置換，照合，図形把握などである。これらのうち，３タイプが出題される。 ★ 出題数　100題　　★ 制限時間　10分
適性検査	性格適性および職務適性等についての検査 ★検査の方法　YG検査，一般性格診断検査などの性格検査と，職業適性検査などの能力検査に大別される。このほかに，SPIやクレペリン検査などを課す自治体もある。
実技試験	保育に必要な実技についての試験 ［ピアノ］ピアノ演奏，ピアノを使っての「弾き歌い」やリズム変化など。ピアノ演奏は，課題曲，自由曲，初見視演奏に分けられる。 課題曲の例 ・たきび，あめふりくまのこ，ゆうやけこやけ，どんぐりころころ，お正月，手をたたきましょう ・バイエル教則本「No.96，97，102」から１曲選択 ・バイエル70番～90番のうちで当日指定する曲 ［声楽］無伴奏での童謡等の歌唱 ［グループ・ワーク］グループ（５人程度）ごとに保育所での生活の場面を設定した後，その保育活動を展開した場面の保育を表現するなど。 課題例（保育場面）「大きくなっておめでとう！会」「こどもの日」「敬老の日」 ※このほかに，童話や絵本の朗読・読み聞かせ，図工などが課される。 ※受験する自治体でどのような実技試験が行われているか，前もって調べ，準備することが肝要である。
身体検査 体力検査	身体検査は，健康状態についての医学的検査

(注3) 第２次試験の合格者は，第１次試験と第２次試験の結果を総合して決定されます。なお，第２次試験の各試験種目とも基準点が設けられており，それに達しない場合には自動的に不合格となります。

＊適性試験が実施されるのは，教養試験の問題が初級レベルのものが出題されたときである。

5 新教養試験

各自治体で出題される教養試験は各自治体が作成しているわけではなく，大半は公益財団法人･日本人事試験研究センターで作成されています。別言すると，日本人事試験研究センターで作成された問題の中から，各自治体が望ましいと考える問題を選び，それを採用試験の問題として出題しています。

そうした状況の中，日本人事試験研究センターは“これからの地方自治を支える多様な人材を確保したい”“民間企業志望者も受験しやすい試験にして応募者を増やしたい”“それぞれの団体が重視する能力や様々な受験者層に合った試験にしたい”という狙いから，平成 30 年度から従来の教養試験のほかに，新しいタイプの教養試験を作成・導入しました。

ただし，新教養試験を導入したのは，現在のところ，一部の市役所や町村の採用試験においてであり，都道府県の採用試験には導入されていません。つまり，都道府県の教養試験は従来のままです。

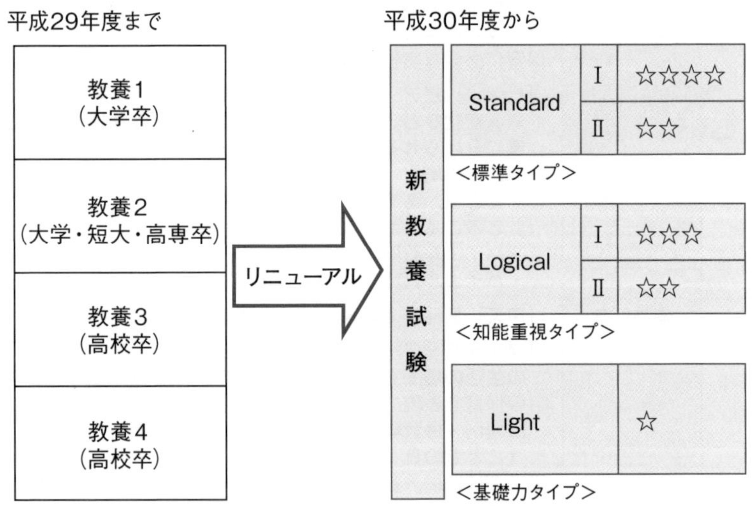

出所：日本人事試験研究センターのホームページより

上図に示されているように，新教養試験は「Standard ＜標準タイプ＞」「Logical ＜知能重視タイプ＞」「Light ＜基礎力タイプ＞」の３つに分かれています。

(1) Standard ＜標準タイプ＞ ー Ⅰ・Ⅱ

このタイプは従来の教養試験と共通性が高いもので，出題数は40題，制限時間は120分となっています。

出題の内訳は，一般知識分野－20題
　　　　　　　一般知能分野－20題

出題の内容は，一般知識分野の政治，経済，社会の問題は時事的な要素（AI，IoTなど）を含んだ問題が多いです。「古文」「哲学・文学・芸術等」「国語（漢字の読み，ことわざ等）」からの出題はありません。

「StandardⅠ」の難度は従来の教養１と同程度であり，「StandardⅡ」の難度は従来の教養２・３とほぼ同程度です。よって，保育士採用試験の教養試験は「StandardⅡ」が使用されます。

(2) Logical ＜知能重視タイプ＞ ー Ⅰ・Ⅱ

このタイプは従来の教養試験と異なり，“知識”よりも“知能”を重視するものです。出題数は40題，制限時間は120分と同じですが，

出題の内訳は，一般知識分野－13題
　　　　　　　一般知能分野－27題

出題の内容は，一般知能分野については，「自然科学」からの出題がなく，政治，経済，社会の問題は時事的な要素（AI，IoT，インターネット，環境など）を含んだ問題が多いです。，「古文」「哲学・文学・芸術等」「国語（漢字の読み，ことわざ等）」からの出題はありません。

「LogicalⅠ」の難度は従来の教養１よりもやや易しいものであり，「LogicalⅡ」の難度は従来の教養２・３とほぼ同程度です。よって，保育士採用試験の教養試験は「LogicalⅡ」が使用されます。

(3) Light ＜基礎力タイプ＞

このタイプは，公務員試験に向けた準備をしていない民間企業志望者でも受験しやすいようにした試験です。出題数は60題。一般知識分野－24題，一般知能分野－36題。よって，保育士採用試験の教養試験に使用されることはないと考えられます。

保育士採用試験に使用されるのは，「StandardⅡ」あるいは「LogicalⅡ」のどちらかです。ただ，それは各自治体が決めるものです。また，「新教養試験」を使用しない自治体もあることを忘れないこと。

（注）同じ市役所でも，試験区分により，使用する新教養試験が異なる場合があります。例えば，事務系は「standard」を使い，資格免許職や職務経験者採用などは「Logical」や「Light」を使うというものです。

作文試験

1　よく出題されるテーマ

作文試験のテーマは，保育士の資格を有する人なら一応だれもが書けるようなテーマの中から出題されます。過去に出題されたテーマは，およそ次の４つに分類できます。

①保育に関するテーマ

・保育士の役割について
・保育士になるにあたっての心構えについて
・幼保一元化について
・最近，保育士に特に求められること
・保育士の仕事を行う上で最も大切なこと
・少子化社会と保育園のあり方について
・多様化する保育ニーズの増加と保育所保育に求められるものについて，あなたの考えるところを述べなさい。
・幼児虐待増加の背景と解決策について
・子育てしやすい環境について
・保育園児を自然災害から守るために，保育士として，どのような取組を行っていきたいか，あなたの考えを述べよ。
・幼児教育・保育の無償化が実施されましたが，これはどういう効果があると，あなたは考えますか。

②公務員に関するテーマ

・公務員としての心構え
・これからの地域社会と公務員の役割
・あなたはどんな側面から○○市に貢献したいですか
・○○市を志望した動機について
・公務員の削減と住民サービスについて
・行政サービスの外部委託について
・今後の地方創生について

③少子化社会に関するテーマ

・少子化と保育園について
・少子化社会における課題について
・今後の少子高齢化に対してどう対処すべきか

④一般的なテーマ

・最近の出来事から学んだことについて
・テレワークについて
・女性の社会進出の推進について
・児童虐待対策について
・子どもの貧困対策について
・食の安全について
・キャッシュレス社会について，あなたの考えを述べよ。
・国際化の進展とこれからの社会
・AI（人工知能）がもたらすメリットとデメリットについて，あなたの考えを述べなさい。
・環境保全を強化するための取組みについて
・情報通信ネットワークをどのように活用してゆくべきか，あなたの考えを述べなさい。

これらのテーマはいずれも身近なものばかりですが，事前の準備なくしては出題者の期待するような文章はなかなか書けません。そこで，４つの分野からそれぞれ自分の書けそうなテーマを１つ選び，実際に書いてみて下さい。

2　採点のポイント

受験者の書いた作文を評価する人は，次の点に着目して採点しています。

①形式的ポイント

●誤字・脱字がない，かなづかい・送りがなに誤りがない。
●語いが豊富で，いわゆる“若者ことば”を濫用していない。
●制限字数の９割から９割５分程度を埋めている。
●段落分けがなされている。
●ていねいに書きあげている。

②論理的ポイント

●与えられたテーマに正面から取り組んでいる。
●３段構成などの論理的展開がある。
●建設的かつ公平な視野で，自らの考えも盛り込んでいる。
●公務員としての自覚，意欲が文章に表されている。

口述（面接）試験

1　口述試験のねらい

口述試験は，人物そのものをみるための試験で，筆記試験ではわからない，その人の人となりを知ることがその主なねらいです。

2　口述試験の方法

面接の形式には，個別面接，集団面接，集団討論などがありますが，保育士採用試験においては，主として個別面接の形式で実施されます。

個別面接は，受験者１人に対して２人以上の面接官が 10 〜 15 分程度，質問を行うものです。近年，面接カードをもとに面接試験を実施する自治体が増えています。本番で，カードに記入した内容と矛盾した発言をすると大減点となるので，面接カードなどを提出する際，それらをコピーして，面接の前に必ずチェックしましょう。

集団面接は，受験者３〜６人を一組として，同時に面接を行う形式です。この場合，面接官は通常５〜８人で，面接時間は 50 〜 60 分程度。集団討論（グループ討議）は，面接官が受験者にテーマを与え，それについて受験者間で自由に討論していくもの，時間は 60 分程度。

3　よく質問されること

どの自治体を受験しても，質問事項はほぼ以下のようなものです。なお，それぞれの質問に対する模範応答というものはありません。

①志望動機，理由について

・なぜ，公立の保育所を受験したのですか。

・なぜ，この市を受験したのですか。

・どうして保育士になろうと思ったのですか。

・出身地ではない○○市をなぜ受験したのですか。

②職業観について

・一般の公務員と保育士の違いはどこですか。

・あなたが理想とする保育園とはどのようなものですか。

③学生生活について

・なぜ，保育科に進学したのですか。
・学生時代に特に力を注いだことは何ですか。

④自己 PR について

・自己 PR をしてください。
・あなたの長所と短所を聞かせてください。

⑤一般常識・時事について

・新型コロナウイルスの感染拡大の影響で，テレワークの利用が増加していることをどう思いますか。
・近年増加する自然災害に，どのように取り組むべきと思いますか。

⑥実習について

・あなたは実習を通して何を学びましたか。
・実習で楽しかったこと，あるいは困ったことはどんなことですか。
・実習中にどんなアドバイスを受けましたか。

⑦専門知識について

・６か月未満児を担当することになったら，どんなことに心がけますか。
・延長保育や夜間保育についてどう思いますか。
・早番で出勤したとき，最初に何をしますか。
・食事中に楽しい雰囲気をつくるため，何をしようと思いますか。
・保育には書類づくりが欠かせませんが，それにはどんなものがありますか。

プラス　逆質問の準備をしておく

面接の最後に，「何か聞いておきたいことはありますか」と面接官に言われることがよくあります。このとき「別にございません」と答えたら評価は下がるので，自分の評価をさらに上げるベスト質問をじっくり考えておきましょう。

4　評定項目と着眼点

各自治体などにより評定項目は少し異なりますが，一般的には「服装・態度」「表現力」「判断力」「積極性」「堅実性」の５つです。また，これらの評定項目を評価する際の着眼点は次表のようなものです。

〈例〉個人面接評定票

<table>
<tr><th>評定項目</th><th>着　眼　点
受験者にぴったりする箇所に✓印をつけてください。</th><th>評　定　尺　度
該当する箇所に ✓印をつけてください。</th></tr>
<tr><td>1. 服装・態度
服装，態度・動作はどうか</td><td>十普一
□□□ 服装はさっぱりしているか
□□□ 姿勢はよいか
□□□ 表情は好ましい印象を与えるか
□□□ 落ち着いているか
□□□ 動作はてきぱきしているか
□□□ 応答態度はまじめか</td><td>100 95 90 85 80 75 70 65 60 55 50
かなりすぐれている　ややすぐれている　普通　やや劣る　かなり劣る</td></tr>
<tr><td>2. 表現力
自分の考えを正しくわかりやすく人に説明できるか</td><td>十普一
□□□ 話すことに統一があるか
□□□ 主旨を簡潔的確に述べうるか
□□□ 用語は適切であるか
□□□ 思っていることを十分述べることができるか
□□□ 音声は明瞭であるか
□□□ 流ちょうに話すか</td><td>100 95 90 85 80 75 70 65 60 55 50
かなり表現力がある　やや表現力がある　普通　やや表現力を欠く　かなり表現力を欠く</td></tr>
<tr><td>3. 判断力
正しく速く理解し適切な判断を下すことができるか</td><td>十普一
□□□ 正しく理解するか
□□□ すぐ理解するか
□□□ 適切な判断を下すか
□□□ 判断は速いか
□□□ 決断力はあるか
□□□ 考え方が適正で中庸をえているか</td><td>100 95 90 85 80 75 70 65 60 55 50
かなり判断力がある　やや判断力がある　普通　やや判断力を欠く　かなり判断力を欠く</td></tr>
<tr><td>4. 積極性
自ら進んで事に当たり，より効果的に行う意志があるか</td><td>十普一
□□□ 青年らしい活気があるか
□□□ 正しいと思うことは実行に移す行動的な性格か
□□□ 人が好まないような仕事でも進んで遂行しうるような性格か
□□□ 困難な状況を克服できそうな性格か</td><td>100 95 90 85 80 75 70 65 60 55 50
かなり積極性がある　やや積極性がある　普通　やや積極性を欠く　かなり積極性を欠く</td></tr>
<tr><td>5. 堅実性
責任感が強く，誠実で信頼できる人物か</td><td>十普一
□□□ しんがあるか
□□□ 自信をもっているか
□□□ 意志は強いか
□□□ 誠実であるか
□□□ 青年らしい純真さがあるか
□□□ 信頼しうる人柄か</td><td>100 95 90 85 80 75 70 65 60 55 50
かなり堅実性がある　やや堅実性がある　普通　やや堅実性を欠く　かなり堅実性を欠く</td></tr>
<tr><td colspan="3">記録および意見　(特に必要と認めたことについて具体的に)</td></tr>
</table>

<table>
<tr><td>90以上
80～89
70～79
60～69
60未満</td><td>優れている
やや優れている
普　通
やや劣る
劣　る</td><td>面接官氏名

印</td><td>総合評価</td><td>100 95 90 85 80 75 70 65 60 55 50</td></tr>
</table>

Ⅱ 教養試験

一般知能

●文章理解●

●数的推理●

●判断推理●

●資料解釈●

一般知識

●社会科学●

●人文科学●

●自然科学●

文章理解

出題傾向

現代文と英文が主として出題される。現代文の出題形式は要旨把握・内容把握，文章整序，空欄補充の3つがある。英文は内容と一致するものを選ぶ形式が大部分である。また，出題数は現代文3問，英文3問の合計6問。たまに，古文が出題されることもある。

基本問題　1

科学者と芸術家の生命とする所は創作である。他人の芸術の模倣は自分の芸術でないと同様に，他人の研究を繰り返すのみでは科学者の研究ではない。勿論両者の取り扱う対象の内容には，それは比較にならぬ程の差別はあるが，そこに又かなり共有な点がないでもない。科学者の研究の目的物は自然現象であってその中に何等かの未知の事実を発見し，未発の新見解を見出そうとするのである。芸術家の使命は多様であろうが，その中には広い意味における天然の事象に対する見方とその表現の方法において，何等かの新しいものを求めようとするのは疑いもない事である。又科学者がこのような新しい事実に逢着した場合に，その事実の実用的価値には全然無頓着に，その事実の奥底に徹する迄これを突き止めようとすると同様に，少なくも純真なる芸術が一つの新しい観察創見に出逢うた場合には，その実用的の価値などに顧慮する事なしに，その深刻たる描写表現を試みるであろう。古来多くの科学者がこの為に迫害や愚弄の焦点となったと同様に，芸術家がその為に悲惨な境界に沈淪せぬ迄も，世間の反感を買うた例は少なくあるまい。このような科学者と芸術家とが相逢うて肝胆相照らすべき機会があったら，二人は恐らく会心の握手を交すに躊躇しないであろう。二人の目差す所は同一な真の半面である。

（寺田寅彦『科学者と芸術家』）

上文の主旨として妥当なものは，次のうちどれか。

(1) 科学者と芸術家は，相容れぬものである。

(2) 科学者と芸術家は，実用的価値に関心はなく，自分の世界に埋没する。

(3) 科学者と芸術家の共有点は新しいものを追い求めることにある。

(4) 科学者と芸術家の対象とする世界はまったく異なるように見えるが，究極的には同一のものである。

(5) 科学者と芸術家はその行為の結果として，世間の常識を否定することが多いので，社会から迫害を受けたり，世間の反感を買うことになる。

Approach　結論部に＿＿線を引く

解き方

「主旨」とは，「文章などの中心となる事柄のこと」である。言い換えれば，筆者が最も主張したい事柄といえる。

「主旨」の把握の仕方としては，次の２通りがある。

①結論となっている段落を見つけ，それをまとめる。

②各段落の要点をまとめ，それらを要約する。

本文の場合，段落は1つなので，結論と思われる箇所に＿＿線を引き，それを基軸に主旨をつかむとよい。

本文において，結論と思われる箇所は最後の「二人の目差す所は同一な真の半面である」。つまり，科学者と芸術家の目差す所は「同一なもの」であるということである。

そこで，「同一なもの」とは何かを考える。筆者によれば，「科学者は自然現象を研究対象として，未知の事実を発見し，新しい見解を見出そうとする。一方，芸術家は広い意味の天然の事象に対する見方と表現の方法において，新しいものを求めようとする。」

したがって両者の目差す同一のものとは「新しいもの」となる。

●選択肢のチェック

(1) (2) (4) (5)とも，「新しいもの」という言葉が文中に使われていないので，主旨としては不適となる。

答 (3)

基本問題　2

次の英文の内容と合致するものはどれか。

History is an uncertain subject. There does not seem to be any reason why certain things survive while others do not. It may be true that manmade objects like pyramids or cathedrals were built to survive and so tell us a good deal about the hopes of those who planned them. But they do not help us to have a knowledge of the common people who actually built them, who may or may not have thought in the same way as their leaders did. In later centuries, as we get written evidence, we come to know more about what life was like. But writing may be used to hide as well as to present information. Writings have been officially-examined throughout most of history and what happens to survive may only give a one-sided view.

Historians now are more conscious of the possibility that much of written history is misleading and incomplete. Most of the evidence, until the last few centuries, comes from the ruling-classes.

(1) Things like pyramids tell us nothing about those who planned them.
(2) The existing evidence helps us to understand all the people who actually built the pyramids.
(3) Written evidence enables us to know all about life in the past.
(4) Written evidence gives us a broad view of the past.
(5) Historians have come to see that written history gives an incomplete knowledge of the past.

Approach　まずは本文を正確に訳すこと

解き方

〈全訳〉

歴史は不確かな分野である。ある物が後世まで残る一方で，ある物が残らない理由はないように思われる。ピラミッドや大聖堂のような人造物は後世まで残るように建てられたので，それらを計画した人々の願いが私たちに十分に伝わることは確かであろう。しかし，それらを実際に建造した庶民について知る手助けとはなりえない。庶民は指導者たちと同じような考え方をしていたかもしれないし，そうでなかったかもしれない。後世になり，記録として書かれた証拠が手に入るにしたがって，生活がどのようなものだったかがより多くわかるようになった。しかし，書かれたものは情報の提供だけではなく，情報を隠すためにも使うことができる。書かれたものはほとんどの歴史を通じて検閲されているし，たまたま残ったものは偏ったものの見方しか与えていないかもしれない。

歴史学者は今日，書かれた歴史の多くは誤解を生じさせ，不完全なものである可能性があることを以前より意識している。大半の証拠はつい数世紀前までは，支配者階級により残されたものである。

〈語句〉

manmade　人工の　　cathedral　大聖堂

the common people　庶民　　one-sided view　偏った見方

●選択肢のチェック

(1) ピラミッドのような物は，それを計画した人々について何も私たちに教えてはくれない。

(2) 現存する証拠により，私たちはピラミッドを実際に建てたすべての人々について理解することができる。

(3) 書かれた証拠により，私たちは過去の生活のすべてを知ることができる。

(4) 書かれた証拠から，私たちは過去について広い見方ができるようになる。

(5) 歴史学者は，書かれた歴史では過去について不完全なことしかわからないことが理解できるようになった。

答 (5)

練習問題

□ 1 日本において科学の発達が遅れた理由はいろいろあるであろうが，一つにはやはり日本人の自然観の特異性に関連しているのではないかと思われる。雨の少ない砂漠の国では天文学は発達しやすいが，多雨の国ではそれがさまたげられたということも考えられる。自然のめぐみがとぼしい代わりに自然の暴威のゆるやかな国では，自然を制御しようという欲望がおこりやすいということも考えられる。まったく予想しがたい地震台風にむち打たれつづけている日本人は，それら現象の原因を探究するよりも，それらの災害を軽減し，回避する具体的方策の研究にその知恵をかたむけたもののようにも思われる。おそらく日本の自然は西洋流の分析的科学の生まれるためにはあまりにも多彩で，あまりにも無常であったかも知れないのである。現在の意味での科学は存在しなかったとしても，祖先から日本人の日常における自然との交渉は，今の科学の眼から見ても非常に合理的なものであった。その合理性を「発見」し「証明」する役目が将来の科学者に残された仕事の分野ではないかという気もするのである。

（寺田寅彦『日本人の自然観』）

上文の主旨として最も妥当なものは，次のうちどれか。

(1) 日本の自然のあまりにも多彩で，あまりにも無常であることが，日本の学問の進歩をおくらせている。
(2) 雨の多い国より少ない国の方が学問の発展のためにふさわしい土壌をもっているといえる。
(3) 西洋流の分析的科学は日本には根付かない。
(4) 日本はある意味で科学の発達がおくれた国である。
(5) 今後の日本の科学者の仕事は，日本古来の自然とのかかわりあいでの合理性を発見し，証明することである。

解き方のPoint “筆者は何が言いたいのか”を考えながら，熟読していくこと。

“結論” がわかれば，主旨を問う問題はおおよそ解くことはできるが，できれば書かれてあることは完全に理解しておきたい。

「自然のめぐみがとぼしい代わりに自然の暴威のゆるやかな国では，自然を制御しようという欲望がおこりやすいことも考えられる。」 これは “砂漠の国” のことをいっているのか，それとも “日本” のことをいっているのか一瞬迷ってしまうが，その次の文の内容から，“砂漠の国” に関する記述とわかる。つまり，筆者の言いたいことの１つは「砂漠の国では諸現象の原因を探究し，自然を制御しようとするが，日本では諸現象の原因の探究よりも，災害などを軽減，回避する具体的方策の研究に重きがおかれている」ということである。

それゆえ，「現在の意味での科学は日本に存在しなかった」といえる。しかし，「祖先から日本人の日常における自然との交渉は，今の科学の眼から見ても非常に合理的なものであった」。したがって，「その合理性を「発見」し「証明」する役目が将来の科学者に残された仕事の分野である」というものである。すなわち，ここが結論である。

答 (5)

□ 2 次の英文の主旨として妥当なものはどれか。

Englishmen often say,“Other countries have a climate ; in England we have only weather.”The uncertainty of the weather in England has had a definite effect upon the Englishman’s character. It tends to make him cautious, for example. The foreigner may laugh when he sees the Englishman leaving his home on a sunny morning wearing a raincoat and carrying an umbrella, but he is sure to regret his laughter late in the day!

(1) イギリスではしばしば，外国におけるように四季の変化を１日に全部経験できる。
(2) イギリスではレインコートと傘を持って出かければ，晴れようが降ろうが心配ないと考える者が多い。
(3) 天気が不安定なときは人間の神経にまで影響を及ぼし，憂うつな気分になる。
(4) イギリスの天気は変わりやすく，そのことがイギリス人の性格にも明らかに影響している。
(5) イギリス人がレインコートと傘を持って出かけると，その日は遅くなっても確実に雨が降ってくる。

解き方のPoint　**必ず問題文を読むこと。**

〈全訳〉
　イギリス人はよく言う,「他の国には気候があるが，イギリスには天気しかない」と。イギリスの不確かな天候はイギリス人の性格に明らかな影響を及ぼした。たとえば，イギリス人を用心深いものにした。外国人は，晴れた朝，イギリス人がレインコートを着て，傘を持って出かけるのを見て笑うだろう。しかしその日遅くなって，彼は笑ったことをきっと後悔することになる。

　本問は英文の内容に合致したものを選ぶのではなく,「主旨として妥当なものを選ぶ」問題である。「外国人は，晴れた朝，………，彼は笑ったことをきっと後悔することになる」は，イギリスの天候が変わりやすいことと，イギリス人が用心深い性格であることを説明したものである。したがって，本文のキーセンテンスは「イギリスの不確かな天候はイギリス人の性格に明らかな影響を及ぼした」となる。主旨はこの内容に沿ったものとなる。

答 (4)

□ 3 英文ア～ウに該当する都市の組み合わせとして，正しいものは次のうちどれか。

ア　This beautiful city in northeastern Italy is built on 100 small islands. This city has no roads. Instead, people use gondolas to travel along the canals. The most famous place to visit is St. Mark's Square, with its wonderful Renaissance buildings and its busy cafes.

イ　This American city is the main business and cultural center in *the Midwest. It is famous for its music, opera, and theater as well as for its excellent museums and architecture.

ウ　Travelers use many words to describe this South American city : beautiful, glamorous, sunny, friendly, and exciting. People love to visit its fabulous beaches and mountains. It is the city of the Carnival, when everyone dances the "samba"in the streets.

＊the Midwest……Middle West

	ア	イ	ウ
(1)	ローマ	サンフランシスコ	ハバナ
(2)	ローマ	シカゴ	リオデジャネイロ
(3)	ベネチア	ニューヨーク	ハバナ
(4)	ベネチア	シカゴ	リオデジャネイロ
(5)	ローマ	サンフランシスコ	リオデジャネイロ

ウの場合，"It is the city of the Carnival"だけでわかる。

〈全訳〉

ア　イタリアの北東部にあるこの美しい都市は，100の小さな島々の上に立っている。ここには道路はない。その代わり，人々はゴンドラを使って，運河を走行している。最も有名な観光地はサン・マルコ広場で，そこはすばらしいルネサンス時代の建物と繁盛しているカフェがある。

イ　このアメリカの都市は中西部の商業と文化の中心地である。そこは，すばらしい美術館や建築物はもちろんのこと，音楽，オペラ，劇場でも有名である。

ウ　旅行者はこの南アメリカの都市を表すのに多くの言葉を用いる。それは美しい，魅力的，明るい，親しみのある，そして興奮させるなどである。人々はそのすばらしい海岸や山々を訪れるのが大好きである。そこはカーニバルの町であり，その時はだれもが通りでサンバを踊る。

答 (4)

□ 4 次の英文中の空欄にあてはまる語として，最も適切なものはどれか。

In this final chapter I wish to consider a purely scientific question, namely : can a society in which thought and technique are scientific persist for a long period, as, for example, ancient Egypt persisted, or does it necessarily contain within itself forces which must bring either decay or explosion ?

I will begin with some explanation of the question with which I am concerned. I call a society "scientific"in the (　　) to which scientific knowledge, and technique based upon that knowledge, affects its daily life, its economics, and its political organization. This, of course, is a matter of (　　). Science in its early stages had few social effects except upon the small number of learned men who took an interest in it, but in recent times it has been transforming ordinary life with ever-increasing velocity.

(1) degree
(2) place
(3) times
(4) history
(5) interest

解き方のPoint （　）の前後を正確に訳すこと。

〈全訳〉

この最終章において，私は純粋に科学的な疑問を考えたい。すなわち，思想や技術が科学的である社会は長期間にわたり存続できるか，たとえば古代エジプトが存続したように。それとも，そういう社会は必然的に衰退か爆発かをもたらすに違いない力をそれ自身の内に含んでいるのか。

私が関心を持っている疑問のいくつかの説明から始めることにする。科学的知識と，その知識にもとづいた技術が日常生活，経済そして政治機構に影響を及ぼすほどの（程度）の社会を私は“科学的”と呼ぶ。もちろん，これは（程度）の問題である。科学は初期の段階においては，それに興味をもったわずかな教養ある人たちを除いて，社会的影響はほとんどなかった。しかし最近では，常に加速しながら日常生活を変革している。

「I call a society “scientific” in the （　）」を先に訳しておく。すると，「私は（　）にある社会を科学的と呼ぶ」となるので，（　）を説明するのが「which」以下ということになる。

答（1）

予想問題

□ 1 教養とは自分を造りあげることである。自分を造りあげることに本質的に貢献するところなき一切の営みは教養とは無関係である。多くのものをのぞき回ること，食い散らすこと，なめてみることは，自分を造りあげるための教養にとっては本質的ではない。ゆえに我々は論者のいうような有閑によってのみ教養の道を開かれるものでもなければ，また有閑生活を奪われることによって教養の道をふさがれるものでもない。もとより読書や聴講や観劇やその他のものは，これを吸収し，その価値を強奪する根幹のたくましさができあがっている人にとっては，それぞれに教養拡大の手段となることができる。こういう機会を与えられることは，その資格を具備する人々にとっては望ましいことである。副次的に望ましいことである。しかし，きわめて多くの人にとっては，その雑多な無方針の貪食が彼等の生活を散漫にし，彼等の意志を薄弱にし，あえて一つの事を成すに堪えぬ者とするにとどまるであろう。これよりもはるかに本質的な教養の道は，彼がその職務に全身を打ち込むことである。全身を打ち込むことによって自分を鍛えあげることである。

（阿部次郎『教養の問題』）

上文の主旨として最も妥当なものはどれか。

(1) 教養を身につけるには貪欲でなければならない。

(2) 教養とは広い知識のことである。

(3) 広いだけでなく，深い知識をもった人を教養のある人という。

(4) 読書や聴講や観劇などは，教養を身につけるための最良の道である。

(5) 教養とは，職務に打ち込むことによって得られるものである。

・・・・・解説と解答・・・・・

1 **Point** 1つひとつの選択肢を検討し，消していき，最後に残ったものを正解とする。

「正解」にたどりつく方法はいくつかあるが，公務員試験を受けるときには，消去法が最も確実な方法といえる。もちろん，ズバリ正解と思われる選択肢を選ぶ方法もある。ただ，公務員試験に出題される問題は程度の差はあれ骨のある問題なので，消去法をメインに考えておいたほうがよい。

●選択肢のチェック

(1)(2)「しかし，きわめて多くの人にとっては，その雑多な無方針の貪食が彼等の生活を散漫にし………一つの事を成すに堪えぬ者とするにとどまるであろう」とある。つまり「いろいろな知識を貪欲に身につけようとすると，かえって一つの事を成すことができない人間になってしまう」ということで，作者はこうした姿勢に対して否定的な考えを示している。

(3)(4)作者は読書などが教養拡大の手段となるとは述べているが，深い知識をもつことに関しては何も述べていない。なお，読書などについては，あくまでも副次的に望ましいと述べている程度である。

(5)「これよりもはるかに本質的な教養の道は，彼がその職務に全身を打ち込むことである」とはっきり述べている。つまり，教養とは自分の職務に全力を注入することにより得られるものである，ということである。そして，その結果，自分をつくりあげることになるというものである。

答 (5)

予想問題

□ 2 次の英文の内容に合致するものはどれか。

Only a few people in the Mediterranean had heard of the little country of Britain before the traders visited it in the third or fourth century B.C. These traders were the Phoenicians who lived in the country now called Lebanon. They sailed to Britain all the way from the Mediterranean Sea, a long and dangerous voyage of more than two thousand miles. They brought brightly coloured cloth and precious stones to trade with the Britons. They came to Britain because they had heard that Britain had a metal which they very much wanted. This metal was tin which they mixed with copper to produce bronze. The bronze was used to make many things, such as armour and jewellery. You may have seen pictures of Greek and Roman soldiers, dressed in armour, with shining helmets on their heads. These helmets were made of bronze and the Roman shields were plated with bronze, so bronze was very important to the soldiers of the Mediterranean countries.

＊tin スズ　　copper　銅　　bronze　青銅
armour　武具　　shield　盾

(1) ブリトン人と取引をしたのはフェニキア人が最初であった。

(2) フェニキア人は自分たちが望んでいる金属が英国にあることをローマ人から聞いた。

(3) フェニキア人が英国で買ったのはスズである。

(4) ローマ軍が強かったのは，青銅でできた兜と盾を使っていたからである。

(5) イタリアから英国までは2000マイル以上ある。

・・・・・解説と解答・・・・・

2 **Point** 本文中に書かれていないことは正解にはならない。

〈全訳〉

紀元前3，4世紀に商人たちがそこを訪れるまでは，英国という小さな島のことを聞いたことのある者は地中海でごくわずかであった。これらの商人は，現在レバノンと呼ばれる国に住んでいたフェニキア人であった。彼らは地中海からはるばる英国へ，2000マイルを超える長く危険な航海をした。彼らは明るい色の布や貴重な石をもってきて，ブリトン人と取引をした。彼らが英国にやって来たのは，英国には自分たちが熱望している金属があると聞いたからである。この金属は青銅を作るのに銅と混ぜるスズであった。青銅は武具や宝飾品のような，多くのものを作るのに使われた。あなたたちは，武具をまとい，輝く兜をかぶったギリシャやローマの兵士たちの絵を見たことがあるかもしれない。これらの兜は青銅でできており，ローマ人の盾は青銅が張られていた。そんなわけで，青銅は地中海の国々の兵士にとって非常に重要であった。

〈語句〉

trader　商人，貿易業者

all the way from～　～からはるばる

cloth　布地　　metal　金属　　jewellery　宝飾品

●選択肢のチェック

(1) フェニキア人が最初という記述はない。

(2) フェニキア人がだれに教わったかなどの記述もない。

(4) ローマ軍が強かったことに関する記述もない。

(5) イタリアではなく，レバノンである。

答 (3)

一般知能／文章理解

予想問題

□ 3 次の英文の内容に合致するものはどれか。

The clothes you wear tell something about your personality. They tell the world not only how you want to be seen but how you see yourself as well. When someone gives you something to wear that corresponds to your self-image, they're saying, "I agree with you. I like you the way you are." Such a gift should be taken as a form of compliment. On the other hand, a gift of clothing that does not match your personality could be an insult to your character. Such gifts between husband and wife can cause marital problems.

Naturally, some gifts will be more expensive than others. But some people give higher priced gifts than necessary for the situation. Someone who gives an expensive gift often feels that he should receive more praise than if he had given a less expensive gift. Therefore he is giving himself a gift, too : status. Or it may be that money is being used in place of something much more direct, like love and affection. This doesn't mean that expensive gifts are always bad. It does suggest that people who often give them may be interested in more than the happiness of the people who receive them.

(1) 夫婦間での贈り物は愛情表現の１つである。

(2) 高価な贈り物をする人は，それを受け取る人から何らかのものを期待している。

(3) 衣服は贈り物をするとき，最適のものである。

(4) 高価な贈り物をしても，その価値がわからない人が多い。

(5) 自分のイメージしている服をプレゼントしてくれる人はめったにいない。

・・・・・解説と解答・・・・・

3 **Point** 大意をつかむことを心がけること。

〈全訳〉

あなたが着る衣服により，あなたの性格が多少わかる。衣服は，あなたが世間からどう見られたいだけでなく，あなたが自分自身をどう見ているかを語っている。だれかがあなたのイメージにぴったりの服をくれたとき，その人は“私はあなたと同じ意見です。私はありのままのあなたが好きです”と言っているのである。そうした贈り物は一種のほめ言葉としてとるべきである。一方，あなたの性格に合わない衣服を贈ることはあなたの性格を侮辱したことになる。夫婦間でのそうした贈り物は不和の原因ともなる。

当然のことながら，贈り物のなかには他の贈り物よりも高価なものもあるだろう。しかし，必要以上に高価な贈り物をする人がいる。高価な贈り物をする人は，安い物を贈った場合よりも，もっとほめられていいはずだと感じることが多い。それゆえ，そういう人は自分自身にも贈り物をしている。つまり，社会的地位を得ようというものである。または，愛情のようなもっと直接的なものの代わりに，お金を使っているのかもしれない。とはいえ，高価な贈り物がいつも悪いというわけではない。ただ，高価な贈り物をしばしばする人はそれを受け取る人の幸福以外のことにもっと関心があるといえるだろう。

〈語句〉

personality　個性，人格
correspond to ～　～に相当する　　compliment　賛辞
insult　侮辱　　marital　夫婦間の

答 (2)

予想問題

□ 4 次の英文の内容に合致するものはどれか。

Volumes have been written about the beautiful simplicity of Japanese residential architecture and much about its adaptability, by means of sliding panels, to the Japanese love of communion with Nature. But usually overlooked are the problems of heating and privacy in a home with virtually no solid walls. And it is the engawa which serves these structural and social needs.

Physically, this especially unique feature of Japanese architecture is more like a loggia than a veranda. Though actually an integral, enclosable part of the house, it is functionally a neutral space between outdoors and indoors. In fine weather it can be opened completely to attract cool breezes or to provide an unobstructed view of the garden. Completely closed off in cold weather, it serves as protection from the elements. From the interior it may be viewed as an extension of floor space. From the outside, since there are no railings and it is only a stone step up from the ground, the engawa may be viewed as part of the garden.

＊ sliding panel　襖や障子　　loggia　一方に壁のない開廊

(1) 日本の家屋は，襖や障子を使うことによって，各自のプライバシーを守っている。

(2) 日本の家屋は縁側があるので，近所の人が来ると，そこで座って話ができる。

(3) 日本人は自然との交流を大切にしているので，壁を使う代わりに，戸外と屋内の間に縁側を設けている。

(4) 縁側は，家の中からすれば床の延長ともいえるが，庭の一部でもある。

(5) 縁側があるので，晴れた日も寒い日も，家の中から庭をじっくり眺めることができる。

・・・・・解説と解答・・・・・

4 **Point** 選択肢の正誤を，本文を見ながら１つひとつ考えてみる。

〈全訳〉

日本の家屋が美しく簡素であることについて，何冊もの本が書かれている。襖や障子を使うことで，日本人が好む自然との交流がいかにうまくなされているかについても多く書かれている。しかし，一般に見落とされているのは，がっしりした壁が事実上存在しないところで家をどのように暖めるか，またどのようにプライバシーを守るかという問題である。これらの構造的・社会的な必要を満たしているのが縁側である。

この実に独特な日本建築の特徴は，物理的には，ベランダというよりは開廊である。実際には家と不可分の囲い込みのできる一部であるが，機能的には，縁側は屋外と屋内との間の曖昧(あいまい)な空間である。晴れた日には，開け放して涼しい風を入れたり，庭を存分に眺めることができる。寒い日には，戸を閉めて，雨風をしのぐことができる。家の中からすれば，床の延長と見なすこともできる。外からすれば，柵(さく)はなく，石を一段上がっただけの高さなので，縁側は庭の一部ともいえる。

〈語句〉

virtually　事実上　solid　がっしりした　integral　必要不可欠の
enclosable　囲い込むことのできる　functionally　機能上
neutral　中立な　unobstructed　さえぎられない
the elements　自然の力，暴風雨

●選択肢のチェック

(1)「各自のプライバシーを守っているのは縁側である」と筆者は述べている。

(2) 日本の家屋の構造的・社会的な必要を満たすために縁側が設けられている。

(3) 縁側を設けているのは，自然との交流を大切にしているからではない。

答 (4)

一般知能／文章理解

予想問題

□ 5 次の英文中の空欄に共通に入る語句として，最も適切なものはどれか。

Violent crime is a major problem in this country. The possibility that any of us might be injured or have our homes invaded by a stranger is frightening to consider. But hundreds of thousands of Americans face an even more destructive reality. They are harmed, not by strangers but by those they trust and love. They are victimized, not on the street or in the workplace but in their own homes. The shadow of [　　　] has fallen across their lives and they are forever changed.

Violence in the home strikes at the heart of our society. Children who are abused or who live in home where parents are beating hard and repeatedly carry the terrible lessons of violence with them into adulthood. A great proportion of those who assault both strangers and loved ones were raised themselves in violent households. This is learned behavior. To tolerate [　　　] is to allow the seeds of violence to be sown into the next generation.

(1) street crimes
(2) family violence
(3) child abuse
(4) violent crime
(5) major problem

・・・・・解説と解答・・・・・

5 **Point▶** どうしても訳せない箇所は常識等を活用する。

〈全訳〉

暴力犯罪はこの国での大きな問題である。私たちの誰もが見知らぬ人に傷つけられたり，あるいは家に侵入される可能性があることは，考えるだけでも恐ろしい。しかし，数十万人のアメリカ人はさらに破滅的な現実と直面している。彼らは見知らぬ人ではなく，彼らが信頼し，愛している人たちによって傷つけられている。彼らは路上や職場ではなく，彼ら自身の家庭で犠牲になっている。児童虐待の影は生涯にわたり，彼らは永久に変えられる。

家庭内暴力は社会の心臓部を突き刺している。虐待された子供たち，あるいは両親が激しく再三再四なぐる家庭で生活する子供たちは，暴力の恐ろしい教訓を大人になるまで抱き続けることになる。見知らぬ人と愛する人の両方に暴力を加える人たちの大部分は，彼ら自身暴力的な家庭で育った。これは教えられた行為である。児童虐待を容認することは，暴力の種を次の世代にまくことを許すことである。

〈語句〉

invade　侵入する　　destructive　破壊的な
victimize　～を犠牲にする　　workplace　職場
abuse　～を虐待する，～を乱用する
repeatedly　　何度も（何度も）
assault　～に暴力を加える，～を攻撃する
household　家庭，家族
tolerate　～をがまんする，～に耐える
sown　sow の過去分詞（sow　種をまく）

●選択肢のチェック

［　　　］内に入る語句を考える際のヒントは，前文の「見知らぬ人と愛する人の両方に……。これは教えられた行為である」の箇所にある。“To tolerate ……… the next generation.” はこれを受けたものである。

答 (3)

一般知能／文章理解

数的推理

出題傾向

数的推理の問題は，文章問題，数の性質と確率，図形の3つに大別される。出題数は約5問で，文章問題が約3問，数の性質と確率が約1問，図形が約1問である。判断推理と同様，多くの問題にあたり，その解き方を覚え，問題に慣れることがポイントである。

基本問題　1

ある会社で採用試験を実施したところ，受験者全体の平均点は54点であった。また，受験者全体の30％である60人が合格し，合格者の平均点は75点であった。

このとき，不合格者の平均点は何点か。

(1) 38点　(2) 45点　(3) 48点
(4) 52点　(5) 54点

Approach　わからないものを文字を使って表す

解き方

受験者全体をx(人)とすると，$x\times0.3=60$　$x=200$（人）
次に，不合格者の平均点をy(点)とすると，次式が成立する。

$54\times200=60\times75+(200-60)\times y$

$10{,}800=4{,}500+140y$　$140y=6{,}300$　$y=45$（点）

答 (2)

基本問題　2

A氏は，家から会社まで車で通っている。普段は時速40kmで走るが，ある日家を出るのがいつもより7分遅れたので，普段より時速5km速く走ったところ，いつもより3分早く会社に着いた。

A氏の家から会社までの距離は何kmか。

(1) 60 km　(2) 65 km　(3) 70 km
(4) 75 km　(5) 80 km

Approach　時間$=\dfrac{距離}{速さ}$を使う

解き方

家から会社までの距離をlとすると，時間$=\dfrac{距離}{速さ}$より，次式が成立する。

$$\frac{l}{40}-\frac{l}{45}=\frac{1}{6}$$

$$(40\times45)\times\frac{l}{40}-(40\times45)\times\frac{l}{45}=(40\times45)\times\frac{1}{6}$$

$$45l-40l=300,\ 5l=300,\ l=60$$

答（1）

基本問題　3

10％の食塩水と15％の食塩水と20％の食塩水を，5：2：1の割合で混ぜてつくった食塩水の濃度はいくらか。

（1）12％　（2）12.5％　（3）13％
（4）13.5％　（5）14％

Approach　濃度(%)$=\dfrac{溶質の質量}{溶質の質量+溶媒の質量}\times100$

解き方

10％の食塩水を5g，15％の食塩水を2g，20％の食塩水を1g，混ぜて食塩水をつくったとする。すると，8g中に含まれる食塩の量は，

$$5\times\frac{10}{100}+2\times\frac{15}{100}+1\times\frac{20}{100}=0.5+0.3+0.2=1\ (\mathrm{g})$$

よって，食塩水の濃度は，$\dfrac{1}{8}=0.125$　12.5％

答（2）

基本問題　4

ある仕事をAが１人ですると15日，Bが１人ですると10日かかる。A，B２人が３日したところでCが１人ですると，合計７日かかった。

この仕事をCが１人ですると，何日かかるか。

(1) 6日　(2) 8日　(3) 10日
(4) 12日　(5) 14日

Approach　全体の仕事量を１とする

解き方

全体の仕事量を１と考えると，Aの１日の仕事量は$\frac{1}{15}$，Bの１日の仕事量は$\frac{1}{10}$となる。

A，B２人の3日間の仕事量は，$\left(\frac{1}{15}+\frac{1}{10}\right)\times 3=\frac{1}{2}$

Cが4日間でした仕事量は，$1-\frac{1}{2}=\frac{1}{2}$

以上より，Cの１日の仕事量は，$\frac{1}{2}\div 4=\frac{1}{8}$　となり，この仕事をCが１人で行った場合には８日間かかることになる。

答 (2)

基本問題　5

A，Bの２つの品物の定価の合計は5,000円であったが，Aは２割引き，Bは３割引きにしてもらったので，合計3,800円を支払うことになった。

Bの定価はいくらか。

(1) 1,400円　(2) 1,600円　(3) 1,800円
(4) 2,000円　(5) 2,200円

Approach　Aの定価をx（円），Bの定価をy（円）とする

解き方

題意より，連立方程式をつくることができる。

$$\begin{cases} x+y=5{,}000 & \cdots\cdots① \\ x\times(1-0.2)+y\times(1-0.3)=3{,}800 & \cdots\cdots② \end{cases}$$

②を整理すると，　$0.8x+0.7y=3{,}800$　……②′

②′×10より，　$8x+7y=38{,}000$　……③

①より，　$x=5{,}000-y$　……①′

①′を③に代入すると，

$8\times(5{,}000-y)+7y=38{,}000$

$-8y+7y=38{,}000-40{,}000$　　$y=2{,}000$

答（4）

基本問題　6

静水において時速20kmの船がある。これで川の上流のA点から下流のB点に行くのに32分間かかり，B点からA点に行くのに48分間かかった。

川の流れの速さは時速何kmか。

（1）4km/時　（2）6km/時　（3）7km/時

（4）8km/時　（5）10km/時

Approach　上る速さ＝静水上の速さ－流れの速さ

解き方

川の流れの速さを$v$km/時とすると，この船が川を下るときの速さは，$20+v$となる。なぜなら，川を下る場合，川の流れの速さだけ，その勢いにより船の速さが増すことになる。

一方，船が川を上るときの速さは$20-v$となる。なぜなら，川を上る場合，川の流れの速さだけ，その勢いにより船の速さは遅くなる。

ここで，A点からB点の間の距離をℓ（km）とすると，次式が成立する。

$$\ell = (20 + v) \times \frac{32}{60} \quad \cdots\cdots ①$$

$$\ell = (20 - v) \times \frac{48}{60} \quad \cdots\cdots ②$$

①と②より，$(20 + v) \times \dfrac{32}{60} = (20 - v) \times \dfrac{48}{60}$

$640 + 32v = 960 - 48v$

$80v = 320 \qquad v = 4$

答 (1)

基本問題　7

100より小さい正の整数のうちで，３でも４でも割り切れる数の総和はいくらか。

(1) 378　(2) 432　(3) 486

(4) 540　(5) 864

Approach　３でも４でも割り切れる数を考える

解き方

３でも４でも割り切れる数は，12の倍数である。100より小さい正の整数で，12の倍数は

12, 24, 36, 48, 60, 72, 84, 96　の８つ

したがって，

	12,	24,	36,	48,	60,	72,	84,	96
+)	96,	84,	72,	60,	48,	36,	24,	12
	108,	108,	108,	108,	108,	108,	108,	108

$108 \times 8 \div 2 = 432$

答 (2)

基本問題 8

3進法で表された2121を5で割ったときの商を，3進法で表したものはどれか。

(1) 111　(2) 112　(3) 200

(4) 201　(5) 202

Approach 3進法で表された2121を10進法に直す

解き方

● P 進法を10進法に直す方法

$N=a_1a_2\cdots\cdots a_n$（P進法でnケタの数）

$N=a_1P^{n-1}+a_2P^{n-2}+\cdots\cdots\cdots\cdots\cdots+a_{n-1}P+a_n$

たとえば，2進法で10010は，

10進法では，$1\times2^4+1\times2^1=1\times2\times2\times2\times2+1\times2=16+2=18$

●10進法を P 進法に直す方法

右のように，10進法のNを順次Pで割っていき，余りを右側に書き，商がPより小さくなったところでストップする。すると，Nは，P進法で$abcde$と表すことができる。

$$
\begin{array}{r l}
P\,\underline{)\,N} & \text{余り} \\
P\,\underline{)\,N_1} & \cdots e \\
P\,\underline{)\,N_2} & \cdots d \\
P\,\underline{)\,N_3} & \cdots c \\
a & \cdots b
\end{array}
$$

3進法で表された2121を10進法に直すと，

$2\times3^3+1\times3^2+2\times3^1+1$

$=2\times3\times3\times3+1\times3\times3+2\times3+1$

$=54+9+6+1=70$

$70\div5=14$

14を3進法に直すと，右に示すように，112となる。

$$
\begin{array}{r l}
3\,\underline{)\,14} & \\
3\,\underline{)\,4} & \cdots 2 \\
1 & \cdots 1
\end{array}
$$

答 (2)

一般知能／数的推理

基本問題　9

３ケタの正の整数がある。各位の数の和は16である。この数の百の位と十の位を入れ替えた数をもとの数から引くと90になる。また，十の位と一の位を入れ替えた数をもとの数から引くと54になる。この数の十の位はいくつか。

(1) 3　　(2) 4　　(3) 6
(4) 7　　(5) 9

Approach　**百の位の数をa，十の位の数をb，一の位の数をcとする**

解き方

百の位の数をa，十の位の数をb，一の位の数をcとすると，題意より，

$a+b+c=16$……①

$100a+10b+c-(100b+10a+c)=90$……②

$100a+10b+c-(100a+10c+b)=54$……③

②を整理すると，$a=b+1$…②′

③を整理すると，$c=b-6$……③′

②′と③′を①に代入すると，　$(b+1)+b+(b-6)=16$

よって，$b=7$

答 (4)

基本問題　10

８個中に４個の不良品を含んでいる製品が箱に入っている。この箱の中から製品を３個取り出すとき，３個すべてが不良品でない確率はどれか。

(1) $\frac{1}{6}$　　(2) $\frac{1}{8}$　　(3) $\frac{1}{10}$

(4) $\frac{1}{12}$　　(5) $\frac{1}{14}$

Approach　**１個取り出した時の確率をまず求める**

解き方

最初に取り出した製品が不良品でない確率は$\frac{4}{8}$である。なぜなら，8個中に不良品でない製品は4個ある。2番目に取り出す場合，不良品でない製品は3個になっていることから，その確率は$\frac{3}{7}$となる。3番目に取り出す場合も同様のことがいえることから，その確率は$\frac{2}{6}$となる。以上より，求めるものは，$\frac{4}{8}\times\frac{3}{7}\times\frac{2}{6}=\frac{1}{14}$

答 (5)

基本問題 11

下図の斜線部分の面積は次のうちどれか。

(1) $12\pi-12$
(2) $14\pi-24$
(3) $16\pi-24$
(4) $18\pi-36$
(5) $20\pi-36$

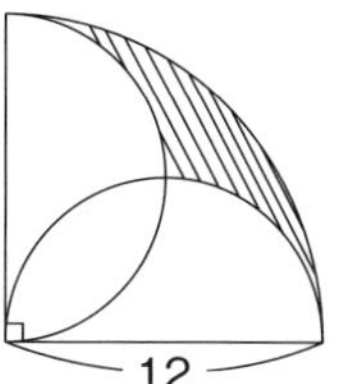

Approach 補助線を引いてみる

解き方

右図のように補助線を引いてみると，斜線部分以外の面積は，半径6の四分円が2つと，1辺6の正方形を足したものとなる。よって，

$$\pi\times6^2\times\frac{1}{4}\times2+6\times6=18\pi+36$$

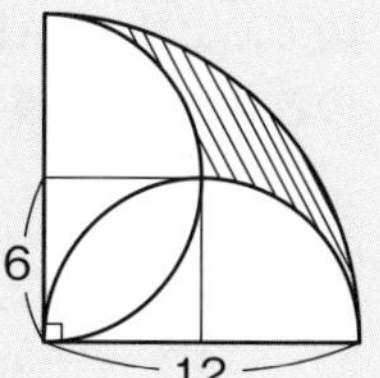

したがって，斜線部分の面積は，

$$\pi\times12^2\times\frac{1}{4}-(18\pi+36)=36\pi-18\pi-36=18\pi-36$$

答 (4)

基本問題　12

下図で△ABCはAB＝ACの二等辺三角形であり，点Pは∠Bの２等分線と辺ACとの交点である。

∠A＝40°であるとき，∠APBの大きさは何度か。

(1) 100°
(2) 105°
(3) 110°
(4) 115°
(5) 120°

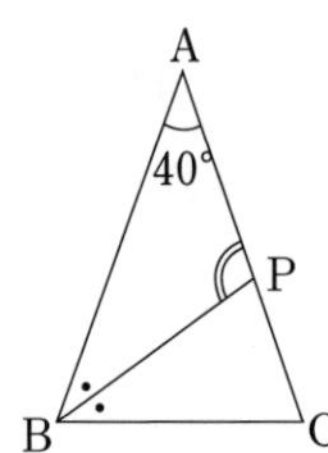

Approach　三角形の内角の和は 180°

解き方

△ABCはAB＝ACの二等辺三角形であることから，∠B＝∠C

三角形の内角の和は180°で，∠A＝40°であることから，

　∠B＝(180°－40°)÷2＝70°

∠ABP＝∠PBCであることから，∠ABP＝70°÷2＝35°

△ABPについて，∠A＝40°，∠ABP＝35°であることから，

　∠APB＝180°－(40°＋35°)＝105°

答　(2)

基本問題　13

下図で，∠B＝∠AEDであり，AB＝12cm，BC＝9cm，AE＝8cmである。

このとき，DEの長さはいくらか。

(1) 5cm
(2) 5.5cm
(3) 6cm
(4) 6.5cm
(5) 7cm

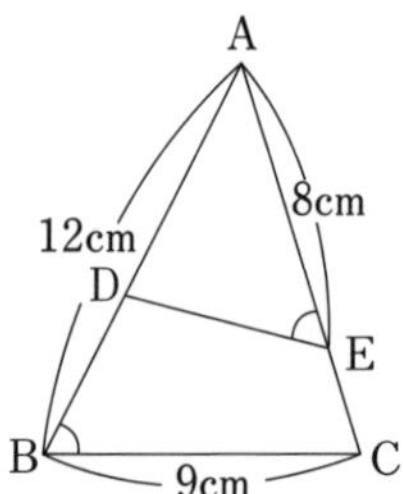

Approach　△ABCと△ADEは相似な図形

解き方

△ABCと△ADEについて，∠B=∠AED，∠A=∠A（共通）であることから，△ABCと△ADEは相似である。

したがって，対応する線分の長さの比は等しいので，

12：8=9：DE

12DE=72　　DE=6（cm）

答（3）

基本問題　14

下図で，∠ACB=20°，∠APB=60° であるとき，∠CBDの大きさはいくらか。

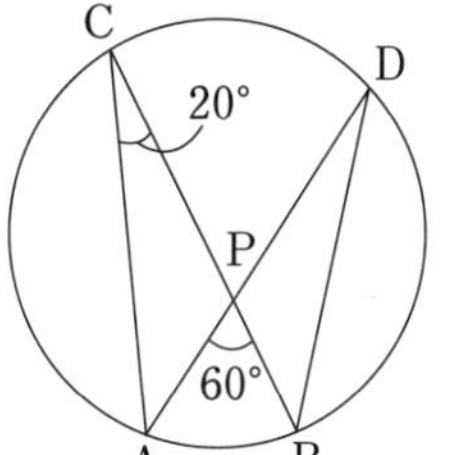

(1) 25°
(2) 30°
(3) 35°
(4) 40°
(5) 45°

Approach　円周角の定理を使う

解き方

円周角の定理（P203参照）より，∠ACB＝∠ADB　∠ADB＝20°

∠APB＋∠BPD＝180°　　60°＋∠BPD＝180°

∠BPD＝120°

△BPDについて，∠DBP＋∠BPD＋∠PDB＝180°

∠DBP＋120°＋20°＝180°

∠DBP＝40°

答（4）

練習問題

□ 1 周囲560mある池を，Aは3分間で，Bは4分間でそれぞれ１周する。いま，A，B両者が同じ場所から出発して，反対向きにこの池をまわる。

以上の条件の下で，A，Bが３回目に出会うのは，出発点からどれだけ離れた地点か。

(1) 出発点
(2) 出発点からAのまわる方向に140m離れた地点
(3) 出発点からBのまわる方向に140m離れた地点
(4) 出発点からAのまわる方向に160m離れた地点
(5) 出発点からBのまわる方向に160m離れた地点

解き方のPoint　３回目に出会うまでに，A，B両者の走った距離の合計を考えてみる。

周囲560mある池をAは3分間で１周，Bは4分間で１周するので，Aの速さは$\frac{560}{3}$（m/分），Bの速さは$\frac{560}{4}$=140（m/分）となる。

A，B両者が出会うまでに要する時間はA，Bともに同じなので，両者が３回出会うまでに走った距離がわかれば，$\frac{距離}{速さ}$=時間　の公式を使って計算できる。

A，B両者は同じ場所から出発し，反対の方向に走るので，両者が１回目に出会うまでに両者が走る距離の合計は，池の周囲の長さである560mとなる。２回目，３回目についても同様のことがいえるので，３回目に出会うまでに，A，B両者の走る距離は560×3=1,680（m）となる。

Aの速さは$\frac{560}{3}$（m/分），Bの速さは140（m/分）なので，両者の合計の速さは，$\frac{560}{3}$+140（m/分）となる。

両者が３回目に出会うまでに要する時間は，

$$\frac{1680}{\frac{560}{3}+140}=\frac{1680}{\frac{560+420}{3}}=\frac{5040}{980}=\frac{252}{49}=\frac{36}{7}\ (分)$$

Bの速さは140(m/分)なので，Bの走った距離は，$140\times\frac{36}{7}=720$(m)

Bは$\frac{36}{7}$分の間に720m走ったことになるので，両者が３回目に出会った地点は，720−560=160

出発点からBの走った方向に160m離れた地点となる。

答 (5)

□ 2 濃度4.0％の食塩水が150 gある。この食塩水に濃度9.6％の食塩水を加えて，濃度8.2％の食塩水にしたい。**このとき，濃度9.6%の食塩水の量として正しいものは次のうちどれか。**

(1) 350 g
(2) 400 g
(3) 450 g
(4) 500 g
(5) 550 g

解き方のPoint 濃度9.6%の食塩水をx g加えたと考える。

題意より，次式が成立する。

$$150\times\frac{4}{100}+x\times\frac{9.6}{100}=(150+x)\times\frac{8.2}{100}$$

これを整理すると，

$$600+9.6x=1230+8.2x$$
$$9.6x-8.2x=1230-600$$
$$1.4x=630 \qquad x=450\ (\mathrm{g})$$

答 (3)

□ 3 ある人が小説を読み始め，全ページの$\frac{1}{3}$より20ページ多く読み進んだあと，さらに残りの$\frac{1}{2}$より58ページ多く読み進んだところ，残りは全ページのちょうど$\frac{1}{5}$であった。

この小説の全ページとして正しいものは，次のうちどれか。

(1) 480ページ
(2) 490ページ
(3) 500ページ
(4) 510ページ
(5) 520ページ

解き方のPoint　小説の全ページ数をxとする。

題意より，次式が成立する。

$$\left(\frac{1}{3}x+20\right)+\left\{\frac{1}{2}\left(x-\frac{1}{3}x-20\right)+58\right\}=x-\frac{1}{5}x$$

$$\left(\frac{1}{3}x+20\right)+\left\{\frac{1}{2}\left(\frac{2}{3}x-20\right)+58\right\}=\frac{4}{5}x$$

$$\left(\frac{1}{3}x+20\right)+\left(\frac{1}{3}x-10+58\right)=\frac{4}{5}x$$

$$\left(\frac{4}{5}-\frac{1}{3}-\frac{1}{3}\right)x=20+48$$

$$\frac{2}{15}x=68 \qquad x=510\ (\text{ページ})$$

答 (4)

□ 4 倉庫の中に同じ大きさの箱が320個入っている。この箱を50個まで積めるトラックAと，35個まで積めるトラックBとの合計８台で全部運び出したい。トラック１台の運賃はA，Bそれぞれ25,000円，20,000円である。

運賃の合計を180,000円未満にするには，トラックA，トラックBをそれぞれ何台使えばよいか。次のうち，正しいものはどれか。

(1) Aを2台，Bを6台
(2) Aを3台，Bを5台
(3) Aを4台，Bを4台
(4) Aを5台，Bを3台
(5) Aを6台，Bを2台

解き方のPoint トラックAの台数をxとし，トラックBの台数を$(8-x)$と表す。

題意より，次のような不等式を作ることができる。

$50x+35(8-x) \geqq 320$ ……①

$25{,}000x+20{,}000(8-x)<180{,}000$ ……②

①より，$50x-35x \geqq 320-280$

$15x \geqq 40$　　$x \geqq 2.6$ ……③

②より，$25{,}000x-20{,}000x<180{,}000-160{,}000$

$5{,}000x<20{,}000$　　$x<4$ ……④

③と④より，$x=3$

したがって，トラックBの台数は8−3=5（台）

答 (2)

□ 5 池の水を毎分20 ℓ の吸水能力をもつポンプでくみあげたところ，15分で水がなくなった。**もし毎分30 ℓ の吸水能力をもつポンプでくみあげたなら，何分で水はなくなるか。**

ただし，池には毎分５ ℓ の割合で雨が降っていたものとする。

(1) 8分　(2) 9分　(3) 10分
(4) 11分　(5) 12分

解き方のPoint　ただし書きに注意する。

池の水量を a ℓ とすると，題意より次式が成立する。

$a+15\times5=20\times15$　……①

また，求める時間を x 分とすると，題意より次式が成立する。

$a+5x=30x$　……②

①より，$a+75=300$　$a=225$　……③

③を②に代入すると，

$225+5x=30x$

$25x=225$　$x=9$

答 (2)

□ 6 **正確な時計で計った１時間の間に6分遅れる時計がある。この時計の短針がちょうど１回りするのに要する時間を，正確な時計で計った場合の時間として正しいものは次のうちどれか。**

(1) 13時間10分
(2) 13時間12分
(3) 13時間16分
(4) 13時間20分
(5) 13時間24分

解き方のPoint　**問題の意味をよく理解する。**

求めるものは，「1時間の間に6分遅れる時計の短針が1回りするのに要する時間」である。また，「1回りするのに要する時間を計るのは正確な時計」である。

遅れる時計の短針が1回転（12時間）するのに要する時間をx時間とすると，題意より次式が成立する。

$54:60=12\times60:x\times60$

$54\times60x=60\times720$

$54x=720$　　　$x=13\frac{18}{54}=13\frac{1}{3}$（時間）

答（4）

□ 7 現在Aの年齢はBよりも７つ大きく，また，C, D, Eの３人の年齢の和に等しい。

AとBの年齢の和が，C, D, Eの年齢の和に等しくなるのは今から何年後か。

(1) 8年後
(2) 13年後
(3) 現在のBの年齢を2倍にした年数の後
(4) 現在のBの年齢を3倍にした年数の後
(5) 現在のBの年齢の年数の後

AとBの年齢の和が，C, D, Eの年齢の和に等しくなるのは今からy年後とする。

現在のA, B, C, D, Eの年齢をそれぞれa，b，c，d，eとすると，題意より次式が成立する。

$a=b+7$　……①　　$a=c+d+e$　……②

$(a+y)+(b+y)=(c+y)+(d+y)+(e+y)$　……③

$a+b+2y=c+d+e+3y$　……③′

②を③′に代入すると，

$a+b+2y=a+3y$

$b=3y-2y$より，$y=b$

答（5）

□ 8 下のような4ケタと5ケタの整数のたし算において，A～Iには1～9の異なる数が入る。B=2，E=9，F=6とすれば，D+G+Hの値はいくらか。

(1) 10
(2) 11
(3) 12
(4) 13
(5) 14

解き方のPoint　千の位と万の位に着目する。

B=2，E=9，F=6なので，これらを右のようにあてはめてみる。

	A	2	C	D
+ A	9	6	G	H
I	G	9	H	C

千の位のAに1を入れると，1+9=10より，Gは0になるため不適。

Aに3を入れると，3+9=12より，Gは2になるため不適。Aに4を入れると，4+9=13より，Gは3になる。A=4，G=3のとき，Iは5になる。

A=4，G=3，I=5を前提に，C，D，Hについて検討する。

百の位が，2+6=9となっているから，十の位のCと3の合計値は10を上回っていることになる。

C, D, Hには1, 7, 8のいずれかがあてはまるので，H=1となる。よって，Cには8，Dには7が入ることになる。

	4	2	C	D
+ 4	9	6	3	H
5	3	9	H	C

以上より，D+G+H=7+3+1=11

答（2）

□ 9 1から100までの間のある整数を7で割ったときの余りは5で，13で割ったときの余りは9である。

この整数を18で割ったときの余りはいくつか。

(1) 2　　(2) 3　　(3) 4
(4) 6　　(5) 7

解き方のPoint　具体的な数字で考える。

1から100までの整数の中で，13で割ったときの余りが9になるものは，22，35，48，61，74，87，100 の7つ。これらのうち，7で割ったときの余りが5になるのは，61だけである。

したがって，61÷18=3…7

答 (5)

□ 10 **3個の赤い玉と5個の白い玉が入っている箱から，玉を2個同時にとり出すとき，2個とも赤い玉である確率は次のうちどれか。**

(1) $\frac{1}{6}$　　(2) $\frac{1}{15}$　　(3) $\frac{2}{15}$

(4) $\frac{3}{26}$　　(5) $\frac{3}{28}$

玉を1個とり，さらに1個とることは，同時に2個とるのと同じである。

3個の赤い玉と5個の白い玉から，1個の赤い玉をとり出す確率は $\frac{3}{3+5}=\frac{3}{8}$ である。次に，2個の赤い玉と5個の白い玉から，1個の赤い玉をとり出す確率は $\frac{2}{2+5}=\frac{2}{7}$

したがって，求めるものは　$\frac{3}{8}\times\frac{2}{7}=\frac{6}{56}=\frac{3}{28}$

答 (5)

□ 11 **6人の人を2人と4人に分け，前列に2人，後列に4人を並べるとき，何通りの並べ方があるか。**

(1) 480通り　(2) 640通り　(3) 720通り
(4) 840通り　(5) 1020通り

解き方の Point　6人を2人と4人に分けるときは「組合せ」を用いる。

6人を2人と4人に分ける方法は，

$_6C_2=\frac{6\times5}{2\times1}=15$ (通り)

また，前列2人の並べ方は，$2!=2\times1=2$ (通り)

後列4人の並べ方は，$4!=4\times3\times2\times1=24$ (通り)

以上より，求めるものは，$15\times2\times24=720$ (通り)

答 (3)

□ 12 **下図で，A, B, C, D, E, Fは円周上の点である。∠BAC=32°，∠ACB=46°，∠CED=25°のとき，∠AFDの大きさは次のうちどれか。**

(1) 96°
(2) 98°
(3) 100°
(4) 103°
(5) 105°

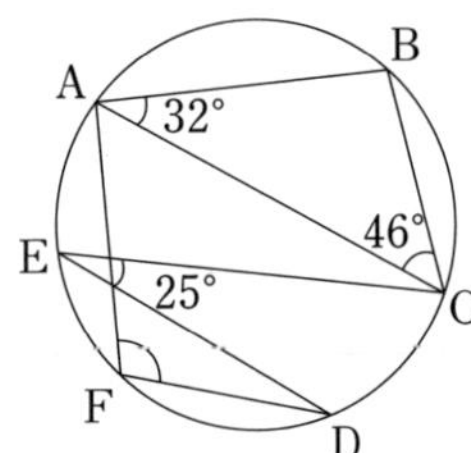

解き方のPoint 円周角の定理を活用する。

∠AFD＝∠AFB＋∠BFC＋∠CFD

円周角の定理より，∠AFB＝∠ACB＝46°

∠BFC＝∠BAC＝32°

∠CFD＝∠CED＝25°

以上より，∠AFD＝46°＋32°＋25°＝103°

答（4）

□ 13 下図はOを中心とする同心円の一部で，AはOCの中点，BはACの中点である。このとき，Nの面積はMの面積の何倍か。

(1) $\frac{3}{2}$倍

(2) $\frac{4}{3}$倍

(3) $\frac{7}{4}$倍

(4) $\frac{8}{5}$倍

(5) $\frac{5}{3}$倍

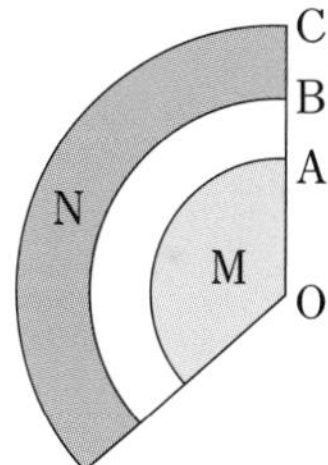

解き方のPoint 単純化して考えてみる。

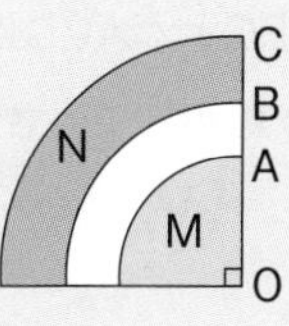

たとえば，右図のような四分円を考えてみる。OAの長さをrとすると，Mの面積は$\frac{\pi r^2}{4}$となる。

また，OC＝$2r$，OB＝$\frac{3}{2}r$となることから，

Nの面積は$\frac{(2r)^2\pi}{4}-\frac{\left(\frac{3}{2}r\right)^2\pi}{4}=\pi r^2-\frac{9}{16}\pi r^2=\frac{7}{16}\pi r^2$

したがって，M：N＝$\frac{1}{4}$：$\frac{7}{16}$＝4：7

4N＝7M　　N＝$\frac{7}{4}$M

答（3）

□ 14 **下図は，AB＝8cm，BC＝4cmの直角三角形である。Cから辺ABに引いた垂線の足をDとするとき，CDの長さはいくらか。**

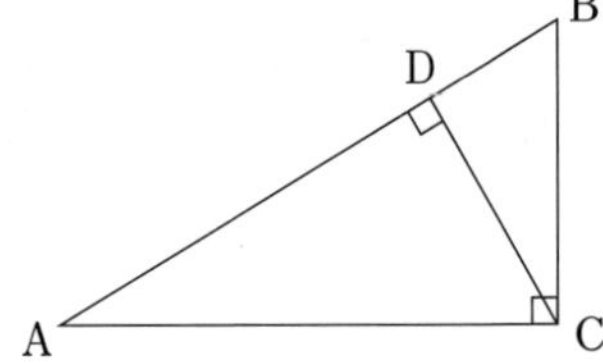

(1) $2\sqrt{2}$ cm
(2) $2\sqrt{3}$ cm
(3) 3cm
(4) $3\sqrt{2}$ cm
(5) $3\sqrt{3}$ cm

解き方の Point　三平方の定理を使う。

AB＝8，BC＝4であるので，三平方の定理（P206参照）より

AC＝$\sqrt{8^2-4^2}=\sqrt{48}=4\sqrt{3}$

△ABCと△ACDについて，∠A＝∠A（共通），∠ACB＝∠ADCより，△ABCと△ACDは相似である。

したがって，8：$4\sqrt{3}$＝4：CD　　8×CD＝$16\sqrt{3}$

CD＝$2\sqrt{3}$（cm）

答（2）

□ ⑮ 下図は，AB＝4cm，BC＝6cmの二等辺三角形である。この二等辺三角形ABCの内接円の半径は次のうちどれか。

(1) $\sqrt{2}$ cm

(2) $\sqrt{3}$ cm

(3) $\dfrac{\sqrt{5}}{2}$ cm

(4) $\dfrac{\sqrt{6}}{2}$ cm

(5) 2 cm

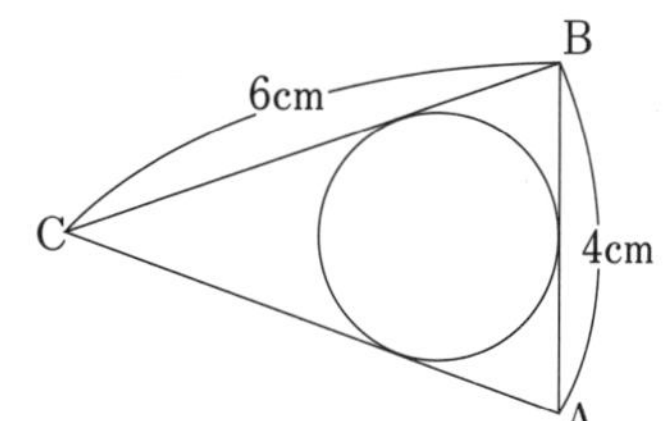

解き方のPoint 内接円の場合には，接線に着目する。

円外の１点から，その円に引いた２つの接線の長さは等しい。右図において，BD，BEはともに接線なので，BD＝BE，BD＝2なので，BE＝2となる。BC＝6なので，

EC＝BC－BE＝6－2＝4

次に，△CDBと△CEOに着目する。

∠BCD＝∠ECO，∠CDB＝∠OEC

なので，△CDBと△CEOは相似である。

三平方の定理より，$CD^2=6^2-2^2=36-4=32$　$CD=4\sqrt{2}$

したがって，$4\sqrt{2}:4=2:OE$　　$4\sqrt{2}\,OE=8$

$$OE=\frac{8}{4\sqrt{2}}=\frac{2}{\sqrt{2}}=\sqrt{2}$$

答 (1)

予想問題

□ 1 A社の職人ならば10人で15日間で完成し，一方，B社の職人ならば20人で10日間で完成させることができる工事がある。この工事をA社の職人10人とB社の職人40人が協力して行うと，工事は何日で完成できるか。ただし，工事は単純なものとする。

(1) 4日　(2) 5日　(3) 6日
(4) 7日　(5) 8日

□ 2 原価 900 円の商品を，定価の 1 割引きで売ってもなお原価の 1 割の利益があるという。この商品の定価として正しいものは，次のうちどれか。

(1) 990円　(2) 1,000円　(3) 1,900円
(4) 1,100円　(5) 1,190円

□ 3 ある人が自転車で16 km離れた地点へ毎時12 kmで行き，直ちに引き返して毎時 8 kmで帰ってきた。往路，復路を通じての時速は何 kmか。

(1) 9.6 km　(2) 9.8 km　(3) 10.1 km
(4) 10.3 km　(5) 10.5 km

One Point !!　損　益　算

原価がA円で，そのp割の利益を見込んで定価をB円とした場合，

$$B = A + A \times \frac{p}{10} = A\left(1 + \frac{p}{10}\right)$$

また，定価がB円で，そのq割引きで売価をC円とした場合，

$$C = B - B \times \frac{q}{10} = B\left(1 - \frac{q}{10}\right)$$

・・・・・解説と解答・・・・・

1 Point 全体の仕事量を１とする。

全体の仕事量を１と考えると，A社の職人の１日の仕事量は

$\frac{1}{10}\times\frac{1}{15}=\frac{1}{150}$　B社の職人の１日の仕事量は$\frac{1}{20}\times\frac{1}{10}=\frac{1}{200}$

したがって，A社の職人10人，B社の職人40人が協力すると，１日で全体の，$10\times\frac{1}{150}+40\times\frac{1}{200}=\frac{1}{15}+\frac{1}{5}=\frac{1}{15}+\frac{3}{15}=\frac{4}{15}$ を行うことができる。

以上より，完成までの日数は $\frac{15}{4}=3.75$（日）かかる。

答（1）

2 Point 定価をx（円）とする。

定価をx（円）とすると，定価の１割引きの売価は$x\times(1-0.1)$となる。一方，原価に対して１割の利益のある売価は，$900\times(1+0.1)$となる。

したがって，$x\times(1-0.1)=900\times(1+0.1)$が成立する。

$0.9x=990$　　$x=1,100$（円）

答（4）

3 Point 往復に要した時間を求める。

往路に要した時間は$\frac{16}{12}=1\frac{4}{12}=1\frac{1}{3}$

復路に要した時間は$\frac{16}{8}=2$

よって，往復に要した時間は $1\frac{1}{3}+2=3\frac{1}{3}$

したがって，全体を通じての速さは，$\frac{16+16}{3\frac{1}{3}}=\frac{32}{\frac{10}{3}}=9.6$

答（1）

予想問題

□ 4 静水中を時速 25 kmで進む船が川の途中のA地点から，160 km下流にあるB地点まで下るのに5時間かかった。この船がB地点からA地点まで上るのに要する時間に最も近いものは，次のうちどれか。

(1)　7時間　(2)　8時間　(3)　9時間
(4) 10時間　(5) 11時間

□ 5 電車が長さ 220 mの鉄橋を渡り終わるまでに 20 秒かかり，また同じ速さで長さ 620 mのトンネルを通過し終わるのに 40 秒かかった。この電車の速さは時速何 kmか。

(1) 64 km　(2) 68 km　(3) 72 km
(4) 76 km　(5) 80 km

□ 6 時計が9時8分をさしているとき，短針と長針のなす角として正しいものは，次のうちどれか。

(1) 126°　(2) 128°　(3) 130°
(4) 132°　(5) 134°

One Point !!　文章問題の重要事項

★流水算…流れのあるものの上を運動するときの問題
　上る速さ＝静水上の速さ－流れの速さ
　下る速さ＝静水上の速さ＋流れの速さ
★通過算…長さのあるものが運動するときの問題
　長さ200m，速さ80km / 時の電車が長さ 1 kmのトンネルを通過するのに要する時間は，

$$\frac{1+0.2}{80}=\frac{1.2}{80}=0.015\text{(時間)}$$

・・・・・解説と解答・・・・・

④ **Point** 下る速さ＝静水上の速さ＋流れの速さ

川の流れの速さを v km／時とすると，この船が川を下るときの速さは 25+ v となる。

よって，$(25+v)\times 5=160$より，$v=7$

反対に，この船が川を上るときの速さは 25− v であるので，25−7=18より，18 km／時となる。距離は同じ160 kmであるので，所要時間は，160÷18 ≒ 8.9(時間) となる。

答 (3)

⑤ **Point** 電車の長さを ℓ とする。

電車の速さを v m／秒, 電車の長さを ℓ mとすると, 次式が成立する。

$20v=\ell+220$……①

$40v=\ell+620$……②

①−②より，$20v=400$　$v=20$m／秒

これを時速になおすと，$v=20\times 60\times 60=72{,}000$ (m／時)

$v=72$ (km／時)

答 (3)

⑥ **Point** 短針・長針が１分間に回転する角度を求める。

短針は１分間に，$360^\circ\times\frac{1}{12}\times\frac{1}{60}=\frac{1}{2}^\circ$

長針は１分間に, $360^\circ\times\frac{1}{60}=6^\circ$ 回転する。

よって，右図で,

$\angle AOB=90^\circ-\frac{1}{2}\times 8=86^\circ$

$\angle AOC=6^\circ\times 8=48^\circ$

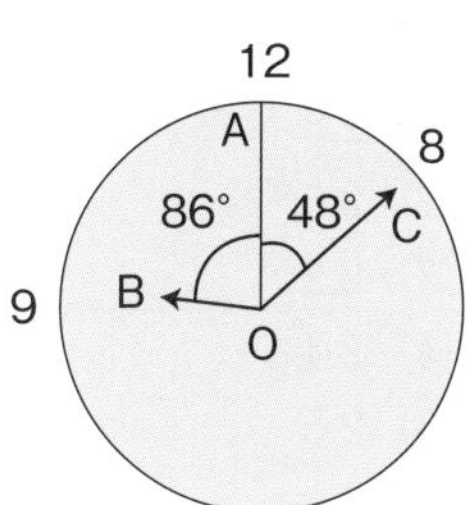

以上より，86° +48° =134°

答 (5)

一般知能／数的推理

予想問題

□ [7] Aの容器には２％の砂糖水が500g，Bの容器には３％の砂糖水が800g入っている。いま，Cの容器にAとBの砂糖水を混ぜて2.3％の砂糖水を500g作ろうと思う。A，Bの砂糖水をそれぞれ何gずつ入れればよいか。

(1) Aから80g，Bから420g
(2) Aから170g，Bから330g
(3) Aから290g，Bから210g
(4) Aから350g，Bから150g
(5) Aから390g，Bから110g

□ [8] A，B，Cの３地点があり，AからBを経由してCまでの距離が560m，BからCを経由してAまでの距離が540m，CからAを経由してBまでの距離が620mであるとき，CA間の距離として正しいものはどれか。

(1) 300m
(2) 310m
(3) 320m
(4) 330m
(5) 340m

□ [9] 硬貨を３回投げて，すべて表のときは４点，すべて裏のときは３点，２回だけ表のときは２点，１回だけ表のときは１点を与えるものとする。この試行を繰り返したとき，点数の平均は次のどの値に近づくか。

(1) 1.8
(2) 2.0
(3) 2.2
(4) 2.4
(5) 2.5

・・・・・解説と解答・・・・・

⑦ **Point▶ Aからxg，Bからyg，Cに入れる。**

Aの容器の砂糖水をxg，Bの容器の砂糖水をyg，それぞれCの容器に入れるとすると，題意より次式が成立する。

$$\begin{cases} x+y=500 & \cdots\cdots① \\ x\times\dfrac{2}{100}+y\times\dfrac{3}{100}=500\times\dfrac{2.3}{100} & \cdots\cdots② \end{cases}$$

②を整理すると，$2x+3y=1,150$　……②′

①より，$x=500-y$　……①′

①′を②′に代入すると，$2\times(500-y)+3y=1,150$

$y=150$　……③

③を①′に代入すると，$x=500-150=350$

答（4）

⑧ **Point▶ 図示して考えてみる。**

AB間，BC間，CA間の距離を右図のように，x，y，zとすると，題意より次式が成立する。

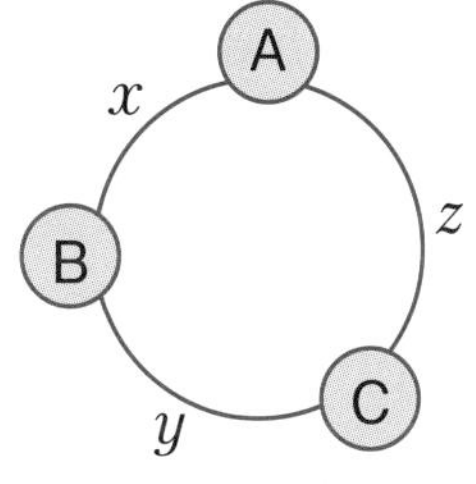

$$\begin{cases} x+y=560\cdots\cdots① \\ y+z=540\cdots\cdots② \\ z+x=620\cdots\cdots③ \end{cases}$$

①+②+③より

$2(x+y+z)=1,720$　　$x+y+z=860\cdots\cdots④$

①と④より，　$z=300$

答（1）

⑨ **Point▶ 表と裏の出る組合せをすべて挙げてみる。**

硬貨を3回投げたときの，表と裏の出る組合せは，
(表，表，表)(表，表，裏)(表，裏，表)(表，裏，裏)(裏，表，表)
(裏，表，裏)(裏，裏，表)(裏，裏，裏)の8通り。
したがって，　$(4+2+2+1+2+1+1+3)\div8=16\div8=2$

答（2）

予想問題

□ ⑩ **3進法で表された20011を2で割ったときの商を，4進法で表したものはどれか。**

(1) 1101　　(2) 1103　　(3) 1110
(4) 1111　　(5) 1113

□ ⑪ A, B, C, D, E, F, Gはそれぞれ1から9までの間の異なる正の整数であり，これらの間には次のような関係がある。

A＋B＝G，B＋D＝E
B×C＝G，E×E＝F

以上のことから判断して，Dは次のうちどれか。

(1) 1　　(2) 2　　(3) 3
(4) 4　　(5) 5

□ ⑫ 下図のように，A～Eの5つ並んだ席がある。いま，男3人，女2人の合計5人を，男が3人並んで座ってはいけないという条件をつけて勝手に座らせた。

このとき，A, B, Cの席に女が座る確率の大小関係として正しいものはどれか。

A	B	C	D	E

(1) A＞C＞B
(2) B＞A＞C
(3) B＞C＞A
(4) C＞B＞A
(5) C＞A＞B

・・・・・解説と解答・・・・・

10 Point　3進法の20011を10進法に直す。

3進法で表された20011を10進法に直すと，$2\times3^4+1\times3+1=162+3+1=166$　よって，$166\div2=83$

10進法の83を4進法に直すと，右のようになる。したがって，1103

```
4 | 83
4 | 20 …3
4 |  5 …0
     1 …1
```

答 (2)

11 Point　最初に，E×E＝F に注目する。

A～Gは1～9の正の整数なので，E×E＝Fに注目する。Eは4以上ではありえないので，Eは1，2，あるいは3であることになる。

ここで，E＝1であると仮定すると，E×E＝Fより，不適となる。次にE＝2であると仮定すると，B＋D＝Eより，これも題意に反することになる。よって，E＝3，F＝9となる。

E＝3であると，B＋D＝Eより，Bは1あるいは2となる。そこで，B＝1であると仮定すると，B×C＝Gより，C＝Gとなるため，これも題意に反することになる。

したがって，B＝2，D＝1となる。

答 (1)

12 Point　2人の女がどこに座るかを考える。

男が3人並んで座ってはいけないという条件を満たす座り方は，女が（AとC），（AとD），（BとC），（BとD），（BとE），（CとD），（CとE）に座った場合である。

したがって，女がAに座る確率は$\frac{2}{7}$，Bに座る確率は$\frac{3}{7}$，Cに座る確率は$\frac{4}{7}$である。

答 (4)

予想問題

□ 13 下図のような多角形の内角の和は，次のうちどれか。

(1) 660°
(2) 720°
(3) 780°
(4) 840°
(5) 900°

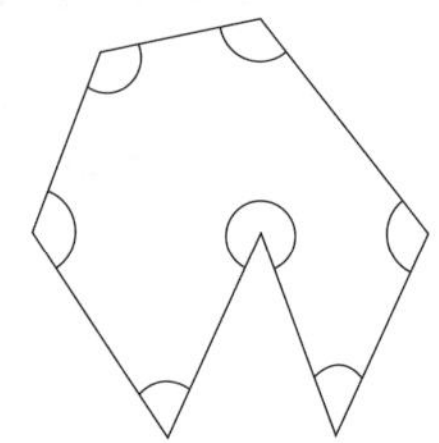

□ 14 ＡからＤを見上げたら仰角は30° であった。ＡからＣの方向へ20m進んで，ＢからＤを見上げたら仰角は60° であった。ＤＣの高さは何mか。ただし，∠ＢＣＤ＝90° である。

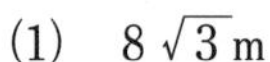

(1) $8\sqrt{3}$ m
(2) $9\sqrt{3}$ m
(3) $10\sqrt{3}$ m
(4) $11\sqrt{3}$ m
(5) $12\sqrt{3}$ m

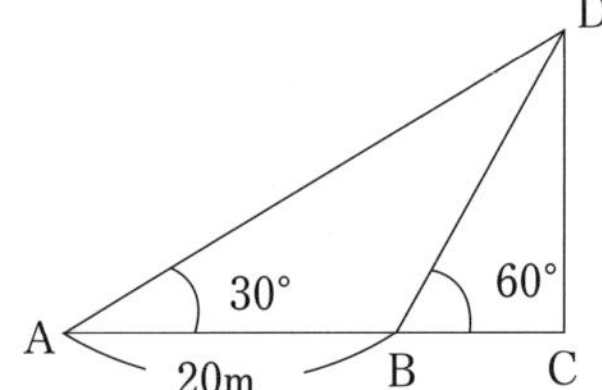

□ 15 面積が4πである円に内接する三角形ＡＢＣがあるとき，その三角形の面積はいくらか。ただし，その三角形の一辺は円の中心を通り，∠Ａ＝60° とする。

(1) $2\sqrt{3}$　(2) 4　(3) $4\sqrt{3}$
(4) 6　(5) 8

One Point !!　内角の和，外角

内角の和

○三角形の内角の和は $2\angle R$

○n角形の内角の和は，$2(n-2)\angle R$

外角

○三角形の１つの外角は，それに隣り合わない２つの内角の和に等しい。

∠Ａ＋∠Ｂ＝∠Ｄ（右図）

A
B
C
D

・・・・・解説と解答・・・・・

⑬ Point 多角形をいくつかの三角形に分ける。

右図に示したように，与えられた多角形を５つの三角形に分けてみる。

三角形の内角の和は180° であることから，与えられた多角形の内角の和は，180° × 5 =900° となる。

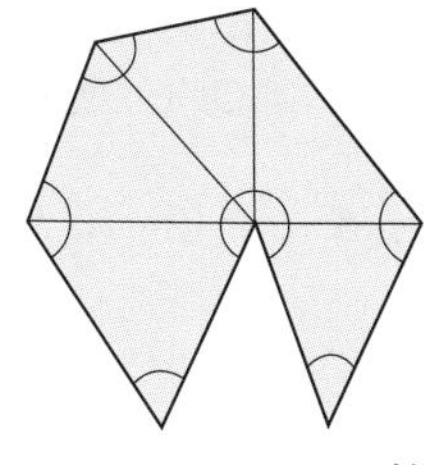

答 (5)

⑭ Point 三角関数を使う。

$$\tan 30^\circ = \frac{1}{\sqrt{3}} = \frac{y}{20+x} \quad \cdots\cdots①$$

$$\tan 60^\circ = \sqrt{3} = \frac{y}{x} \cdots\cdots②$$

②より，$y=\sqrt{3}\,x$ ……②′

②′を①に代入し，整理すると，

$20 + x=\sqrt{3} \times \sqrt{3}\,x$ ゆえに，$x=10$……③

③を②′に代入すると，$y=\sqrt{3} \times 10=10\sqrt{3}$

答 (3)

⑮ Point 与えられた条件を図示してみる。

円の半径をrとすると，円の面積はπr^2である。円の面積が4πであるので，$\pi r^2= 4\pi$が成立し，$r= 2$

円に内接する三角形ＡＢＣの一辺は円の中心を通るので，これを図示すると右図となる。$r= 2$より，ＡＢ＝４

よって，ＡＣ＝2，ＢＣ＝$2\sqrt{3}$

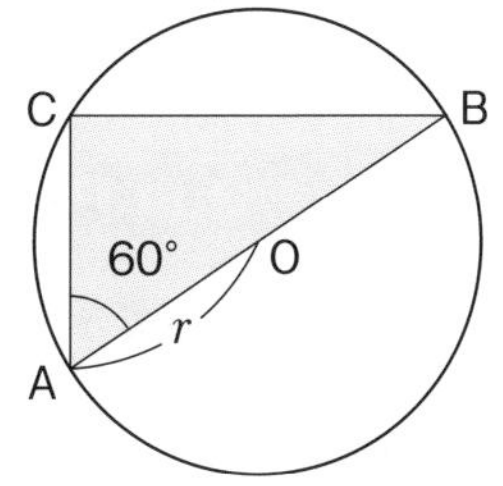

以上より，求めるものは，

$$\frac{1}{2} \times 2 \times 2\sqrt{3} = 2\sqrt{3}$$

答 (1)

予想問題

□ 16 平行四辺形ABCDの対角線ACとBDの交点をOとする。また，線分OD上の点をEとし，CEの延長と辺ADの交点をFとする。BD＝８，OE＝１のとき，△OCEの面積をSとすると，△EDFの面積は次のうちどれか。

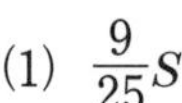

(1) $\frac{9}{25}S$　　(2) $\frac{5}{3}S$

(3) $\frac{6}{5}S$　　(4) $\frac{9}{5}S$

(5) $4S$

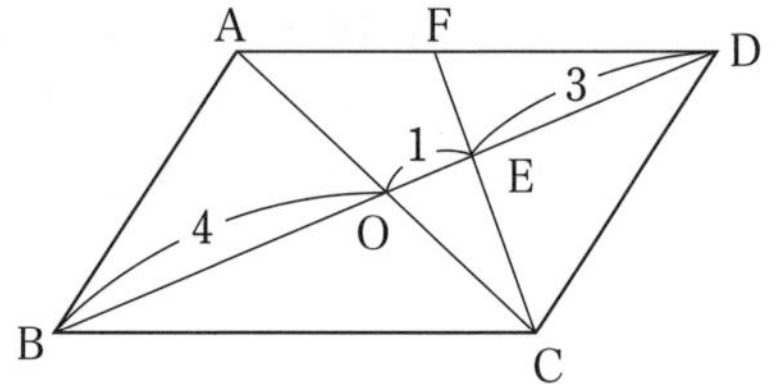

□ 17 半径rの円O_1とそれに接する半径$2r$の円O_2がある。この２つの円の接点をM，２つの円の中心をつないだ線の延長と円O_2との交点をN，Nから円O_1に対する接線を引いたときのO_2との交点をP，O_1との接点をQとするとき，△PNO_1の面積はいくらか。

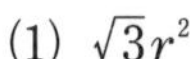

(1) $\sqrt{3}r^2$

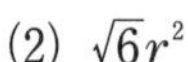

(2) $\sqrt{6}r^2$

(3) $\frac{4}{5}\sqrt{3}r^2$

(4) $\frac{4}{5}\sqrt{6}r^2$

(5) $\frac{8}{5}\sqrt{6}r^2$

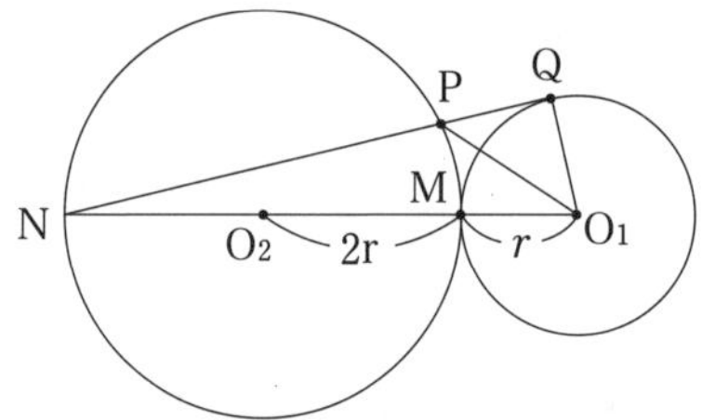

One Point !!　**相似な平面図形**

相似な２つの平面図形について，次の関係がある。

相似比が $m：n$ のとき，

周の長さの比は $m：n$

面積の比は $m^2：n^2$

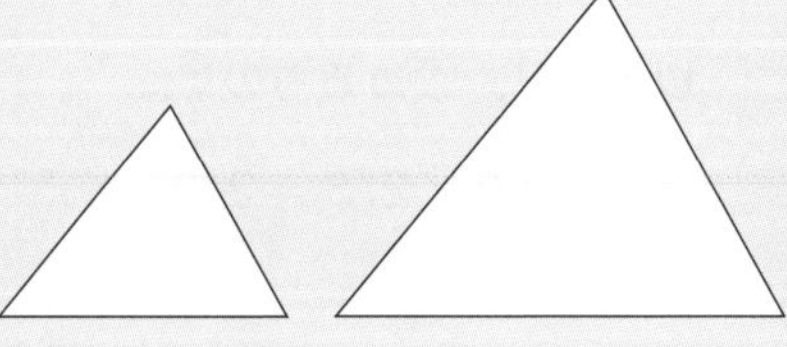

・・・・・解説と解答・・・・・

⑯ **Point** 面積の比は，相似比の２乗に等しい。

まず，△BCEと△EDFに注目する。

∠BEC＝∠FED（対頂角）

∠EBC＝∠EDF（錯角）

∠BCE＝∠EFD（錯角）より，

△BCE∽△EDF

BE=5，ED=3より，

△EDFは△BCEの$\left(\frac{3}{5}\right)^2=\frac{9}{25}$（倍）となる。

次に，△BCOと△OCEに注目する。２つの三角形は底辺が４：１で，高さが同じであることから，△OCEの面積をSとすると，△BCOの面積は$4S$となる。よって，△BCEの面積は$5S$となる。

以上より，求めるものは，$5S\times\frac{9}{25}=\frac{9}{5}S$

答（4）

⑰ **Point** △NO_1Qと△NMPは相似。

NQは円O_1に対する接線であるので，∠NQO_1=90°

NMは円O_2の直径であることから，円周角の定理より，

∠NPM＝$\frac{1}{2}\times180°=90°$

△NO_1Qと△NMPについて，

∠NQO_1＝∠NPM，∠QNO_1＝∠PNMより，

△NO_1Q∽△NMP

なお，相似比は，NO_1：NM＝5：4

三平方の定理より，NQ＝$2\sqrt{6}r$

よって，　NP＝$\frac{4}{5}\times2\sqrt{6}r=\frac{8}{5}\sqrt{6}r$

以上より，△$NPO_1=\frac{1}{2}\times NP\times QO_1=\frac{1}{2}\times\frac{8}{5}\sqrt{6}r\times r$

$=\frac{4}{5}\sqrt{6}r^2$

答（4）

一般知能／数的推理

判断推理

出題傾向

判断推理の問題は，論理，暗号，推理，位置・方角，比較・順序，道順，平面図形，空間把握などに分けられる。暗号はごく一部の自治体だけで出題されている。他の問題は満遍なく出題されるので，苦手な分野は，やさしい問題を完全マスターしておくことがポイント。

基本問題　1

○絵が好きな人は旅行が好きである。
○研究者は健康ではない。
○旅行が好きな人は健康である。

以上のことから確実にいえるものは，次のうちどれか。

(1) 研究者は旅行が好きである。
(2) 研究者は絵が好きではない。
(3) 健康な人は絵が好きである。
(4) 旅行が好きな人は絵が好きである。
(5) 旅行が好きでない人は健康ではない。

Approach　命題に対する対偶（たいぐう）をとる

解き方

論理に関する問題は，命題と対偶の関係がわからないと解けない。

逆・裏・対偶

命題「A→B」に対して，
「B→A」を逆
「$\overline{A}$→$\overline{B}$」を裏
「$\overline{B}$→$\overline{A}$」を対偶という。

論理の問題　解く際に使うのは対偶だけである。

つまり，命題「A→B」が真ならば，対偶「$\overline{B}$→$\overline{A}$」は必ず真であり，命題「A→B」が偽ならば，対偶「$\overline{B}$→$\overline{A}$」は必ず偽である。

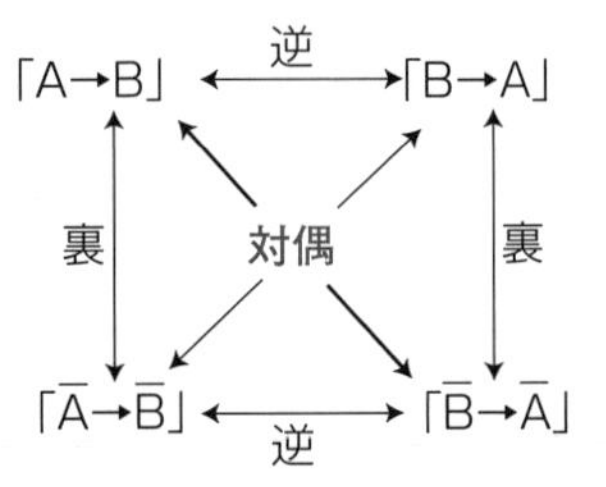

「絵が好きである」を「絵」，「旅行が好きである」を「旅」，「研究者」を「研」，「健康である」を「健」とする。

すると，「絵が好きな人は旅行が好きである」は「絵→旅」，「研究者は健康ではない」は，「研→$\overline{健}$」，「旅行が好きな人は健康である」は「旅→健」と表すことができる。

●選択肢のチェック

(1) 「研→$\overline{旅}$」が導ければ正解となる。「旅→健」の対偶をとると，「$\overline{健}$→$\overline{旅}$」。「絵→旅」の対偶をとると，「$\overline{旅}$→$\overline{絵}$」。したがって，「研→$\overline{健}$」「$\overline{健}$→$\overline{旅}$」「$\overline{旅}$→$\overline{絵}$」から，「研→$\overline{絵}$」となる。

三段論法

三段論法とは，２つの命題から１つの命題を導くもので，
A→B，C→A　のとき，
C→A，A→Bから，C→B になるというもの。

前記の　研→$\overline{健}$，$\overline{健}$→$\overline{旅}$，$\overline{旅}$→$\overline{絵}$ については，
研→$\overline{健}$　$\overline{健}$→$\overline{旅}$ から，研→$\overline{旅}$ となる。
次に，研→$\overline{旅}$　$\overline{旅}$→$\overline{絵}$ から，研→$\overline{絵}$ となる。

(2) 上記より，「研→$\overline{絵}$」が導けるので，正解。

(3) 「健→絵」が導ければ正解となる。「研→$\overline{健}$」の対偶をとると，「健→$\overline{研}$」となる。しかし，これ以上展開できない。

(4) 「旅→絵」が導ければ正解となる。「研→$\overline{健}$」の対偶をとると，「健→$\overline{研}$」となる。「旅→健」と「健→$\overline{研}$」から，「旅→$\overline{研}$」となるが，これ以上展開できない。

(5) 「$\overline{旅}$→$\overline{健}$」が導ければ正解となる。「絵→旅」の対偶をとると，「$\overline{旅}$→$\overline{絵}$」となるが，これ以上展開できない。

答 (2)

基本問題 2

「FUKUOKA」を「19　6　24　6　12　24　14」で表したとき，「HAKODATE」はどのように表されるか。

(1) 21　14　24　12　23　14　7　22
(2) 21　14　24　12　17　14　7　18
(3) 19　14　24　12　17　14　8　18
(4) 19　14　24　12　17　14　8　22
(5) 19　14　24　12　23　14　7　18

Approach　原文と暗号文の字数を比較する

解き方

「FUKUOKA」を「19　6　24　6　12　24　14」で表しているので，原文と暗号文の字数は1対1である。このような場合，アルファベット表や50音表などをある順序に従って対応させていることが多い。

A	B	C	D	E	F	G	H	I	J	K	L	M
↓	↓	↓	↓	↓	↓	↓	↓	↓	↓	↓	↓	↓
14	15	16	17	18	19	20	21	22	23	24	25	26
N	O	P	Q	R	S	T	U	V	W	X	Y	Z
↓	↓	↓	↓	↓	↓	↓	↓	↓	↓	↓	↓	↓
13	12	11	10	9	8	7	6	5	4	3	2	1

したがって，「HAKODATE」は「21　14　24　12　17　14　7　18」と表される。

答 (2)

基本問題　3

ある会社では，日曜日以外にあと２日休日をとる週休３日制をとっている。Aは連休にならないように休みをとる。Bは，水曜日と金曜日に休み，Cとは週に３日しか会社で会わない。Cは，火曜日と木曜日にA，Ｂ両者と会社で会い，休みはすべて連休になるようにとる。ただし，土曜・日曜・月曜日というかたちで連休はとらないものとする。

以上のことから正しいと判断できるものは，次のうちどれか。

(1)　水曜日は，A，B，Ｃのうち Bだけ休む。
(2)　Ａは B と会社で，週に３日しか会わない。
(3)　金曜日は，A，B，Ｃの３人すべてが休む。
(4)　A，B，Ｃの３人すべてが出勤するのは，火曜日と木曜日だけである。
(5)　土曜日にＣは出勤する。

Approach　与えられた条件をもとに表を作る

解き方

「Bは，水曜日と金曜日に休み」から，Bは月・火・木・土曜日は出勤していることになる。

	月	火	水	木	金	土
A	○	○	×	○	×	○
B	○	○	×	○	×	○
C	○	○	○	○	×	×

「Aは連休にならないように休みをとる」から，Aは月・土曜日は出勤することになる。また，「Cは，火曜日と木曜日にA，B両者と会社で会い」から，Aは水・金曜日に休むことになる。

「Cは，休みはすべて連休になるようにとる」から，Cの休みは月・火曜日か，金・土曜日となるが，Cは火曜日に出勤することから，Cの休みは金・土曜日となる。

以上をまとめたのが，上表である。

答（3）

基本問題　4

A～Gの7人が横に1列に並び，同じ方向を向いている。

○Aの右2人目はBである。

○Bの右2人目はCである。

○Dの右3人目はEである。

○Fの右4人目はGである。

以上のことから確実にいえることは，次のどれか。

(1) BはFの隣りである。
(2) GはCの隣りである。
(3) DはCの隣りである。
(4) EはAの隣りである。
(5) FはDの隣りである。

Approach　あらゆるケースを考えてみる

解き方

「Aの右2人目はBである」「Bの右2人目はCである」の2つの条件から，7人の並び方は，

○○A○B○C,
○A○B○C○,
A○B○C○○，の3通りとなる。

これに，「Dの右3人目はEである」「Fの右4人目はGである」の2つの条件を加えると，7人の並び方は，

DFAEBGC,
AFBDCGE，の2通りとなる。

したがって，DFAEBGC，AFBDCGE，のいずれにも該当するのは，「GはCの隣りである」になる。

答 (2)

基本問題　5

A～Fの６人が下図のように，丸いテーブルを囲んで等間隔に座っている。その座り方について，次のことがわかっている。このとき，座っている位置として確実にいえるものはどれか。

○AはCの隣りで，Eの真向かいに座っている。

○Dの隣りにはBが座っている。

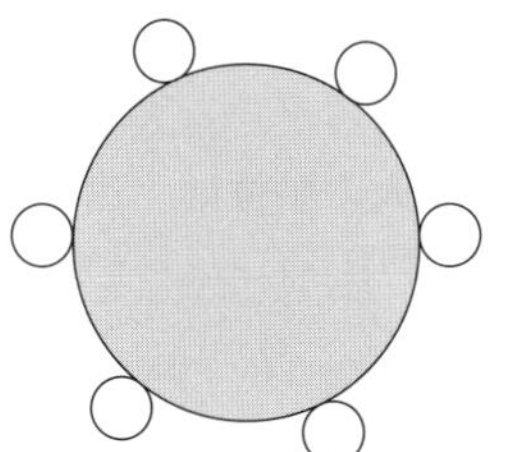

(1) Cの隣りには，AとFが座っている。
(2) Bの１人おいて，隣りにはEが座っている。
(3) FはBの真向かいに座っている。
(4) DはCの真向かいに座っている。
(5) Eの隣りには，BとFが座っている。

Approach　だれかを固定して考えていく

解き方

Aを固定すると，Aの真向かいはEとなり，Aの隣りはCとなる。隣りは右隣りと左隣りがあるので，２つの場合について考える必要がある。

次に，DとBの座り方について検討する。これも下図に示すように２つの場合があるので，D(B)，B(D)と記入する。この結果，空いている席がFとなる。

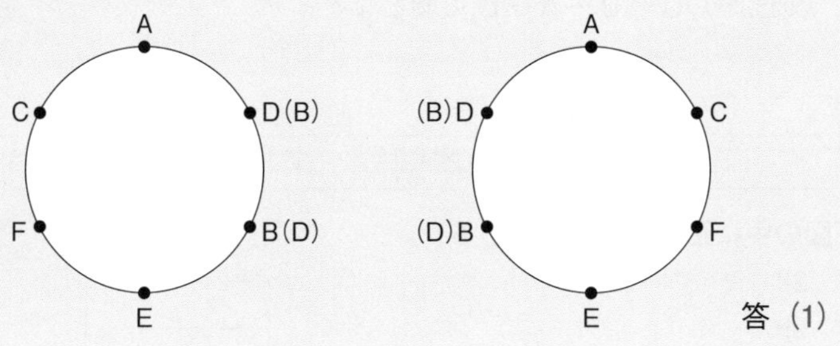

答 (1)

基本問題　6

A，B，C，Dの4人が徒競走をして順位を決めた。4人はそれぞれ次のように発言した。

A 「2位はDで，私は4位だった」

B 「Cよりも私は速かった」

C 「Aは1位だった」

D 「私は1位で，Aは2位だった」

ところが，4人の言っていることは全部うそであった。

4人の順位は，速い順から次のどれか。

(1)　B－D－A－C　　(2)　C－B－A－D

(3)　C－B－D－A　　(4)　D－A－C－B

(5)　D－C－B－A

Approach　"4人の発言は全部うそ"が決め手

解き方

4人の発言はすべてうそであるので，A，C，Dの発言から，右表を作ることができる。したがって，Aの順位は3位となる。

	1	2	3	4
A	×	×		×
B				
C				
D	×	×		

Aの3位が決まると，右表より，Dは1位でもなく，2位でもないので，Dは4位となる。最後に，Bの発言から，BはCより遅かったことになるので，Cが1位，Bが2位となる。

以上より，C－B－A－Dの順となる。　答(2)

基本問題　7

下図の中に正方形はいくつあるか。

(1)　28

(2)　29

(3)　30

(4)　31

(5)　32

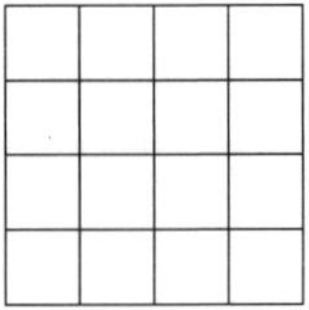

Approach　何種類の正方形があるかを考えてみる

解き方

与えられた正方形の中には，下のような４種類の正方形がある。図１の正方形は16個，図2の正方形は９個，図３の正方形は４個，図４の正方形は１個ある。したがって，合計30個の正方形がある。

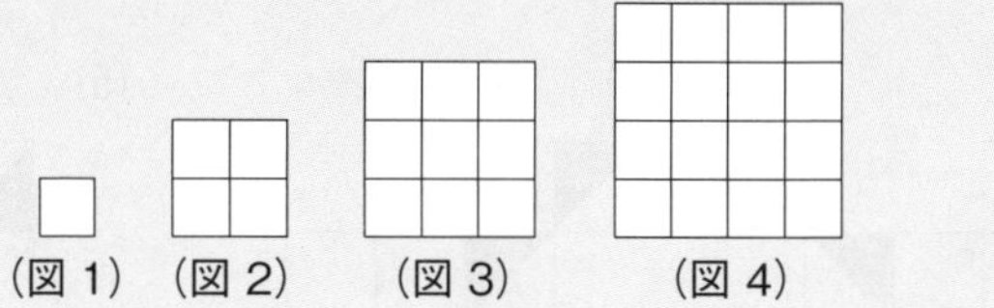

（図 1）（図 2）（図 3）（図 4）

答（3）

基本問題8

下図のような27個の小立方体でできた大立方体がある。黒い小立方体は，大立方体の表面に見えている面から反対の面まで貫通して並んでいる。

このとき，黒い小立方体はいくつあるか。

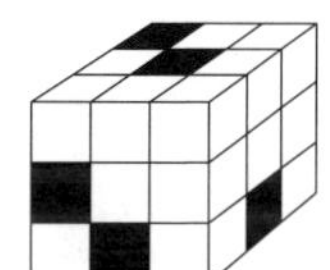

(1)　10個　　(2)　12個　　(3)　14個
(4)　16個　　(5)　18個

Approach　1段目，2段目，3段目に分けて考える

解き方

下図に示したように，１段目，２段目，３段目に分けて，それぞれのマスが黒か白かを考えればよい。この際に注意することは，「黒い小立方体は，大立方体の表面に見えている面から反対の面まで貫通して並んでいる」ことである。

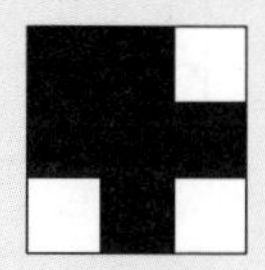

１段目

２段目

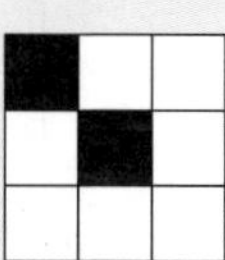

３段目

答（2）

基本問題　9

組み立てたとき，下図になるような展開図は次のうちどれか。

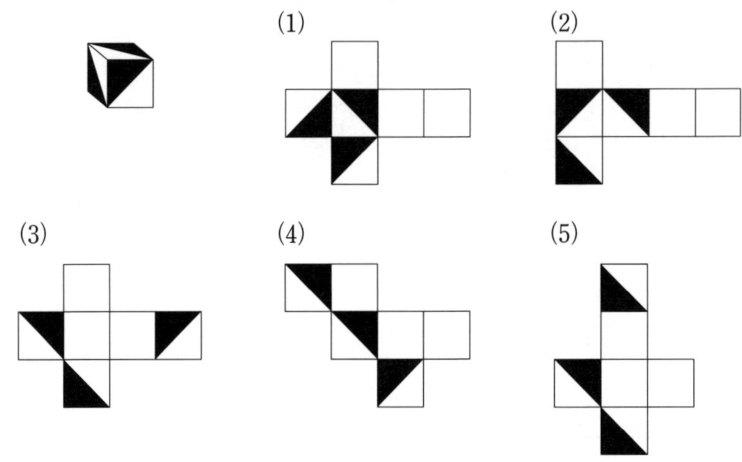

Approach　立方体の基本的性質を活用する

解き方

立方体の展開図を解く際に覚えておくことは，次のことである。

Point 立方体の展開図は，面を，その頂点を中心として90° 回転させても展開図は変わらない。これを立方体の基本的性質という。

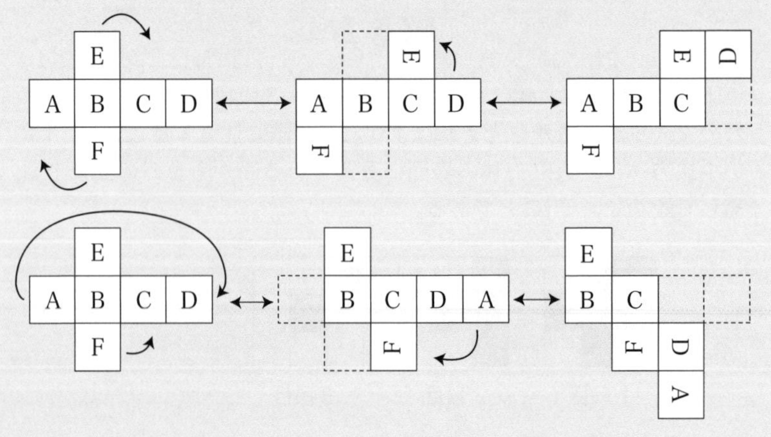

見取図から，基本展開図を描いてみる。

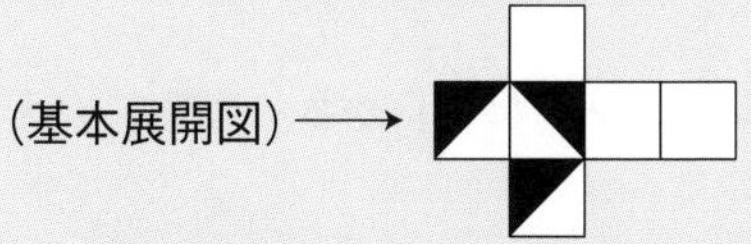

この基本展開図をもとに，立方体の基本的性質を活用して，各選択肢の正誤を検討する。

（1）基本展開図と比較すると，左側の正方形の黒い部分が異なる。

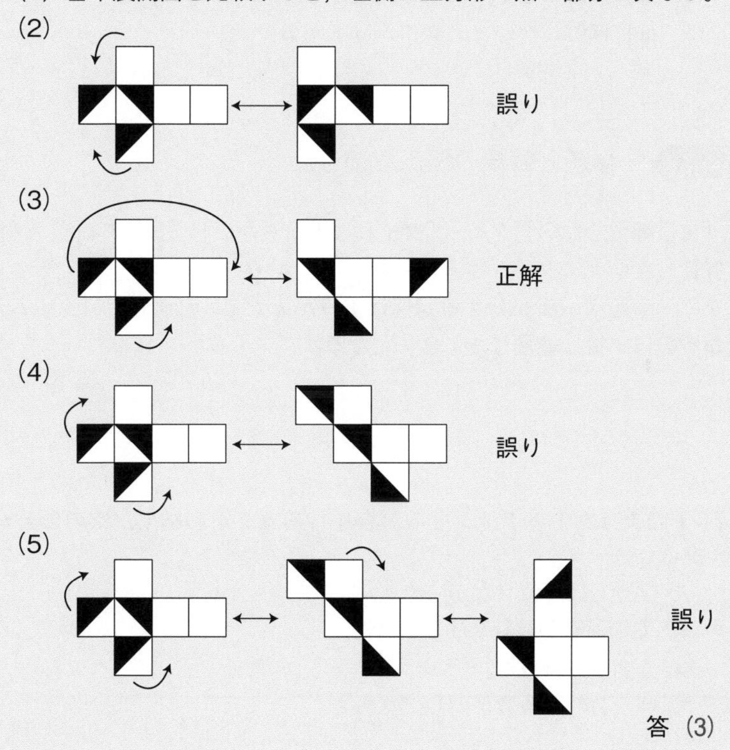

答（3）

一般知能／判断推理

練習問題

□ 1 **「毎日練習しないと，タイムは上がらない」から，確実にいえるものは次のうちどれか。**

(1) タイムが上がると，毎日練習しない。
(2) 毎日練習すると，タイムは上がらない。
(3) タイムが上がるのは，毎日練習したときだけだ。
(4) 毎日練習すると，タイムは上がる。
(5) 毎日練習しないと，タイムは上がる。

解き方のPoint　命題と対偶の関係を使う。

「毎日練習しない」をA，「タイムは上がらない」をBとすると，「毎日練習しないと，タイムは上がらない」は A→B と表せる。

次に，命題 A→B に対する対偶は $\overline{B}$→$\overline{A}$ となる。つまり，「タイムが上がるのは，毎日練習したとき」となる。

答 (3)

□ 2 下のようなトーナメントの試合を行った。その結果，次のことがわかった。

ア　AとCは対戦しなかった。
イ　Gの試合数はDより多かった。
ウ　FはDに勝った。
エ　EとHの試合数は同じであった。

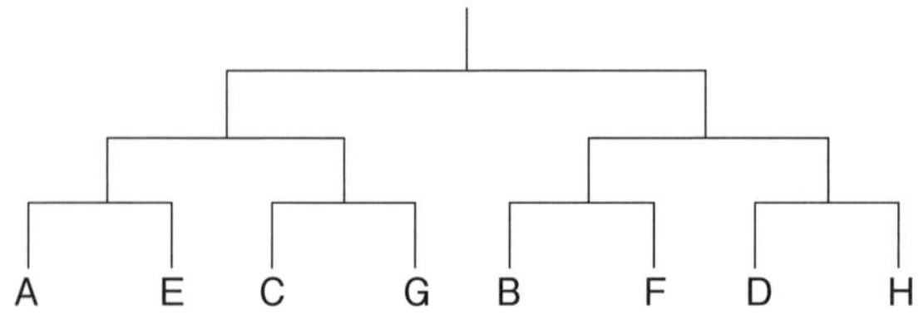

このとき，次のうちで確実にいえることはどれか。

(1) Fが優勝した。
(2) Hは２回試合をした。
(3) Gが優勝した。
(4) Aは１回戦に勝った。
(5) GはEと試合をした。

解き方のPoint　与えられたア～エの条件を慎重に検討する。

条件ア～エから，試合の結果は下のようになる。太線は対戦に勝利し，次に進んだことを示している。なお，GとFが決勝で戦い，どちらが勝ったかは与えられた条件からはわからない。

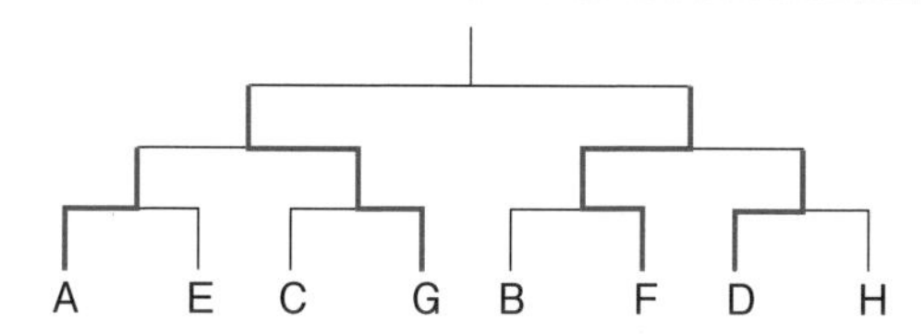

条件ウより，Fは決勝に進出したことになる。また，条件イとウより，Gも決勝に進出したことになる。条件ウとエより，HとEは１回戦で負けたことになる。なぜなら，Dは２回戦でFに負けているので，Dは１回戦でHに勝ったことになる。そして，EとHの試合数は同じであるので，Eも１回戦で負けたことになる。

したがって，条件エとアよりAは１回戦に勝ったことになる。

答 (4)

□ 3 A君の家の北西にはB君の家があり，西にはC君の家がある。C君の家の北西にはD君の家があり，D君の家の東にはB君の家とE君の家がある。F君の家の南にはC君の家とB君の家があり，南東にはE君の家がある。

上文は，A～Fの６人の家の位置関係を述べたものであるが，E君の家がA君の家の北にあるためには次のどの条件が必要か。

(1) B君の家の南にC君の家がある。
(2) F君の家の北西にA君の家がある。
(3) A君の家の北西にD君の家がある
(4) C君の家の北東にE君の家がある。
(5) F君の家の南南西にD君の家がある。

解き方のPoint 条件をもとに，実際に図を描いてみる。

与えられた条件をもとに図を描くと下のようになる。しかし，Fの位置がF_1，F_2，F_3のどこかがわからない。また，Eの位置がE_1，E_2，E_3のどこかもわからない。

こうした位置関係において，「C君の家の北東にE君の家がある」という条件が加わると，E君の家がE_2にあり，F君の家がF_2にあることになる。

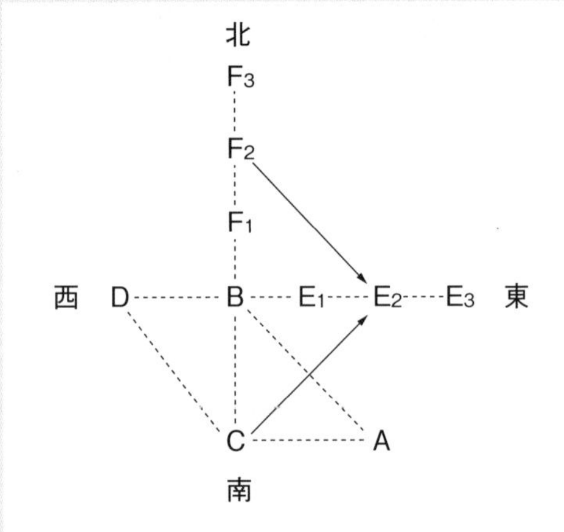

答 (4)

□ 4 A～Fの６チームが総当たりでサッカーの試合を行った。その結果，Fチーム以外の各チームの勝数と引き分け数が次のようにわかっている。Aは４勝，Bは５勝，Cは２勝１引き分け，Dは１勝１引き分け，Eは１勝，であった。

以上のことから確実にいえることは，次のうちどれか。

(1) CはDに勝った。
(2) CはFに勝った。
(3) CはEに勝った。
(4) FはDに勝った。
(5) CはDと引き分けた。

解き方のPoint あらゆるケースについて表を作成する。

与えられた条件をもとに表を作成すると，表１と表２のようになる。

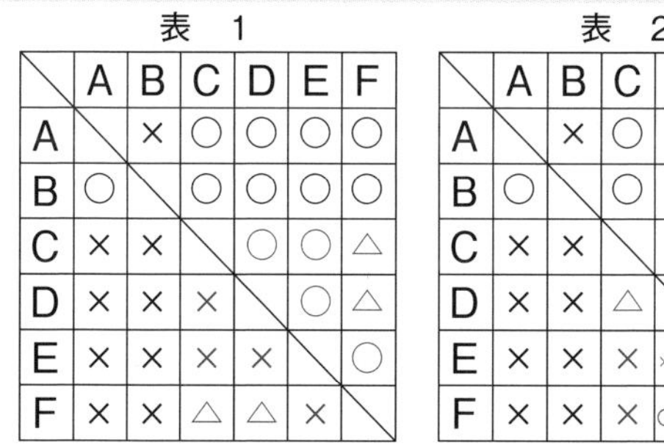

表　1

	A	B	C	D	E	F
A	＼	×	○	○	○	○
B	○	＼	○	○	○	○
C	×	×	＼	○	○	△
D	×	×	×	＼	○	△
E	×	×	×	×	＼	○
F	×	×	△	△	×	＼

表　2

	A	B	C	D	E	F
A	＼	×	○	○	○	○
B	○	＼	○	○	○	○
C	×	×	＼	△	○	○
D	×	×	△	＼	○(×)	×(○)
E	×	×	×	×(○)	＼	○(×)
F	×	×	×	○(×)	×(○)	＼

(1) (5) 表１においては「CはDに勝った」が，表２においては「CはDと引き分けた」ので，どちらも確実にはいえない。

(3) 表１と表２とも,「CはEに勝った」ので，これは確実にいえる。よって，これが正解となる。

(4) 表２において,「ＦはＤに勝つケースと，負けるケース」の２つがある。また，表１において「ＦはＤと引き分けた」。よって，確実なことはいえない。

なお，下の表３と表４はEが１勝１引き分けとなり，与えられた条件に反するので，不適。

表 3

	A	B	C	D	E	F
A	＼	×	○	○	○	○
B	○	＼	○	○	○	○
C	×	×	＼	○	△	○
D	×	×	×	＼	○	△
E	×	×	△	×	＼	○
F	×	×	×	△	×	＼

表 4

	A	B	C	D	E	F
A	＼	×	○	○	○	○
B	○	＼	○	○	○	○
C	×	×	＼	○	○	△
D	×	×	×	＼	△	○
E	×	×	×	△	＼	○
F	×	×	△	×	×	＼

答 (3)

□ 5 A～Fの６人の選手が走り高跳びの大会に出場した。結果については，ア～ウのことがわかっている。

これらのことから確実にいえるものはどれか。

ア　BはAより上位で，BとAの間には２人いた。

イ　Cは４位で，Dよりは上位であった。

ウ　FはEより上位で，FとEの間には１人いた。

(1) BはFより上位である。

(2) DはAより上位である。

(3) Aは６位である。

(4) Dは５位である。

(5) Eは３位である。

解き方のPoint　条件をもとに，上下関係を図示する。

アより，B―○―○―A が成立する。

イより，○―○―○―C―D―○ あるいは ○―○―○―C―○―D が成立する。

B―○―○―A と ○―○―○―C―D―○ を組み合わせると，

○−○−B−C−D−A ……①が成立する。

B−○−○−A と ○−○−○−C−○−D を組み合わせると，
○−B−○−C−A−D ……②が成立する。

ウより，F−○−E が成立する。そこで，F−○−E と①の ○−○−B−C−D−A との組み合わせ，F−○−E と②の ○−B−○−C−A−D との組み合わせを検討してみる。

F−○−E と ○−○−B−C−D−A との組み合わせは不可能なので，○−○−B−C−D−A は不適となる。

一方，F−○−E と ○−B−○−C−A−D を組み合わせると，F−B−E−C−A−D となる。

したがって，6人の順位は，F−B−E−C−A−D となる。

答 (5)

□ 6 A～Gの7世帯が，日曜日から土曜日までのある1週間にかぎり夜警をすることになった。その1週間の当番表によれば，次のア～カのことがわかっている。

C家の当番は何曜日であったか。ただし，各世帯とも1度ずつ当番にあたるものとする。

ア　A家の当番は水曜日ではない。
イ　G家の当番は土曜日ではない。
ウ　D家の当番はB家の2日前である。
エ　G家の当番はA家の2日後である。
オ　E家の当番はA家の1日前である。
カ　日曜日の当番はE家でも，F家でもない。

(1) 日曜日
(2) 月曜日
(3) 火曜日
(4) 水曜日
(5) 木曜日

解き方のPoint 問題文をよく読み，条件をしっかり把握する。

「日曜日から土曜日までの1週間にかぎり」と条件がついている。つまり，初日は日曜日であり，最終日は土曜日である。したがって，たとえば条件エより，G家の当番は日曜日ではなく，また，月曜日でもないことになる。

条件エとオより，当番の順は E－A－○－G となる。これにより，A家の当番は日曜日ではないことがわかる。次に，条件カより，E家の当番は日曜日ではないので，E家の当番は早くても月曜日になることがわかる。

日	月	火	水	木	金	土
	E	A		G		

E家の当番を火曜日にしてみると，A家の当番は水曜日となる。しかし，これは条件アに反するので，E家の当番は火曜日ではない。

E家の当番を水曜日にしてみると，G家の当番は土曜日となる。しかし，これは条件イに反するので，E家の当番は水曜日ではない。また，E家の当番は木曜日，金曜日，土曜日ではないので，この結果，E家の当番は月曜日となる。したがって，A家の当番は火曜日，G家の当番は木曜日となる。

条件ウより，当番の順はD－○－Bとなる。これを上のE－A－○－Gと組み合わせると，下のようになる。

日	月	火	水	木	金	土
	E	A	D	G	B	

再度，条件カより，F家の当番は日曜日ではないので，F家の当番は土曜日となる。以上より，C家の当番は日曜日となる。

日	月	火	水	木	金	土
C	E	A	D	G	B	F

答 (1)

□ 7 下図には，正三角形がいくつあるか。

(1) 26
(2) 27
(3) 28
(4) 29
(5) 30

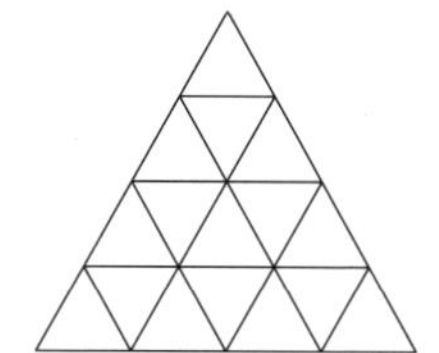

解き方のPoint　大きさの違う正三角形は４つある。

正三角形は次の４種類がある。最も小さな正三角形を「１個含んだもの」「４個含んだもの」「９個含んだもの」「16個含んだもの」である。

最も小さな正三角形を１個含んだものは16個ある。最も小さな正三角形を４個含んだものは７個ある。図１の△ABC，△BDE，△CEF，△BEC，図２の△GIJ，△HKL，△MNO。

図　1

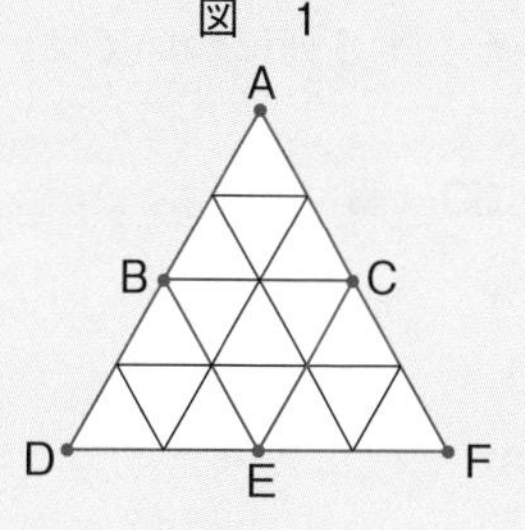

図　2

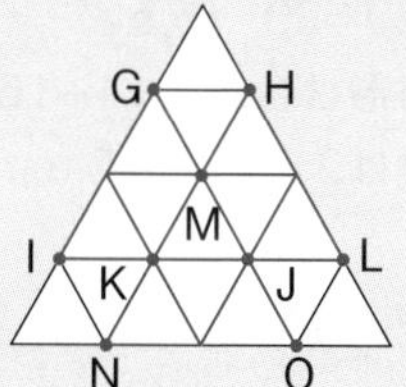

図　3

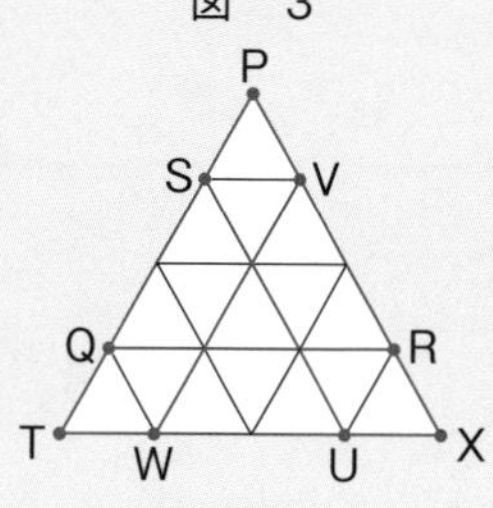

最も小さな正三角形を９個含んだものは３個ある。図３の△PQR，△STU，△VWX。最も小さな正三角形を16個含んだものは１個ある。

以上より，求めるものは，

16+7+3+1=27

答 (2)

□ 8 下図の立体は，１辺が３cmの立方体を積み重ねてできたものである。**この立体の表面積はいくらか。**

(1) 477cm²
(2) 486cm²
(3) 495cm²
(4) 513cm²
(5) 540cm²

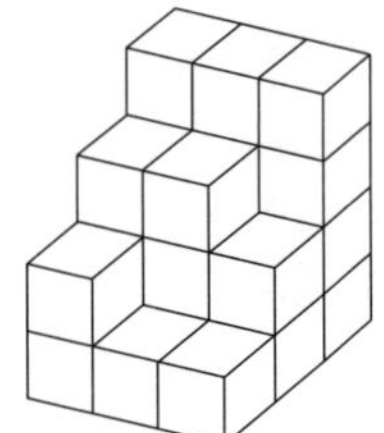

解き方のPoint 第１列，第２列，第３列に分けて数える。

１辺が３cmの立方体なので，１つの面（正方形）の面積は3×3=9（cm²） 求めるものは，この面（正方形）が表面にいくつ出ているかがわかれば，容易に計算できる。

下に示したように，第１列については，正方形が14個ある。第２列については，正方形は16個（30−14=16）ある。第３列については，正方形は30個（60−30=30）ある。

したがって，正方形は合計，14+16+30=60（個）ある。

以上より，表面積は9×60=540（cm²）

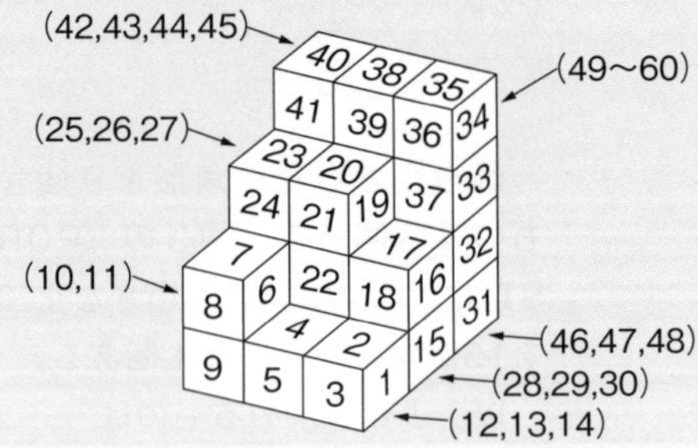

答（5）

□ 9 60人の生徒を対象に，国語，数学，英語についてのアンケートを行った。その結果，次のことがわかった。

ア　国語が得意な人は26人で，そのうち数学も得意な人は11人いた。
イ　数学が得意な人は27人で，そのうち英語も得意な人は８人いた。
ウ　英語が得意な人は27人で，そのうち国語も得意な人は９人いた。
エ　国語，数学，英語のいずれの科目も得意でない人は５人いた。

以上から，数学だけが得意な人は何人か。

(1)　10人
(2)　11人
(3)　12人
(4)　13人
(5)　14人

解き方の Point　ベン図を利用すること。

下のようなベン図を使って解くとよい。

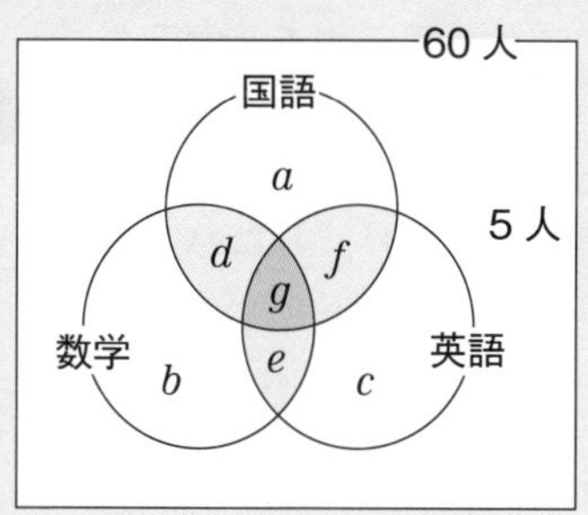

条件エより，$a+b+c+d+e+f+g=60-5=55$ ……①
次に，条件ウより，$c+e+f+g=27$ ……②　$f+g=9$ ……③
③を②に代入すると，$c+e=27-9=18$ ……④
条件アより，$a+d+f+g=26$ ……⑤　⑤を①に代入すると，
$(a+d+f+g)+b+c+e=55$，$26+b+c+e=55$，$b+c+e=29$ ……⑥
④を⑥に代入すると，$b+18=29$　$b=11$

答 (2)

□ ⑩ **正三角形の１辺を回転軸として，正三角形を回転させてできる図形は次のうちどれか。**

(1)

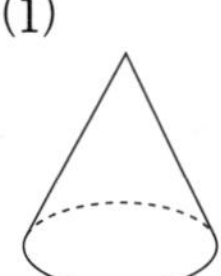

(2)

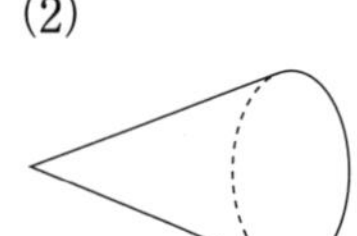

(3)

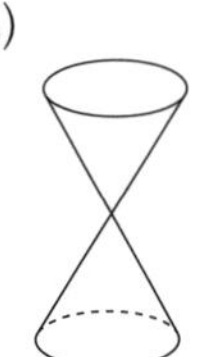

(4)

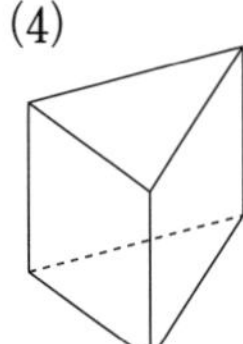

(5)

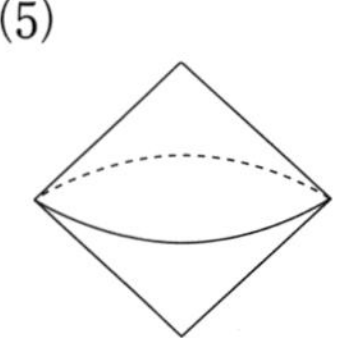

解き方の Point　問題の内容をよく理解する。

正三角形の１辺を回転軸として，正三角形を回転させるので，これを図示すると右図のようになる。

正面，側面，真上のどの方向から見ても，その形はひし形となる。つまり，ソロバンの玉のような立体となる。

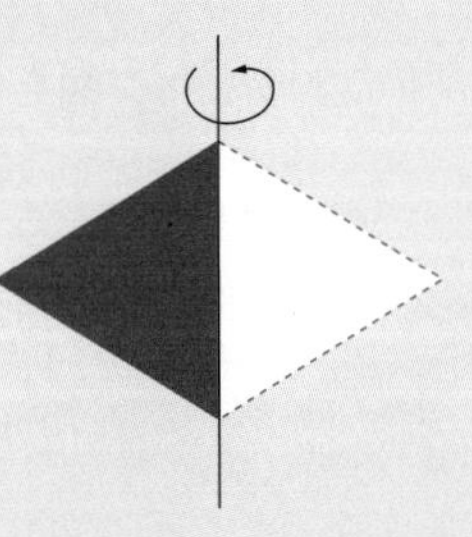

答 (5)

□ 11 下図のような直角三角形ABCが直線l上をすべることなく転がるとき，点Pの軌跡として正しいものはどれか。

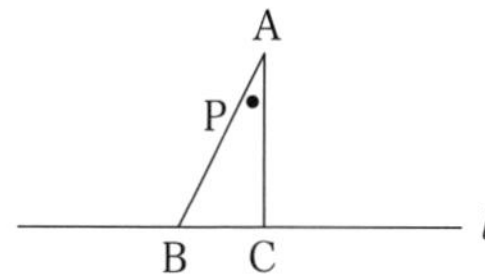

(1)
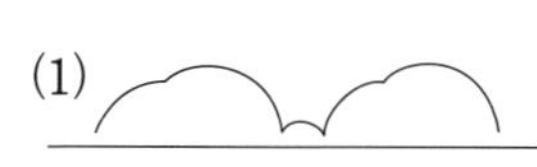

(2)
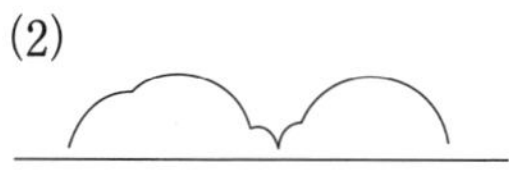

(3)
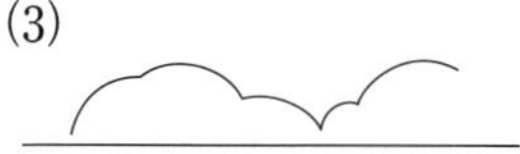

(4)

(5)

解き方のPoint　おおよその形をイメージをする。

点Pの軌跡を正確に描くと，下図のようになる。

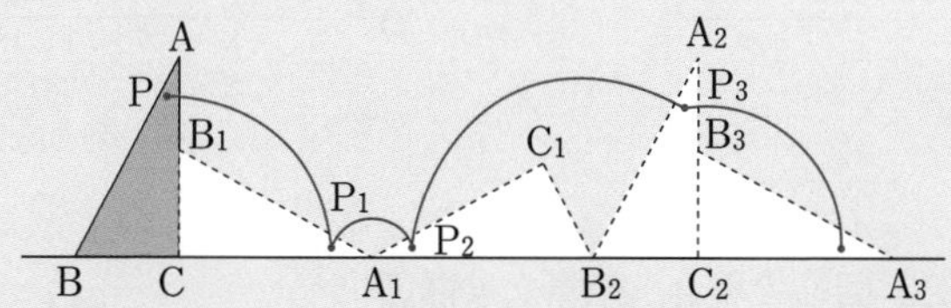

しかし，試験場において，上図のような軌跡を描く時間的余裕などはない。P_1～P_2の軌跡がイメージできれば，この時点で選択肢(3)は消せる。そして，次がポイントで，P_2～P_3の軌跡がイメージできるかである。これがイメージできれば，正解は(5)と判断できる。

答 (5)

□ 12 下図は正八面体の展開図である。これを組み立てたとき，点Aと重なる点はどれか。

(1) Q
(2) R
(3) S
(4) T
(5) U

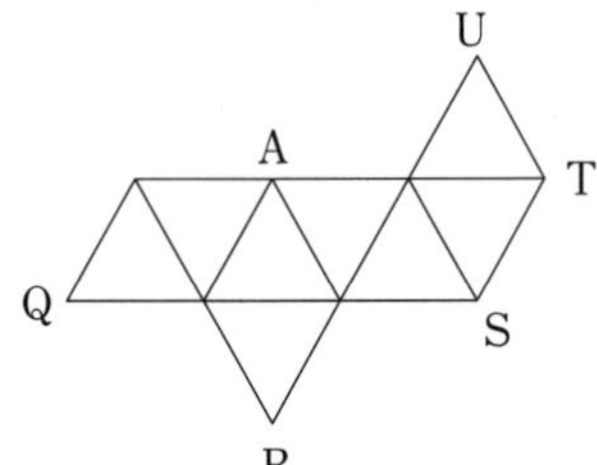

解き方のPoint　正八面体の展開図の基本的性質を利用する。

立方体の展開図の基本的性質は，90°回転させても展開図は変わらないということであったが，正八面体は120°回転させても展開図は変わらない。

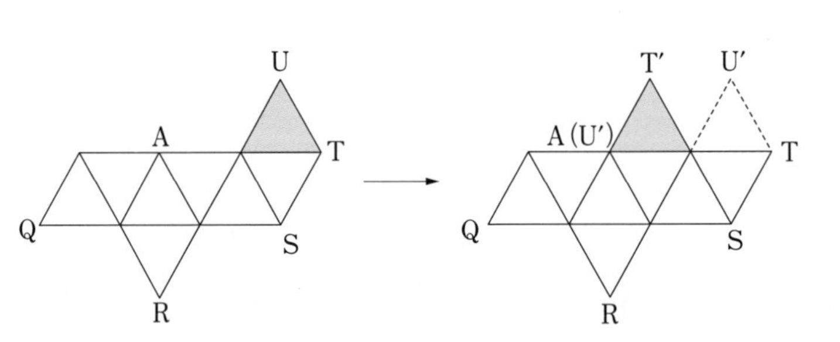

ただ，120°回転の場合，簡単な展開図においてはその威力を発揮することになるが，問題が複雑になると，120°回転では対処できなくなる。あまり，慣れていなくて，限られた時間内ですばやく解答しなければならないときには，次の方法を使うとよい。

図１のような正八面体があり，６つの頂点にA～Fの記号がつけられている。

また，図１の正八面体の展開図は図２の

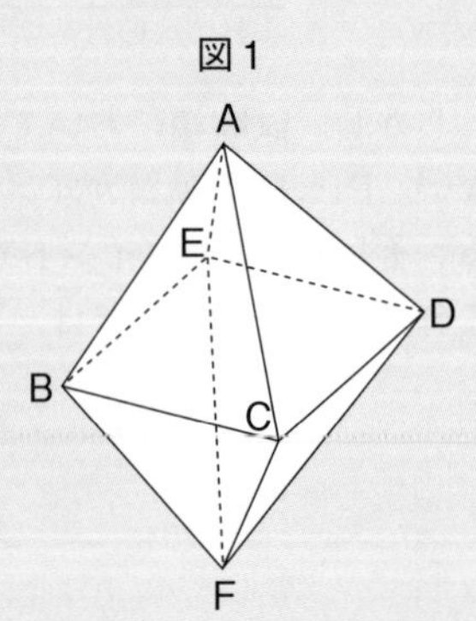

ようになる。図２の展開図を見るとわかるように，図３のような図がいくつも組み合わされている。そして，ここがポイントなのだが，図３の〔●←→●〕の位置関係は (A－F) (B－D) (C－E) の組み合わせとなっている。

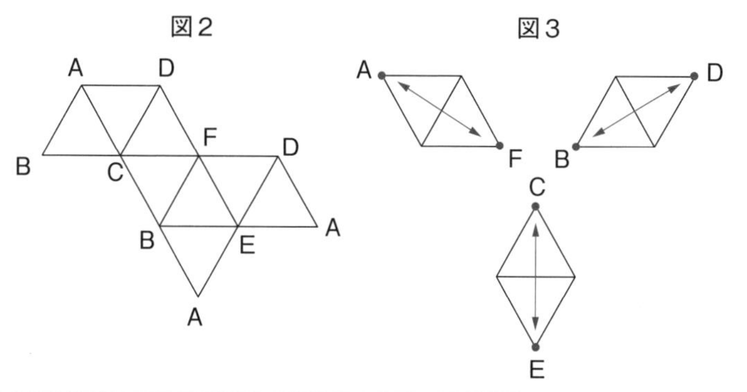

したがって，問題図については，点Aと重なる点は下のように容易に見つかることになる。

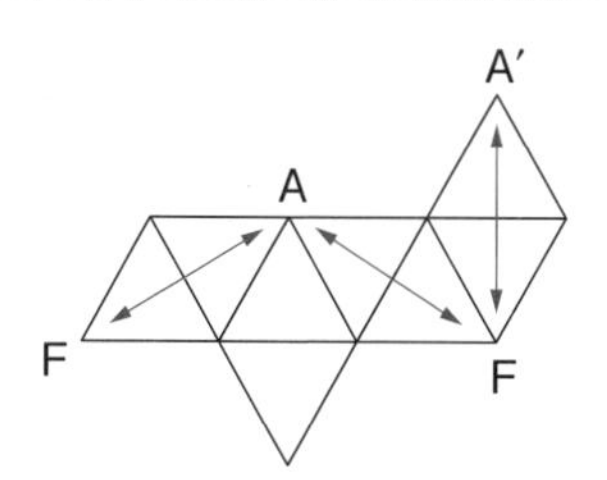

A′ にあたるのは問題図ではUである。

答 (5)

予想問題

□ [1] 下のような関係があるとすると，確実にいえることは次のうちどれか。

○水泳が好きな人は，陸上が好きである。
○水泳が好きではない人は，体操が好きである。
○体操が好きな人は，スキーが好きである。

⑴ 陸上が好きでない人は，水泳が好きである。
⑵ 水泳が好きな人は，体操が好きではない。
⑶ 体操が好きでない人は，陸上が好きではない。
⑷ スキーが好きでない人は，陸上が好きである。
⑸ 水泳が好きでない人は，スキーが好きではない。

□ [2] 鹿児島県の有名な火山である桜島を「20-14-80-23-60」とした場合，「4-24-21-100」は，次のどの都道県の火山にあたるか。

⑴ 北海道
⑵ 山形県
⑶ 東京都
⑷ 長野県
⑸ 熊本県

・・・・・解説と解答・・・・・

1 Point 対偶をとってみる。

「水泳が好きな人」を「水」，「陸上が好きな人」を「陸」，「体操が好きな人」を「体」，「スキーが好きな人」を「ス」とすると，命題は上から，「水→陸」「$\overline{\text{水}}$→体」「体→ス」と表すことができる。

●選択肢のチェック

(1) 「水→陸」の対偶をとると，「$\overline{\text{陸}}$→$\overline{\text{水}}$」。

(2) 「陸」は１つだけなので，「水→陸」から展開できない。

(3) 「$\overline{\text{水}}$→体」の対偶をとると，「$\overline{\text{体}}$→水」。「$\overline{\text{体}}$→水」と「水→陸」から，三段論法により，「$\overline{\text{体}}$→陸」。

(4) 「体→ス」の対偶をとると，「$\overline{\text{ス}}$→$\overline{\text{体}}$」。「$\overline{\text{水}}$→体」の対偶をとると，「$\overline{\text{体}}$→水」。よって，「$\overline{\text{ス}}$→$\overline{\text{体}}$」「$\overline{\text{体}}$→水」「水→陸」から，「$\overline{\text{ス}}$→陸」。

(5) 「$\overline{\text{水}}$→体」と「体→ス」から，「$\overline{\text{水}}$→ス」。

答 (4)

2 Point 50音表を使った暗号である。

この暗号は，十の位が50音表の行（ア行，カ行…）に，一の位が段（ア段，イ段）に対応している。

	00	10	20	30	40	50	60	70	80	90	100
0	あ	か	さ	た	な	は	ま	や	ら	わ	ん
2	い	き	し	ち	に	ひ	み		り		
4	う	く	す	つ	ぬ	ふ	む	ゆ	る		
6	え	け	せ	て	ね	へ	め		れ		
8	お	こ	そ	と	の	ほ	も	よ	ろ	を	

ただし，「23-じ」の濁音については，一の位の数字を１，３などの奇数で表している。よって，「21」は「ざ」となる。

以上より，「4-24-21-100」は「うすざん」(有珠山) となる。

答 (1)

一般知能／判断推理

予想問題

□ 3 5人の子どもがそれぞれ背中にゼッケンをつけているが，自分のゼッケンの番号は見えない。以下は各自の発言である。

A 「4人の番号の和は22である」
B 「4人の番号の和は18である」
C 「DとEの番号の和は10である」
D 「BとEの番号の和は11である」
E 「AとDの番号の和は9である」

このとき，正しくいえるものは次のうちどれか。

(1) Aの番号が一番小さい。
(2) Bの番号は5である。
(3) Cの番号は6である。
(4) Dの番号は3である。
(5) Eの番号が一番大きい。

□ 4 ある生徒の期末試験における国語，数学，社会，理科4科目の得点の結果として，次のことがわかっている。

A 国語の得点は，数学の得点より大きい。
B 国語と数学の得点の和は，社会と理科の得点の和に等しい。
C 数学と社会の得点の和は，国語と理科の得点の和より大きい。

以上のことから判断して，4科目の得点を大きい順番に並べたものは，次のうちどれか。

(1) 国語　社会　数学　理科
(2) 国語　理科　社会　数学
(3) 社会　国語　数学　理科
(4) 社会　理科　国語　数学
(5) 理科　国語　社会　数学

・・・・・解説と解答・・・・・

3 **Point▶** A〜Eのゼッケンの番号をA, B, C, D, Eとする。

題意より，次式が成立する。

B＋C＋D＋E＝22……①

A＋C＋D＋E＝18……②

D＋E＝10……③

B＋E＝11……④

A＋D＝9……⑤

③を①・②にそれぞれ代入すると，

B＋C＝12……①′，A＋C＝8……②′

①′＋②′＋③＋④＋⑤より，2（A＋B＋C＋D＋E）＝50

ゆえに，A＋B＋C＋D＋E＝25……⑥

したがって，①と⑥より，A＝3　②と⑥より，B＝7

⑤にA＝3を代入すると，D＝6　　③にD＝6を代入すると，E＝4

②に，A＝3，D＝6，E＝4を代入すると，3＋C＋6＋4＝18

よって，C＝5

答（1）

4 **Point▶** 与えられた条件を等式あるいは不等式で表す。

国語，数学，社会，理科の得点をそれぞれ「国」「数」「社」「理」とする。

Aより，国＞数……①

Bより，国＋数＝社＋理……②

Cより，数＋社＞国＋理……③

②より，国＝社＋理－数　これを③に代入すると，

数＋社＞社＋理－数＋理

よって，数＋数＞理＋理　　ゆえに，数＞理……④

②より，数＝社＋理－国　　これを③に代入すると，

社＋理－国＋社＞国＋理

よって，社＋社＞国＋国　　ゆえに，社＞国……⑤

①・④・⑤より，社＞国＞数＞理となる。

答（3）

予想問題

□ 5 A，B，C３組の夫婦６人が旅行先でゴルフ大会を開き，ある者が優勝した。前日，当日，当夜の状況は次の通りである。

（ア）優勝者の配偶者は，当夜トランプをして負けた。
（イ）A 氏は，前日気分がすぐれずずっと寝ていた。
（ウ）B 氏は，C 夫人に当日初めて会った。
（エ）B 夫人は，１人の夫人と当夜ずっとおしゃべりをしていた。
（オ）B 氏は，前日テニスをして優勝者に勝った。
（カ）A 夫妻は当夜トランプに参加し，A 氏が勝った。

上の状況から判断して，優勝者は誰か。

⑴ A氏　⑵ A夫人　⑶ B夫人
⑷ C氏　⑸ C夫人

□ 6 全く同じ型の４戸ずつのアパートが図のように３棟並んで建っている。ここに住んでいる A～D の４人はおのおの次のように発言している。

A 「私の家は棟のはしではなく，すぐ南側の棟にBさんの家があります」
B 「私の家は棟のはしで，１軒おいて東側にCさんの家があります」
C 「Aさんの家とDさんの家とを結んだ直線上に，私の家があります」
D 「私の家の１軒おいて真北にEさんの家があります」

北

1	2	3	4
5	6	7	8
9	10	11	12

以上のことから確実にいえるのは，次のうちどれか。

⑴ A の家は２である。
⑵ B の家は８である。
⑶ B の家は９である。
⑷ D の家は10である。
⑸ E の家は３である。

・・・・・解説と解答・・・・・

5 Point ３組の夫婦６人をA，a，B，b，C，cで表す。

A夫妻をA，a，B夫妻をB，b，C夫妻をC，cで表す。ただし，小文字は夫人を示す。また，優勝者をW，その配偶者をwで表す。

（オ）より，B≒Wとなる。

（ア）と（カ）より，A≒wとなり，a≒Wとなる。

（イ）と（オ）より，A≒Wとなる。よって，a≒w。

（ウ）と（オ）より，c≒Wとなり，C≒wとなる。

（ア）と（エ）より，「１人の夫人」はｃとなり，c≒ w，C≒ Wとなる。

以上より，残るのはB夫人だけとなり，B夫人が優勝者とわかる。

答（3）

6 Point 確定した位置関係をもとに他の条件を加える。

Bの発言から，BとCの位置関係は次のようになる。

B		C	

これに，A，C，Dの発言を加えると，４者の位置関係は次のようになる。

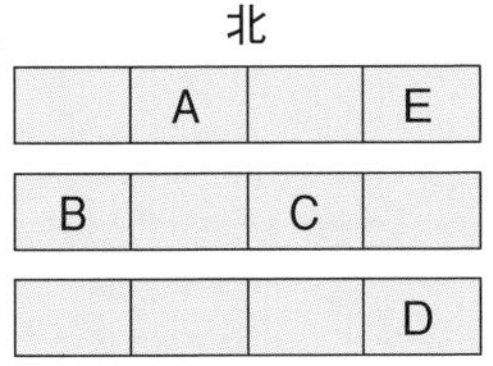

答（1）

予想問題

□ 7 **下図のAからCに行く最短経路は何通りあるか。**

(1) 260通り

(2) 280通り

(3) 320通り

(4) 350通り

(5) 380通り

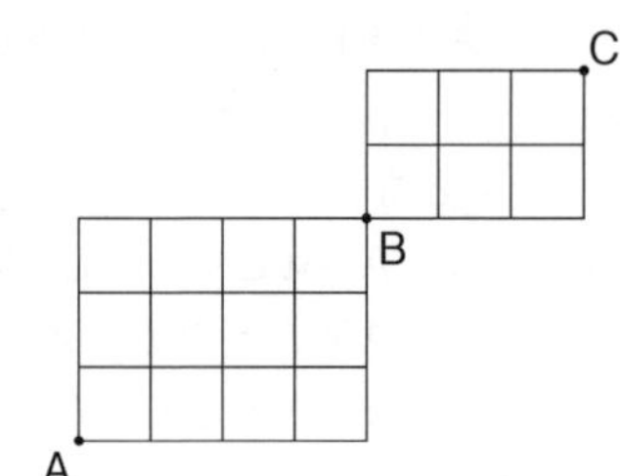

□ 8 A，B，Cの３科目の試験を68人の受験者が受けた結果は，A科目の合格者が35人，B科目の合格者が23人，C科目の合格者が25人であった。この中で，AとBの両科目に合格した者は15人，BとCの両科目に合格した者は11人，AとCの両科目に合格した者は13人であったが，実はこれらの中にAとBとCの３科目とも合格した者８人が含まれていることがわかった。

以上のことから判断して正しいものは，次のうちどれか。

(1) AかBのいずれかに合格し，Cに合格しなかった者は35人である。

(2) Bだけに合格した者とCだけに合格した者の合計は26人である。

(3) ２科目だけ合格した者は31人である。

(4) １科目だけ合格した者は30人である。

(5) 全科目の不合格者は16人である。

・・・・・解説と解答・・・・・

7 Point 解法のテクニックを覚える。

AからBに行く場合，右に4回，上に3回進むことになる。つまり，7回進む中で，上に3回進むことになる。これは，7個のものから 3個を取り出す組合せと同じなので，

$${}_7C_3=\frac{7\times6\times5}{3\times2\times1}=35\text{（通り）}$$

BからCに行く場合，5回進む中で，上に2回進むことになるので，

$${}_5C_2=\frac{5\times4}{2\times1}=10\text{（通り）}$$

以上より，求めるものは，35×10＝350（通り）

なお，上図のように，番号を順に記入していく方法もある。

答（4）

8 Point ベン図を描いてみる。

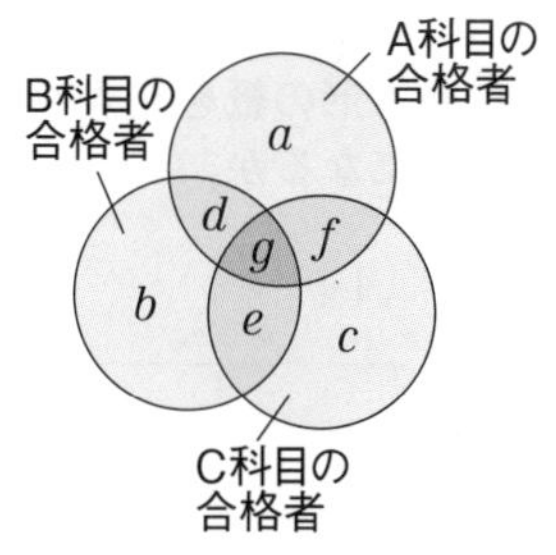

題意より，

$a+d+f+g=35$…①

$b+d+e+g=23$…②

$c+e+f+g=25$…③

$d+g=15$…④，$e+g=11$…⑤

$f+g=13$…⑥，$g=8$…⑦

⑦を④・⑤・⑥に代入すると，

$d=7$，$e=3$，$f=5$

よって，④と$f=5$を①に代入すると，

$a=15$

⑤と$d=7$を②に代入すると，$b=5$

⑥と$e=3$を③に代入すると，$c=9$

●選択肢のチェック

(5) $a+b+c+d+e+f+g=15+5+9+7+3+5+8=52$

よって，68－52＝16

答（5）

予想問題

□ 9 A～Fの６チームがボートレースを行った。ゴールインしたときの順位は，中間点を通過したときの順位から次のア～オのように変わっていた。ただし，ゴールインしたときも，中間点を通過したときも同着のチームはいなかった。

ア　Aチームは２位上昇したが，Fチームより下位であった。
イ　Bチームは１位上昇したが，Dチームより下位であった。
ウ　Cチームは３位下降したが，Fチームより下位であった。
エ　Dチームは３位上昇した。
オ　Eチームは１位下降したが，Cチームより下位であった。

以上より判断して，中間点を通過したときの順位として正しいものは次のうちどれか。

(1)　１位はCチームで，２位はFチームであった。
(2)　２位はBチームで，３位はCチームであった。
(3)　３位はFチームで，４位はBチームであった。
(4)　４位はDチームで，５位はEチームであった。
(5)　５位はAチームで，６位はDチームであった。

□ 10 **長方形の紙を点線で（Ⅰ）～（Ⅳ）のように折り，m，nで切り離すと何枚になるか。**

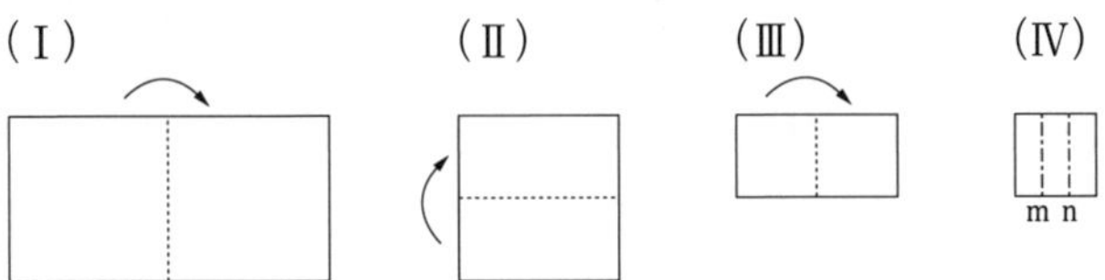

(1)　8枚
(2)　9枚
(3)　10枚
(4)　11枚
(5)　12枚

・・・・・解説と解答・・・・・

9 **Point** どこかのチームに着目し，そこを中心に推理する。

条件ウの「Cチームは３位下降した」，条件オの「Eチームは１位下降したが，Cチームより下位であった」に着目する。これより，ゴールインしたときの順位は

〇−〇−〇−C−E−〇
〇−〇−〇−C−〇−E
〇−〇−〇−〇−C−E　のどれかとなる。

そこで，まず 〇−〇−〇−〇−C−E について検討してみると，与えられた条件より，次のようになる。

	1	2	3	4	5	6
（中間点）	F	C	B	D	E	A
（ゴール）	D	B	F	A	C	E

したがって，〇−〇−〇−C−E−〇，〇−〇−〇−C−〇−E は不適となる。

答（4）

10 **Point** 折った逆の順で紙を開いていく。

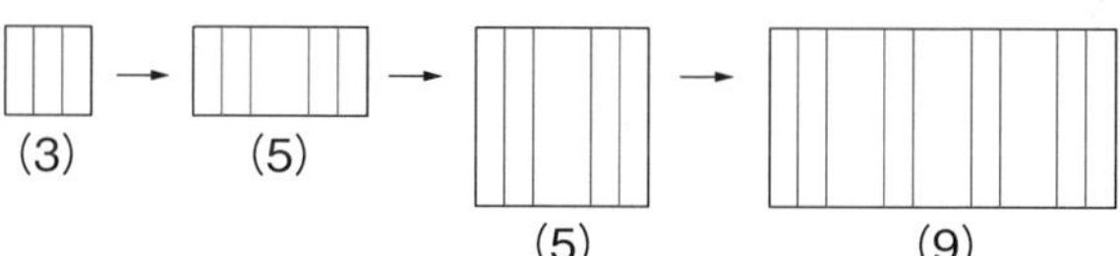

答（2）

予想問題

□ 11 右の立方体の展開図はどれか。

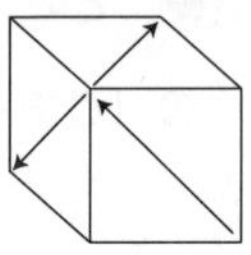

(1)

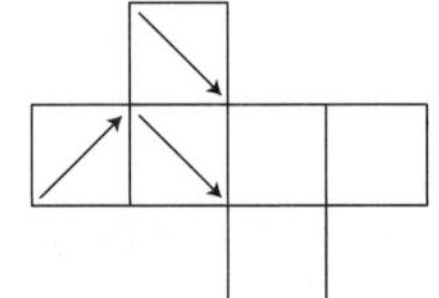

(2)

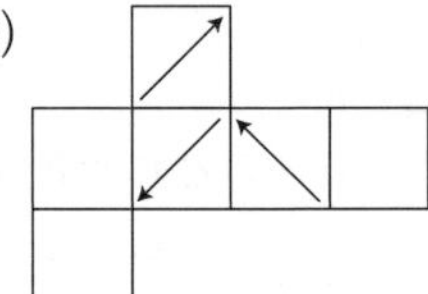

(3)

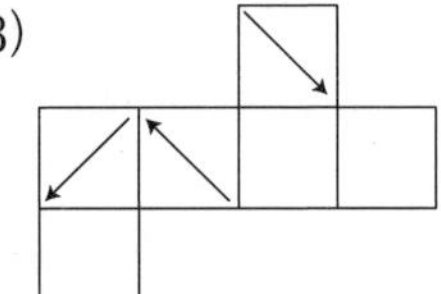

(4)

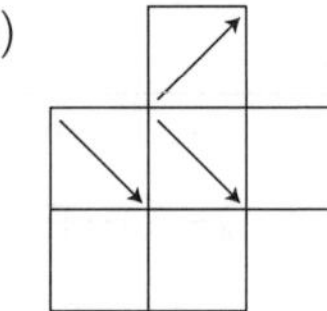

(5)

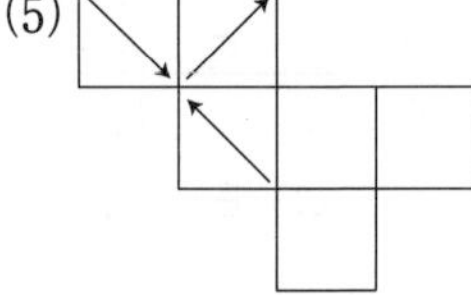

□ 12 下図は正八面体の展開図である。これを組み立てたとき，辺ABと重なる辺はどれか。

(1) ED
(2) CD
(3) EF
(4) HF
(5) HG

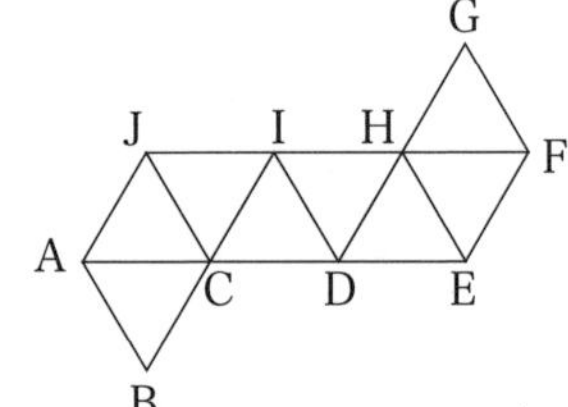

・・・・・解説と解答・・・・・

11 Point 見取り図をもとに基本展開図を描く。

与えられた見取り図から基本展開図を描き，それをもとに各選択肢の展開図の正誤を判断するとよい。

（基本展開図）

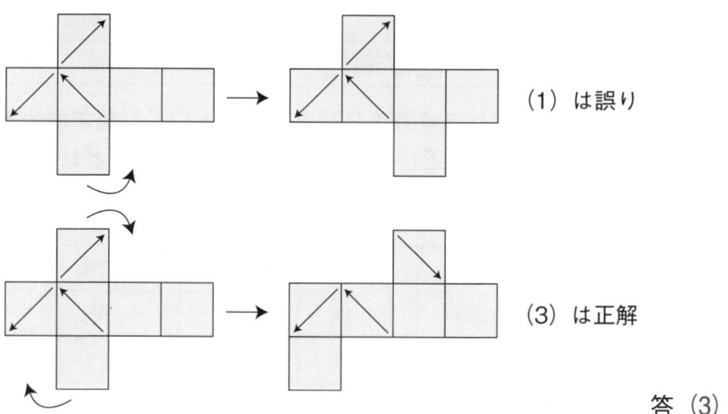

答 (3)

12 Point 対応する点をつなげていく。

図1に示したように，正八面体には6つの頂点がある。そして，この基本展開図は図2となる。これからわかるように，AとF，BとD，CとEが対応していることがわかる。

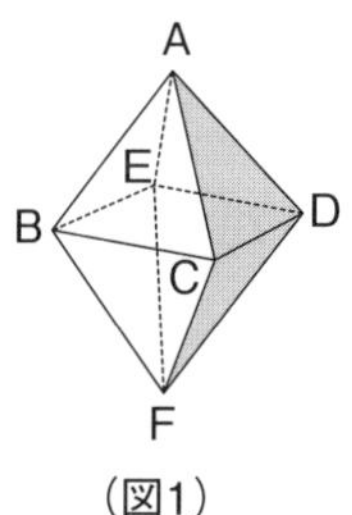

(図1)

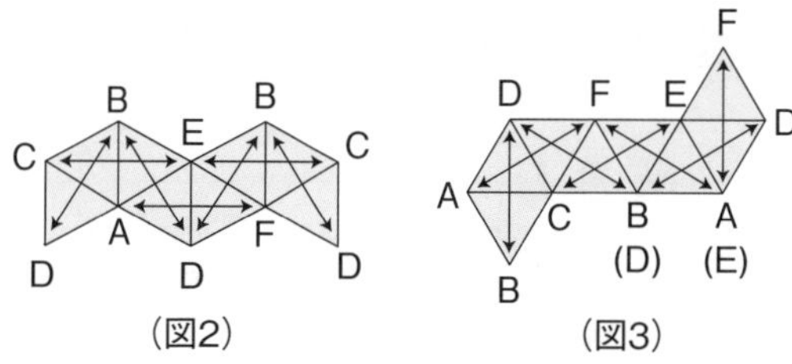

(図2)　(図3)

図3は，A，B，Cを基点に，AとF，BとD，CとEを対応させたもので，これより辺ABと重なる辺はEDとわかる。

答 (1)

教養試験　一般知能

資料解釈

出題傾向

たとえば，資料解釈の問題が2問出題された場合，1問は数表，他の1問は図表から出題される。ただ，時々，数表と図表の複合問題も出題される。なお，問題を解く際，計算能力が求められるので，概算の計算をするトレーニングをしておく必要がある。

基本問題　1

下表は，A～D市における４月１日時点での，人口の対前年増加率を示したものである。この表から正しくいえるものは，次のうちどれか。

	A　市	B　市	C　市	D　市
2020年	2.8%	1.2%	3.2%	−2.2%
2021年	1.5%	−0.1%	2.6%	−3.6%
2022年	2.0%	−0.2%	1.3%	−10.0%
2023年	0.5%	−0.5%	1.8%	−5.0%

⑴　2020年から2021年にかけて，人口が最も増加したのはＣ市である。

⑵　2021年から2022年にかけて，人口が最も減少したのはＢ市である。

⑶　2020年から2023年にかけて，Ａ市の人口は1.2倍以上増加した。

⑷　2022年から2023年にかけて，Ａ～Ｄ市の総人口はわずかに減少した。

⑸　2021年から2023年にかけて，Ｄ市の人口は14.5％減少した。

Approach　基準年をとり，その年の人口を100とする

解き方

各市の人口（実数）がまったく示されていないので，各年における各市の人口を対前年増加率から計算できない。

●選択肢のチェック

(1) 2020年から2021年にかけて，人口の対前年増加率が最も高いのはＣ市であるが，Ｃ市の人口がＡ市の人口より著しく少ない場合，人口の増加数はＡ市がＣ市を上回る。

(2) B市とD市の人口減少数は計算できない。
(3) A市の2020年の人口を100とすると，2021年の人口は100×1.015＝101.5　2022年の人口は，101.5×1.02≒103.5　2023年の人口は，103.5×1.005≒104　よって，104÷100＝1.04(倍)
(4) 総人口の増減数も計算できない。
(5) D市の2021年の人口を100とすると，2022年の人口は100×(1－0.1)＝90　2023年の人口は，90×(1－0.05)＝85.5　よって，100－85.5＝14.5(%)

答 (5)

基本問題　2

下図は，ある国の産業部門別の就業人口割合の推移を示したものである。この図からいえることとして正しいものはどれか。

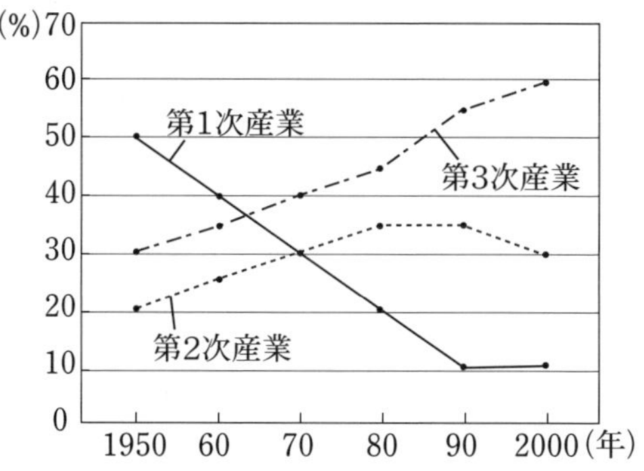

(1) 1950年から60年にかけて，第１次産業の就業人口の割合が低下したのは，農産物を海外から輸入するようになったためである。
(2) 1950年から80年にかけて，第１次産業の就業者が第２次産業および第３次産業に転業した。
(3) 第３次産業の就業人口の割合は，2005年には70％に達するものと考えられる。
(4) 1950年における就業者数が 3,000万人であり，1990年にはそれより５割増えていたとすると，1990年における第２次産業の就業人口は1,600万人を下回ることになる。
(5) 1990年から2000年にかけて，第１次産業および第２次産業の就業人口が減少する一方，第３次産業の就業人口は増加している。

Approach　割合と実数とを混同しないこと

解き方

本問の場合，産業別の就業人口の割合が示されているだけで，各年の総就業人口は示されていない。よって，各産業の就業人口の増加は不明である。

●選択肢のチェック

(1) 与えられた図には，第１次産業の就業人口の割合が低下した要因は示されていない。よって，「農産物を海外から輸入するようになったため」とはいえない。

(2) 総就業人口が著しく増加する場合には，正しいとはいえない。たとえば，総就業人口が２倍になった場合，全体に占める割合が50%から40%に低下しても，第１次産業の就業者は増えることになる。

(3) 第３次産業の就業人口の割合は持続的に上昇しているが，2000年から2005年にかけて，その割合がさらに上昇するとは図からはいえない。よって，誤肢となる。

(4) 1990年の就業者数は，3,000×1.5＝4,500　1990年における第２次産業の就業人口の割合は35%なので，4,500×0.35＝1,575

(5) これも，総就業人口が著しく増加する場合には，正しいとはいえない。

答 (4)

One Point !!　資料解釈の心得

資料解釈は与えられた資料をもとにして導き出されるものについて解答するものなので，そこに自分勝手な先入観や憶測が入りこんではいけない。

たとえば，2020年から2022年までの経済成長率が示されており，2021年，2022年，ともにマイナスであったとする。そして，選択肢に「2021年，2022年の経済成長率はマイナスなので，2023年のそれもマイナスになる」と記述されていたとする。この場合，たとえ実際の2023年の経済成長率がマイナスでも，資料には2023年の経済成長率は示されていないので誤肢になる。

基本問題　3

下図は，企業A，B，Cの売上高をそれぞれ2000年を100として示したものである。この図から正しくいえるのは，次のうちどれか。

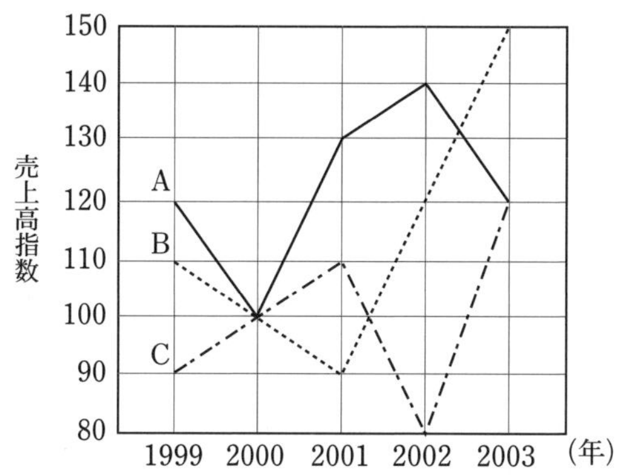

(1) 2003年における，A社とC社の売上高は等しい。

(2) 2000年から2003年にかけて，売上高の増加額が最も多いのはB社である。

(3) 2001年の売上高が，1999年に比べて最も大きな倍率となっているのはC社である。

(4) B社の場合，2001年から2003年にかけ毎年利益額が増えている。

(5) A社の場合，2002年の売上高は1999年のそれの1.4倍である。

Approach　売上高に関係なく，各社の2000年の指数は100

解き方

与えられているのは，2000年の売上高を100とした指数なので，売上高の増加額などを企業間で比較することはできない。

●選択肢のチェック

(3) A社の場合，130÷120≒1.08　C社の場合，110÷90≒1.22

(4) 利益額については不明。

(5) 140÷120≒1.17（倍）

答 (3)

練習問題

□ 1 下表は，ある国の男女別完全失業者数を示したものである。この表から正しくいえることはどれか。

(単位：万人)

年	男	女	男女計
2000	92	62	154
2001	94	64	158
2002	82	58	140
2003	86	59	145
2004	95	68	163
2005	112	73	185
2006	110	69	179
2007	105	63	168

(1) 2002年から2005年までの４年間で，女子完全失業者数の男女計完全失業者数に対する割合が最も大きいのは2002年である。

(2) 2004年における男子完全失業者数は，2003年に比べると約15％増加した。

(3) 女子完全失業者数は，いずれの調査年においても男子の70％を超えている。

(4) 2005年から2007年の間，男子完全失業者数の男女計完全失業者数に対する割合は前年に対し上昇している。

(5) 2001年における男子完全失業者数は，同年における女子のそれより約60％多い。

解き方のPoint 概算で正誤を判断する。

(1) 2002年の場合，女子は58で，男女計は140。2003年の場合，女子は59で，男女計は145。女子の男女計に対する割合は，計算しなくても，2002年のほうが大きいと判断がつく。

次に，2004年と2005年を比較・検討してみる。2004年の場合，女子は68で，男女計は163。2005年の場合，女子は73で，男女計は185。

その割合は2004年のほうが大きいと判断がつく。したがって，2002年と2004年について実際に計算してみる。

2002年の場合，58÷140≒0.414　2004年の場合，68÷163≒0.417

(2) 男子完全失業者数は，2003年が86，2004年が95。95÷86≒1.1　約10%の増加である。

(3) 2007年についてみると，105×0.7=73.5　2007年の女子は63なので，70%を超えていないとわかる。

(4) 2005年→112÷185≒0.605　2006年→110÷179≒0.614　2007年→105÷168≒0.625

(5) 94÷64≒1.47　約47%多い。

答 (4)

□ 2 下図は，ある国の年齢別人口の推移を示したものである。この図から正しくいえるものはどれか。ただし，1990年の総人口は1960年のそれの約1.5倍であり，2020年の総人口は1990年のそれの約1.2倍である。

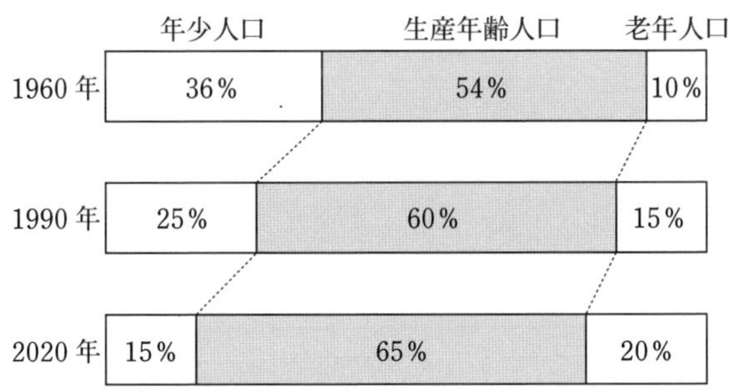

(1) 2020年の年少人口は，1960年の年少人口の２分の１以下になっている。

(2) 2020年の生産年齢人口は，1960年の生産年齢人口の３倍に達している。

(3) 1990年の老年人口は，1960年の老年人口の3倍以上に達している。

(4) 生産年齢人口についてみると，1990年の1960年に対する人口増加率は約90％である。

(5) 1960年の年少人口と2020年の老年人口は，ほぼ等しい。

解き方のPoint　ただし書きが解法へのカギ。

「1990年の総人口は1960年のそれの約1.5倍である」ので，1960年の総人口を100とすると，1990年の総人口は100×1.5＝150となる。

次に「2020年の総人口は1990年のそれの約1.2倍である」ので，2020年の総人口は150×1.2＝180となる。

したがって，各年の年齢別人口は下のようになる。

	年少人口	生産年齢人口	老年人口
1960 年	100×0.36＝36	100×0.54＝54	100×0.1＝10
1990 年	150×0.25＝37.5	150×0.60＝90	150×0.15＝22.5
2020 年	180×0.15＝27	180×0.65＝117	180×0.2＝36

(1) 27÷36＝0.75　約75％である。

(2) 117÷54≒2.2　約2.2倍である。

(3) 22.5÷10＝2.25　約2.25倍である。

(4) 90÷54≒1.67　約67％である。

(5) 1960年の年少人口は36，2020年の老年人口も36。

答 (5)

□ 3 下表は，二人以上の世帯の消費支出額（各年１か月平均）とその構成比を示したものである。表から正しくいえるものはどれか。

	1980年	1990年	2010年	2020年
消費支出額	230,568円	311,174円	290,244円	277,926円
食料	29.0%	25.4%	23.3%	27.5%
住居	4.6%	4.8%	6.3%	6.2%
光熱・水道	5.7%	5.5%	7.6%	7.9%
教養娯楽	8.5%	9.7%	11.0%	8.7%
教育	3.6%	4.7%	4.0%	3.7%
その他	48.6%	49.9%	47.8%	46.0%

(1) 光熱・水道への支出額が最も多い年は2010年で，以下，1990年，2020年，1980年の順に多い。

(2) 食料の全消費支出に占める割合が2010年から2020年にかけて４％以上大きいものになった要因としては，新型コロナウイルスの感染拡大が挙げられる。

(3) 1990年の教養娯楽への支出額は，1980年の住居への支出額の倍以上であり，2010年の住居への支出額の1.5倍以上である。

(4) 2020年のその他への支出額は，1980年の教養娯楽への支出額の５倍以上であり，2010年の住居への支出額の８倍以上である。

(5) 2020年の教育への支出額は，1990年の教育への支出額より約4,000円減少し，2010年の教育への支出額より約3,000円減少した。

解き方のPoint　概算で処理するクセをつける。

(1) 1990年の光熱・水道への支出額を計算する際，311,174×0.055＝？などと計算すると，多くの時間を要することになる。この場合，支出額の大小がわかればOKなので，そこを頭に入れて計算方法を自分なりに工夫することがポイントとなる。たとえば，1990年のそれを計算する場合，310×5.5＝1,705。1980年のそれは，230×5.7＝1,311。2010年のそれは，290×7.6＝2,204。2020年のそれは，278×7.9＝2,196。

(2) P114の資料解釈の心得を見てもらいたい。そこに，「資料解釈は与えられた資料をもとにして導き出されるものについて解答するもの」と書いてある。よって，与えられた表からでは割合が上昇した要因については不明なので，即，誤肢となる。

(3) 与えられた構成比を利用することがポイント。ただし，その前に1990年の消費支出額が1980年，2010年のそれより大きいことを確認しておく。1990年の教養娯楽の構成比は9.7%，1980年の住居の構成比は4.6%，2010年の住居の構成比は6.3%。よって，9.7÷4.6=2.1 9.7÷6.3=1.5　この時点で，選択肢(3)が正解とわかるので，選択肢(4)，選択肢(5)について正誤の検討をする必要はないが，"念には念を"と考える人はこれらについて検討してみるとよい。

(4) 前者については，46.0÷8.5=5.4　また，277,926>230,568より，5倍以上といえる。後者については，46.0÷6.3=7.3　さらに，277,926<290,244より，8倍以上とはいえない。

(5) 2020年の教育への支出額は，278,000×0.037=10,286(円)，1990年の教育への支出額は，310,000×0.047=14,570(円)，2010年の教育への支出額は，290,000×0.04=11,600(円)

答 (3)

□ 4 **下図は，インターネットバンキングに係る不正送金事犯の件数および被害額について示したものである。この図から正しくいえるものはどれか。**

(1) 不正送金事犯の件数が前年に比べて減った場合には，それに伴い被害額も前年に比べて減少している。
(2) 不正送金事犯の件数が前年に比べて最も減少した年は，それに伴い被害額も前年に比べて最も減少している。
(3) 被害額が前年に比べて減少した場合には，それに伴い不正送金事犯の件数も減少している。
(4) 被害額が前年に比べて増加した場合には，それに伴い不正送金事犯の件数も増加している。
(5) 1件についての被害額が最も多かったのは2015年であり，反対に，1件についての被害額が最も少なかったのは2020年である。

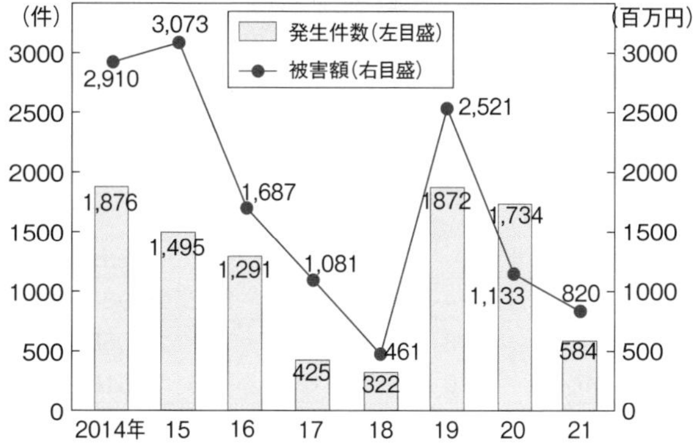

出所：『統計でみる日本2023』

解き方のPoint 左目盛と右目盛の2つがある。

上図に示されているように，左目盛が不正送金事犯の件数，右目盛が被害額である。

(1) 2015年の場合，前年の2014年に比べて不正送金事犯の件数は減っているが(2014年→1,876件，2015年→1,495件)，被害額は2014年のそれよりも多い。つまり，2014年→2,910(百万円)，2015年→3,073(百万円)。

(2) 不正送金事犯の件数が前年に比べて最も減少した年は2021年である(2020年→1,734件，2021年→584件)。被害額は，2020年→1,133(百万円)，2021年→820(百万円)であるので，被害額の減少額は，1,133−820＝313(百万円)。しかし，2016年における被害額の減少額は，3,073−1,687＝1,386(百万円)。

(3) 正しい。被害額が前年に比べて減少した年は2016年，2017年，2018年，2020年，2021年であるが，これらの年はいずれも不正送金事犯の件数が前年に比べて減少している。

(4) 被害額が前年に比べて増加した年は2015年，2019年であるが，2015年については不正送金事犯の件数が前年に比べ減少している。

(5) 1件についての被害額が最も多かったのは2017年である。2017年の被害額は1,081(百万円)，不正送金事犯の件数は425件。よって，1,081÷425＝2.5(百万円)。一方，2015年の被害額は3,073(百万円)，不正送金事犯の件数は1,495件。よって，3,073÷1,495＝2.1(百万円)。

答 (3)

予想問題

□ 1 下表は，2022年度における，フランチャイズチェーンのチェーン数，店舗数，売上高に関して示したものである。表からいえることとして正しいものは，次のうちどれか。

	チェーン数		店舗数		売上高(百万円)	
	チェーン数	増　減	店舗数	増　減	売上高	増　減
総　計	1,282	−4	249,316	−972	26,987,973	1,107,070
小売業	305	−8	106,451	701	20,058,975	805,857
(うちCVS)	16	0	57,451	−93	11,516,996	407,470
外食業	545	−2	50,982	−895	3,985,151	273,445
サービス業	432	6	91,883	−778	2,943,847	27,768

注：CVS＝コンビニエンスストアの略
出所：(一社) 日本フランチャイズチェーン協会

(1) 小売業，外食業，サービス業のうち，2022年度の１店舗当たりの売上高が最も少ないのは外食業である。

(2) 小売業，外食業，サービス業のうち，2022年度の１チェーン当たりの店舗数が最も少ないのはサービス業である。

(3) 小売業，コンビニエンスストア，外食業，サービス業のうち，2022年度における店舗数の前年度比が最も小さいのはサービス業である。

(4) 小売業，コンビニエンスストア，外食業，サービス業のうち，2022年度における売上高の前年度比が最も大きいのは外食業である。

(5) 2021年度における，コンビニエンスストアの売上高の全フランチャイズチェーンの売上高に占める割合は約35％である。

・・・・・解説と解答・・・・・

1 Point 簡単な数字に直して，計算してみる。

●選択肢のチェック

（1）小売業の売上高は20,058,975であるが，これを200とする。店舗数は106,451であるが，これを100とすると，200÷100＝2。外食業の売上高を40，店舗数を50とすると，40÷50＝0.8。サービス業の売上高を30，店舗数を100とすると，30÷100＝0.3　したがって，1店舗当たりの売上高はサービス業が最も少ないことになる。

（2）小売業の店舗数を100，チェーン数を30とすると，100÷30＝3.3。外食業の店舗数を50，チェーン数を50とすると，50÷50＝1。サービス業の店舗数を90，チェーン数を40とすると，90÷40＝2.25

（3）$前年度比(\%)=\dfrac{今年度}{前年度}\times100(\%)=\dfrac{2022年度}{2021年度}\times100(\%)$

$外食業=\dfrac{50{,}982}{50{,}982+895}\times100(\%)=\dfrac{50{,}982}{51{,}877}\times100=98.3(\%)$

外食業の場合，４つの中で店舗数が最も少なく，前年度に比べ減少数が最も多いので，前年度比は最も小さいものとなる。

（4）$前年度比(\%)=\dfrac{今年度}{前年度}\times100(\%)=\dfrac{2022年度}{2021年度}\times100(\%)$

$外食業=\dfrac{3{,}985}{3{,}985-273}\times100(\%)=\dfrac{3{,}985}{3{,}712}\times100=107.4(\%)$

小売業と外食業を比較すると，小売業の売上高は外食業の約５倍。売上高の対前年度増加額を比較すると，小売業の増加額は外食業の約３倍。よって，売上高の前年度比は外食業の方が大きい。

（5）2021年度のコンビニエンスストアの売上高＝(2022年度のコンビニエンスストアの売上高)－(対前年度増加額)　よって，2021年度のコンビニエンスストアの売上高＝11,516－407＝11,109

2021年度の全フランチャイズチェーンの売上高＝26,987－1,107＝25,880　したがって，求めるものは，$\dfrac{11{,}109}{25{,}880}\fallingdotseq0.43$

つまり，約43％

答（4）

予想問題

□ [2] 下図は，ある年の１月から６月までにおける国内企業物価と消費者物価の上昇率の推移を対前月比で示したものである。この図から判断して正しくいえるものはどれか。

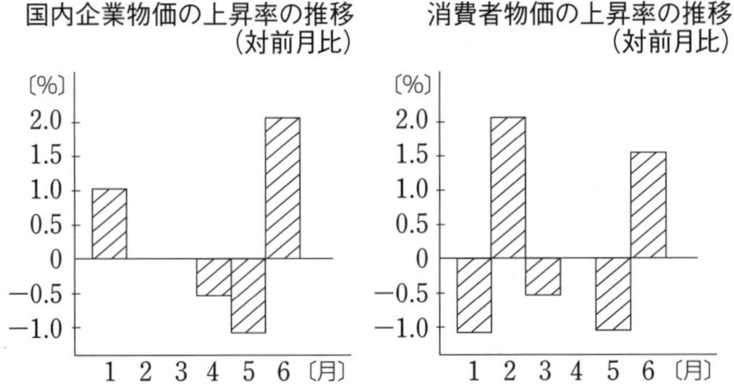

(1) １月から６月の間で，国内企業物価が最も高かったのは１月である。

(2) １月から６月の間で，消費者物価が最も低かったのは５月である。

(3) 消費者物価について，前年の12月と３月を比較した場合，前者が後者を上回っている。

(4) 国内企業物価について，３月の国内企業物価を100とした場合，６月の国内企業物価指数は101を下回る。

(5) １月から６月の間で，国内企業物価，消費者物価の両方が前月に対して変化しなかったのは３月である。

・・・・・解説と解答・・・・・

② **Point** 前年12月の国内企業物価，消費者物価を100とする。

前年12月の国内企業物価，消費者物価を100とした場合，１月～６月の国内企業物価指数，消費者物価指数は下表のようになる。

たとえば，１月の国内企業物価指数は，100×（1+0.01）=101
２月と３月は対前月比が０％なので，国内企業物価指数はともに101
４月の国内企業物価指数は，101×（1−0.005）≒100.5
５月の国内企業物価指数は，100.5×（1−0.01）≒99.5
６月の国内企業物価指数は，99.5×（1+0.02）=101.5

国内企業物価指数

１月	101
２月	101
３月	101
４月	100.5
５月	99.5
６月	101.5

消費者物価指数

１月	99
２月	101
３月	100.5
４月	100.5
５月	99.5
６月	101

●**選択肢のチェック**

(1) 上表からわかるように，国内企業物価が最も高かったのは６月である。

(2) 上表からわかるように，消費者物価が最も低かったのは１月である。

(3) 前年の12月の消費者物価指数は100，３月のそれは100.5なので，３月のほうが高い。

(4) ３月の国内企業物価を100とすると，
４月の国内企業物価指数は100×（1−0.005）=99.5
５月は，99.5×（1−0.01）≒98.5
６月は，98.5×（1+0.02）≒100.5

(5) 国内企業物価，消費者物価の両方が前月に対して変化しなかった月はない。

答 (4)

予想問題

□ 3 下図は，A～Dの４社の生産高の推移を，2000年を100とした指数で示したものである。この図からいえることとして正しいものはどれか。

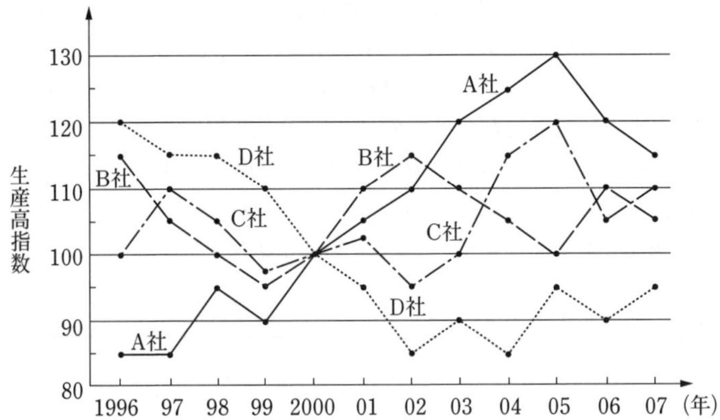

(1) 2003年以降においては，生産高の４社合計に占めるA社の割合は常に２割を超えている。

(2) 1996年～2007年における生産高の伸び率が最も高いのはA社で，２番目に高いのはB社である。

(3) D社の生産高は2000年以前においては４社の中でトップであったが，2000年以降は最下位となっている。

(4) 2005年において，生産高の対前年伸び率が最も高いのはD社である。

(5) 2002年において，B社の生産高はD社の生産高の1.3倍を超えている。

・・・・・解説と解答・・・・・

③ **Point** 2000年の生産高を100とした指数であること。

たとえば，A社についてみると，2001年の生産高は105，2002年は110，2003年は120である。つまり，2000年の生産高を100とした指数なので，2003年の生産高は2000年のそれの，120÷100＝1.2（倍）である。しかし，A社の生産高の実額についてはわからない。A社の2000年の生産高が10億円と与えられていれば，2003年の生産高は12億円となるが，2000年の生産高の実額が示されていないので，具体的数値は不明である。

これと同様のことはB～D社についてもいえる。したがって，A～D社の会社間の生産高の大小についてはわからない。実額がわからないので比較できない。

●選択肢のチェック

(1) 各社の生産高の実額がわからないので，４社合計の生産高も算出できない。したがって，A社の全体に占める割合もわからない。

(2) A社の生産高指数は1996年が85，2007年が115。115÷85≒1.35（倍）。B社については，1996年が115，2007年が105。105÷115≒0.9（倍）。C社については，1996年が100，2007年が110。110÷100＝1.1（倍）。D社については，1996年が120，2007年が95。95÷120≒0.8（倍）

(3) 会社間の生産高の比較はできない。

(4) D社の生産高指数は，2004年が85，2005年が95。よって，2005年の対前年伸び率は95÷85≒1.1（倍）
一方，C社については，2004年が115，2005年が120。よって，120÷115≒1.04（倍）

(5) 会社間の生産高の比較はできない。

答（4）

予想問題

□ 4 下図は，ある国の2013年から2022年の間における物価上昇率と名目賃金上昇率を示したものである。この図からいえることとして，ア，イ，ウ，エから正しいものをすべて選んでいるものはどれか。

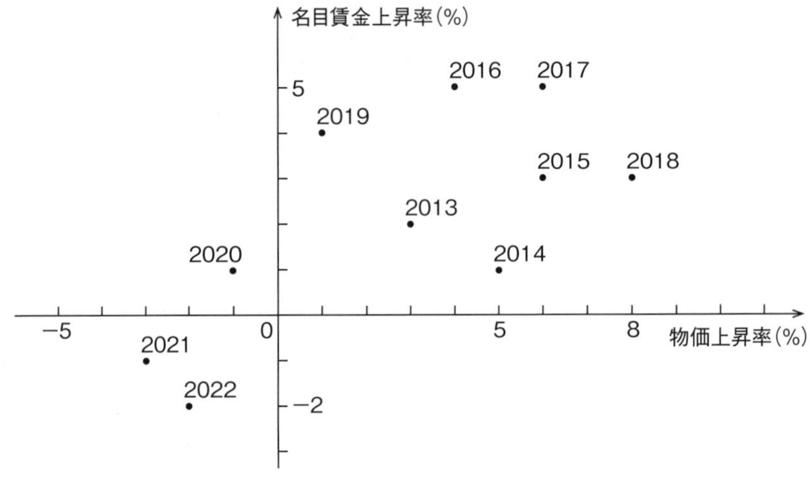

ア　物価上昇率が名目賃金上昇率を下回っている年は，４回ある。

イ　名目賃金が前年より上昇した年は，2015年，2016年，2019年の３回である。

ウ　物価上昇率が高い年には名目賃金上昇率も高く，反対に，物価上昇率が低い年には名目賃金上昇率も低い。

エ　物価上昇率がプラスの年においては，名目賃金上昇率は必ずプラスとなっている。

(1)　ア，イ　　(2)　ア，ウ　　(3)　ア，エ

(4)　イ，ウ　　(5)　イ，エ

・・・・・解説と解答・・・・・

④ **Point** 相関関数とは，２つの変数の間に存在する相互関係のこと。

本問の場合，与えられた図の意味をよく理解する必要がある。

右図において，2013年の物価上昇率は３％，名目賃金上昇率は２％であることを示している。2014年も同様の方法で見ると，物価上昇率は5％，名目賃金上昇率は１％である。

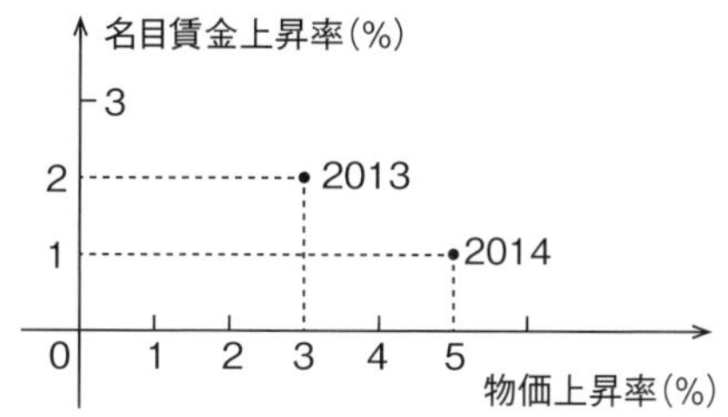

●選択肢のチェック

ア：正しい。2016年においては，物価上昇率→４％，名目賃金上昇率→５％。2019年においては，物価上昇率→１％，名目賃金上昇率→４％。2020年においては，物価上昇率→－１％，名目賃金上昇率→１％。2021年においては，物価上昇率→－３％，名目賃金上昇率→－１％。

イ：誤り。名目賃金が前年より上昇した年は，2013年，2014年，2015年，2016年，2017年，2018年，2019年，2020年の8回である。

ウ：誤り。2019年の場合，物価上昇率が１％と低いにもかかわらず，名目賃金上昇率は４％と高い水準にある。また，2014年の場合，物価上昇率が５％と高いにもかかわらず，名目賃金上昇率は１％と低い水準にある。

エ：正しい。物価上昇率がプラスの年は，2013年，2014年，2015年，2016年，2017年，2018年，2019年である。そして，これらの年はいずれも，名目賃金上昇率がプラスである。

答 (3)

教養試験　一般知識

社会科学

政　治

出題傾向　基本的人権，国会，内閣に関する問題が頻繁に出題されている。注目すべきは，わが国の選挙制度など時事的な問題もよく出題されていることである。また，主要国の政治制度，裁判所，地方自治，国際政治に関する問題も2～4年のサイクルで出題される。

Check!!　重要事項

1. アメリカの政治制度

大統領……任期は［ 1 ］年で，３選が禁止されている。国民により選挙された［ 2 ］が大統領を選ぶ。

大統領と議会の関係……大統領は議会に対して［ 3 ］もなければ解散命令権も有しない。ただし，議会に対する法案［ 4 ］は有する。

1　4
2　大統領選挙人
3　法案提出権
4　拒否権

2. イギリスの政治制度

首相……慣習上，下院における第一党の［ 1 ］が任命される。

内閣と議会の関係……内閣は［ 2 ］の解散権をもつ。内閣は議会に対し［ 3 ］を負う。閣僚は全員が［ 4 ］でなければならない。

1　党首
2　下院
3　連帯責任
4　国会議員

3. わが国の現在の選挙制度

	選挙制度	定数	選挙区数
衆議院	小選挙区	（ 1 ）人	（ 2 ）選挙区
衆議院	比例代表(拘束名簿式)	（ 3 ）人	（ 4 ）ブロック
参議院	選挙区	（ 5 ）人	※各都道府県
参議院	比例代表	（ 6 ）人	全国（ 7 ）区

※「鳥取県と島根県」「徳島県と高知県」は人口が少ないため，それぞれ合区となった。

1　289
2　289
3　176
4　11
5　148
6　100
7　1

1 個人
2 経済
3 生存
4 ワイマール
5 国家
6 国民

4. 基本的人権

自由権……国家権力からの自由を求める[1]の権利で，精神的自由権，身体的自由権，[2]的自由権の３つに分けられる。

社会権……人間たるに値する[3]を確保するため，国家の積極的な行為を要求する権利で，ドイツの[4]憲法で初めて規定された。

請求権……[5]に対して一定の行動を要求する権利で，法律の定める条3件と手続きによって具体化される。

参政権……[6]が政治に参加する権利のことで，公務員の選定・罷免権などがこれにあたる。

1 1
2 150
3 内閣
4 4
5 30
6 内閣総理大臣
7 内閣
8 参議院

5. 国会の種類

通常国会……毎年１回定期的に開かれる国会で，[1]月に召集される。会期は[2]日間。

臨時国会……[3]が必要と認めたとき，またはいずれかの議院の総議員の[4]分の１以上の要求があれば召集される。

特別国会……衆議院解散後の総選挙の後，[5]日以内に召集される。まず，[6]の指名が行われる。

緊急集会……衆議院の解散中，国会を召集する緊急の必要が生じたとき，[7]が召集する[8]の集会。

1 議院内閣制
2 独立
3 衆議院
4 10
5 総辞職

6. 各議院の権限

国政調査権……衆参両議院がおのおの国政全般について調査できる権限のこと。行政権については[1]の見地から全般に及ぶが，司法権については司法権の[2]を侵さない限りで認められている。

内閣不信任決議……[3]のみに認められる権限で，内閣不信任決議案が可決された場合，内閣は[4]日以内に衆議院が解散されない限り，[5]しなければならない。

予想問題

□ 1 **アメリカの大統領制に関する次の記述のうち，正しいものはどれか。**

(1) 大統領の任期は４年で，３選まで認められているが，４選は禁止されている。

(2) 大統領選挙では，有権者は政党に投票し，最も得票数の多い政党が推薦する候補者が大統領になる。

(3) 大統領は議会に対して法案提出権を有しているが，議会に対して解散命令権を有していない。

(4) 大統領および各省の長官は，国会議員の中から選ばれる。

(5) 大統領は議会で通過した法案に対して拒否権を行使できるが，上・下両院が３分の２以上の多数で再議決すると，法律となる。

□ 2 **Ａ～Ｄはわが国の現在の選挙制度に関する記述である。Ａ～Ｄの正誤の組合せとして正しいものはどれか。**

A　衆議院議員選挙の場合，有権者は小選挙区選挙では候補者名で投票し，比例代表選挙では政党名で投票する。

B　参議院議員選挙の場合，有権者は，選挙区選挙，比例代表選挙とも，候補者名で投票する。

C　非拘束名簿式は，衆議院と参議院の両院の比例代表選挙で採用されている。

D　小選挙区比例代表並立制においては，小選挙区に立候補した候補者は，比例代表選挙に重複立候補できる。

	A	B	C	D
(1)	○	×	○	×
(2)	×	○	○	×
(3)	○	×	○	○
(4)	×	○	×	○
(5)	○	×	×	○

・・・・・解説と解答・・・・・

1 **Point** 大統領は，議会に対して法案提出権，解散命令権ナシ。

●選択肢のチェック

(1) 再選まで認められているが，大統領が独裁化するのを防ぐため，3選は憲法で禁止されている。

(2) 大統領選挙は2段階方式を採用している。まず，一般選挙で大統領選挙人が選出される。次に，大統領選挙人が大統領候補に投票し，過半数を得た者が大統領になる。

(3) 大統領は，議会に対して法案提出権も解散命令権も持たない。

(4) 大統領および各省の長官は国会議員であってはならない。また，大統領および各省の長官は議会に対して責任を負わない。

答 (5)

2 **Point** 参議院の比例代表は，政党名または候補者名で投票する。

●選択肢のチェック

A：正しい。有権者は，小選挙区に1票（候補者名を記入），比例代表に1票（政党名を記入）の計2票を投じる。

B：誤り。有権者は，選挙区選挙では候補者名で投票する。一方，比例代表選挙では，政党名または候補者名で投票する。

C：誤り。衆議院の比例代表選挙では，拘束名簿式が採用されている。一方，参議院の比例代表選挙では，拘束名簿式と非拘束名簿式の両方が採用されている。すなわち，特定枠（優先的に当選人になることができる）については拘束名簿式が採用され，それ以外については，「個人名での得票数の多さ」によって当選が決まる非拘束名簿式が採用されている。

D：正しい。小選挙区比例代表並立制を導入している衆議院議員選挙の場合，小選挙区で落選しても，比例代表で当選することがある。

答 (5)

予想問題

□ 3 **基本的人権は，自由権，社会権，平等権，請求権，参政権に分けられるが，次のうち社会権と請求権を組み合わせたものはどれか。**

	〔社会権〕	〔請求権〕
(1)	生存権 教育を受ける権利	選挙権・被選挙権 財産権の不可侵
(2)	法定手続の保障 財産権の不可侵	生存権 労働者の権利
(3)	教育を受ける権利 労働者の権利	請願権 国などに対する賠償請求権
(4)	生存権 公務員の選定・罷免権	請願権 法定手続の保障
(5)	請願権 勤労の権利	生存権 教育を受ける権利

□ 4 **衆議院の優越に関する次の記述のうち，正しいものはどれか。**

(1) 同一の法律案につき衆議院で可決し，参議院でこれと異なる議決をした場合，衆議院の議決が国会の議決となる。

(2) 条約の承認において，参議院が衆議院で可決した条約を受けとった後，60日以内に議決しないときには，衆議院の議決が国会の議決となる。

(3) 内閣総理大臣の指名において，衆議院と参議院が異なる指名をした場合，必ず両院協議会を開かなければならないが，両院の意見が一致しないときには，衆議院の議決が国会の議決となる。

(4) 予算の議決において，参議院が衆議院と異なる議決をした場合，両院協議会を開く必要はなく，衆議院の議決が国会の議決となる。

(5) 憲法改正の発議において，衆議院と参議院が異なる議決をした場合，必ず両院協議会を開かなければならないが，両院の意見が一致しないときには，衆議院の議決が国会の議決となる。

・・・・・解説と解答・・・・・

3 **Point** 生存権は社会権，請願権は請求権に属する。

社会権	請求権
・生存権 ・教育を受ける権利 ・労働者の権利（団結権，団体交渉権，争議権） ・勤労の権利	・請願権 ・国および公共団体に対する賠償請求権 ・裁判を受ける権利（民事事件と行政事件は受益権，刑事事件は自由権としての性格を有する）

★法定手続の保障，財産権の不可侵は自由権，公務員の選定・罷免権，選挙権・被選挙権は参政権に属する。

答（3）

4 **Point** 憲法改正の発議については，両院の権限は対等である。

●選択肢のチェック

（1）参議院が衆議院と異なる議決をした場合，または参議院が60日以内に議決しない場合には，衆議院が出席議員の３分の２以上の多数で再可決すると成立する。

（2）60日以内ではなく，30日以内(国会休会中を除いて)である。なお，参議院が衆議院と異なった議決をした場合，必ず両院協議会を開かなければならないが，両院の意見が一致しないときには，衆議院の議決が国会の議決となる。

（4）予算の議決についても，条約の承認，内閣総理大臣の指名と同様，必ず両院協議会を開かなければならない。また，両院の意見が一致しないときには，衆議院の議決が国会の議決となる。

（5）憲法改正の発議については，両院の権限は対等である。したがって，両院それぞれで総議員の３分の２以上の賛成が得られないと，発議自体が行えない。

答（3）

予想問題

□ 5 **次のうち，国会の権限に関するものだけを組み合わせたものはどれか。**

A　条約の締結
B　内閣総理大臣の指名
C　予算の議決
D　天皇の国事行為に対する助言と承認
E　最高裁判所長官の指名
F　弾劾裁判所の設置

(1)　A・C・E
(2)　B・C・F
(3)　A・B・E
(4)　B・D・F
(5)　D・E・F

□ 6 **内閣に関する次の記述のうち，正しいものはどれか。**

(1)　内閣総理大臣およびその他の国務大臣は文民であるとともに，国会議員でなければならない。

(2)　内閣総理大臣が国務大臣を罷免するためには，閣議の承認が必要である。

(3)　閣議における意思決定は，すべての案件について，３分の２以上の多数を必要とする。

(4)　衆議院で内閣不信任決議案が可決されたとき，30日以内に衆議院が解散されない限り，内閣は総辞職しなければならない。

(5)　内閣総理大臣が欠けたとき，又は衆議院議員総選挙後，初めて国会の召集があったとき，内閣は総辞職しなければならない。

・・・・・解説と解答・・・・・

5 **Point** 条約の承認は国会の権限，条約の締結は内閣の権限。

内閣総理大臣の権限	国会の権限
・国務大臣の任免 ・行政各部の監督・指導 ・議案の国会への提出 ・一般国務・外交関係の国会への報告 ・閣議の主宰	・法律の制定 ・条約の承認 ・内閣総理大臣の指名 ・憲法改正の発議 ・予算の議決 ・弾劾裁判所の設置

内閣の権限
・法律を執行し国務を総理すること　・条約の締結　・政令の制定 ・予算の作成と国会への提出　・天皇の国事行為に対する助言と承認 ・臨時国会の召集や参議院の緊急集会の要求　・恩赦の決定 ・最高裁判所長官の指名 ・最高裁判所の裁判官・下級裁判所の裁判官の任命

答 (2)

6 **Point** 内閣総理大臣は，任意に国務大臣を罷免できる。

●選択肢のチェック

(1) 内閣総理大臣は国会議員でなければならない(憲法第67条)が，国務大臣はその過半数が国会議員であればよい(同第68条1項)。つまり，国務大臣の半数は民間人であってもよい。なお，内閣総理大臣およびその他の国務大臣は文民でなければならない(同第66条2項)。

(2) 「内閣総理大臣は，任意に国務大臣を罷免することができる」(同第68条2項)。つまり，閣議の承認は必要ない。

(3) 閣議における意思決定は，すべての大臣の意見が一致することが原則となっている。なお，閣議は非公開で行われる。

(4) 30日以内ではなく，10日以内である(同第69条)。なお，衆議院が解散した場合，衆議院議員選挙が実施されることになるが，選挙後，初めて国会の召集があったとき，内閣は総辞職しなければならない。

答 (5)

予想問題

□ 7 **裁判所に関する次の記述のうち，正しいものはどれか。**

(1) 最高裁判所の長官は，内閣の指名に基づき天皇が任命し，最高裁判所のその他の裁判官は内閣が任命し，天皇が認証する。

(2) 違憲法令審査権の権限は，最高裁判所のみが有するもので，下級裁判所にはその権限はない。

(3) 最高裁判所の裁判官は，国民審査によって罷免を可とする投票が過半数を超えた場合にのみ罷免される。

(4) 下級裁判所とは，最高裁判所の下位にある高等裁判所，地方裁判所，簡易裁判所の３つをいう。

(5) 弾劾裁判所は最高裁判所および下級裁判所から選ばれた裁判官で構成され，裁判官にふさわしくないとして訴追された裁判官の裁判を行う。

□ 8 **行政権の優越に伴う現象として正しいものは，次のうちどれか。**

(1) 行政民主化のための制度として，オンブズマン制度が確立された。

(2) 行政機能の拡大は委任立法を増加させ，官僚制の強化をもたらした。

(3) 委任立法の増加とともに，裁判所だけがもっている違憲立法審査権が増大した。

(4) 行政の効率化をはかるために，行政委員会や各種の審議会が設立された。

(5) 行政機能の拡大とともに，内閣のもつ国政調査権が強化されていった。

・・・・・解説と解答・・・・・

7 **Point** 違憲法令審査権の権限は，最高裁判所，下級裁判所が有する。

●選択肢のチェック

(1) 下級裁判所の裁判官については，最高裁判所の指名した者の名簿に基づいて，内閣が任命する。

(2) 最高裁判所のみならず，下級裁判所にもこの権限は認められている。

(3) 国民審査による場合のほか，執務不能の裁判による場合と，公の弾劾による場合とがある。

(4) 下級裁判所には，高等裁判所，地方裁判所，家庭裁判所，簡易裁判所の４つがある。

(5) 弾劾裁判所は，衆参両議院の議員の中から選挙された各７人で構成される。

答 (1)

8 **Point** 委任立法の増加→官僚制の強化

●選択肢のチェック

(1) オンブズマン制度は，行政府や政党から独立し，行政府の監察や一般市民の行政に対する苦情の調査・処理にあたる人または機関を置く制度のことである。

(2) 委任立法とは，各省の大臣の発する命令・規則などのことである。

(3) 違憲立法審査権とは，裁判所が法律・命令・規則などの合憲性を審査する権限のことである。よって，委任立法の増加と違憲立法審査権は無関係である。

(4) 行政委員会や各種の審議会は行政の効率化を目的としたものではなく，行政の中立化を図るために設立されたものである。

(5) 国政調査権は内閣ではなく，国会がその権限をもっている。

答 (2)

予想問題

□ 9 **地方自治に関する次の記述のうち，正しいものはどれか。**

(1) 地方公共団体が，国から独立して自主的にその地方の政治を行う原理のことを住民自治という。

(2) 地方公共団体は普通地方公共団体と特別地方公共団体に分けられるが，市・町・村は後者に属するものである。

(3) 都道府県議会・市町村議会の議員は住民の直接選挙で選ばれ，任期は４年で，解散はない。

(4) 議会の条例の制定・改廃などについて異議があるとき，長は拒否権を行使できるが，議会が出席議員の３分の２以上の多数で再可決した場合には，条例の制定・改廃などが決定する。

(5) 議会において長の不信任が決議された場合，長は議会を解散することはできず，ただちに辞任しなければならない。

□ 10 **国際連合に関する次の記述のうち，正しいものはどれか。**

(1) 総会における重要問題の決定は，全加盟国の３分の２以上の多数によってなされる。

(2) 安全保障理事会は 12 の国連加盟国で構成され，非常任理事国の任期は２年である。

(3) 安全保障理事会における実質事項の決定は，５常任理事国のすべてを含む 10 理事国の賛成が必要である。

(4) 安全保障理事会の理事国以外の加盟国も理事会が承認すれば理事会の討議に参加できるが，投票権はない。

(5) 国際司法裁判所の裁判官は，総会での選挙で過半数の投票を得たものが当選と認められる。

・・・・・解説と解答・・・・・

9 **Point▶** 地方公共団体の長は，議会の解散権を有している。

●選択肢のチェック

(1) 団体自治に関する記述である。住民自治とは，住民が自ら地方公共団体の政治に参加する固有の権利をもつとする原理のことである。

(2) 市・町・村は都・道・府・県と同様，普通地方公共団体に属する。特別地方公共団体としては，東京都の特別区などがある。

(3) 地方公共団体の長は議会の解散権を有しているので，解散もある。

(5) 長は議会を解散できる。ただし，解散後はじめて招集された議会において再び長の不信任が議決された場合は，辞職しなければならない。

答 (4)

10 **Point▶** 安全保障理事会は 15 か国で構成される。

●選択肢のチェック

(1) 重要問題の決定は，出席しかつ投票する加盟国の３分の２以上の多数によってなされる。なお，重要問題以外(一般事項)の決定は出席し，かつ投票する加盟国の過半数によってなされる。

(2) 安全保障理事会は，５常任理事国と 10 の非常任理事国で構成される。よって，安全保障理事会は 15 か国で構成される。

(3) 実質事項の決定は，５常任理事国のすべてを含む９理事国の賛成が必要である。

(5) 総会と安全保障理事会で選挙が行われ，双方において過半数の投票を得た者が裁判官となる。なお，国際司法裁判所は 15 人の裁判官で構成され，裁判官の任期は９年である。

答 (4)

教養試験　一般知識

経　済

出題傾向　財政の現状，財政・金融政策からの出題が最も多い。次に出題頻度が高いのが，日本経済の実情，戦後の日本経済，需要曲線・供給曲線，消費者行動・生産者行動，国民所得，経済用語に関する問題である。また，円安，物価高に関する問題が今後増えると思われる。

Check!!　重要事項

1．完全競争市場

需要・供給の法則……完全競争市場において，市場における商品の価格が低下すると需要量は［1］し，供給量は［2］する。反対に，商品の価格が上昇すると需要量は［3］し，供給量は［4］する。この結果，需要量と供給量の均衡する点に［5］は落ち着く。

均衡価格……需要量と供給量が一致したときの価格のことで，需要曲線と供給曲線の［6］で示される。

1　増加
2　減少
3　減少
4　増加
5　価格
6　交点

2．財政のしくみ

一般会計……国の基本的会計で，［1］などの一般的財源をもとに，社会保険費などの［2］関係費，道路整備事業費などの［3］関係費などの歳出を計上している。

特別会計……国が特別の事業を行ったり，特別の資金を運用したりする場合，［4］から切り離して設けた会計。

赤字国債……国が財政収入の［5］を補うための国債で，［6］国債ともいう。

建設国債……［7］費や出資金，貸付金などの財源に充てるための国債で，［8］国債ともいう。

地方交付税交付金……地方自治体の財源不足を補うため，また，地方［9］の是正を行うために，［10］から地方自治体に支給される資金。

1　租税
2　社会保障
3　公共事業
4　一般会計
5　不足
6　特例
7　公共事業
8　４条
9　格差
10　国

1　増税
2　減税
3　削減
4　増大
5　自動安定

1　有価
2　直接
3　中央銀行
4　預金
5　企業
6　売りオペ(売りオペレーション)
7　買いオペ(買いオペレーション)

3. 財政政策

財政支出や財政収入の増減を通じて景気の安定を図る政策のことで，**フィスカル・ポリシー**とも呼ばれる。

	好況時	不況時
租税政策	(1)	(2)
公共投資	(3)	(4)

ビルトイン・スタビライザー…[5]装置と呼ばれるもので，財政自体に景気を自動的に安定させるしくみが備わっていること。

4. 金融政策

公開市場操作…中央銀行が金融市場において[1]証券(国債など)を売買することによって，通貨量を[2]的に調整する政策のこと。

売りオペ…[3]が金融市場で有価証券を売却して，民間の資金を吸収すること。

預金準備率操作…市中銀行は[4]の一定割合を，預金準備金として中央銀行に預金しなければならない。預金準備率操作とは，この割合を上下することにより，市中銀行の[5]に対する貸し出し額を調整する政策のこと。

(注1) 現在，わが国をはじめ主要国では短期金融市場が発達していることから，金融の緩和・引締めの手段として預金準備率操作は使われていない。

	好況時	不況時
公開市場操作	(6)	(7)

(注2) かつて,三大金融政策といえば,金利政策(公定歩合操作),公開市場操作,預金準備率操作の3つを指した。ところが近年,日本銀行は公定歩合操作を金融調節の主要な手段にしないことを発表し，さらに「公定歩合」の名称を「基準割引率および基準貸付利率」に変更した。このため現在，日銀は主として公開市場操作によって金融調節を行っている。なお，「公定歩合」とは，中央銀行が市中銀行に資金を貸し出す際の金利のこと。「公定歩合操作」とは，公定歩合を上下させることによって，通貨量を間接的に調整する政策のことである。

予想問題

□ 1 **下図は，ある商品の需要曲線 DD，供給曲線 SS を示したものである。この図に関する記述として正しいものは，次のうちどれか。**

(1) 需要量の増加により，需要曲線が DD から $D'D'$ に移動しても，供給曲線がそのままであると，均衡価格は P_1 となる。

(2) 需要量の減少により，需要曲線が DD から $D'D'$ に移動しても，供給曲線がそのままであると，均衡価格は P_1 から P_2 になる。

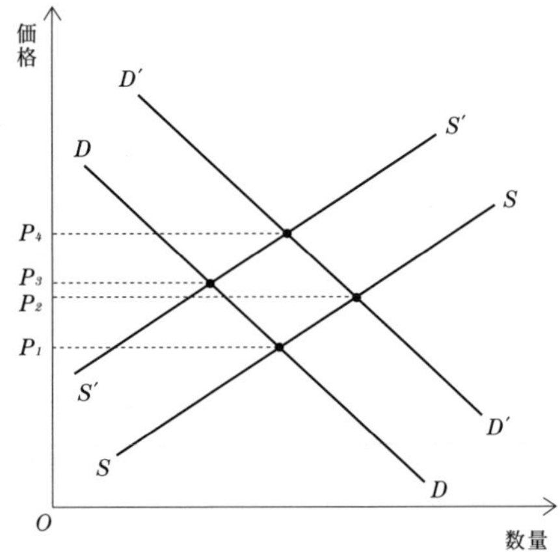

(3) 供給量の増加により，供給曲線が SS から $S'S'$ に移動すると，需要曲線はそのままでも，均衡価格は P_1 から P_3 になる。

(4) 供給量の減少により供給曲線が SS から $S'S'$ に移動すると，需要曲線がそのままでも，均衡価格は P_1 から P_4 になる。

(5) 需要量の増加により，需要曲線が DD から $D'D'$ に移動すると，供給曲線はそのままでも，均衡価格は P_1 から P_2 になる。

□ 2 **わが国の租税に関する次の記述のうち，正しいものはどれか。**

(1) 国税には，所得税，法人税，固定資産税などがある。

(2) 間接税には，消費税，相続税，関税などがある。

(3) 国税の中で最大の税収を上げているのは酒税である。

(4) 累進税の典型的な例は法人税である。

(5) 食料品など誰もが購入する商品に消費税を課すと，逆進性が強まる。

・・・・・解説と解答・・・・・

1 **Point** 需要曲線あるいは供給曲線が移動すると，価格は変化する。

●選択肢のチェック

(1)(5) 需要曲線が DD，供給曲線が SS のとき，均衡価格は P_1 となる。この状態の下において，需要量の増加により，需要曲線が DD から $D'D'$ に移動すると，需要曲線 $D'D'$ と供給曲線 SS の交点が均衡価格になるので，均衡価格は P_1 から P_2 に変化する。

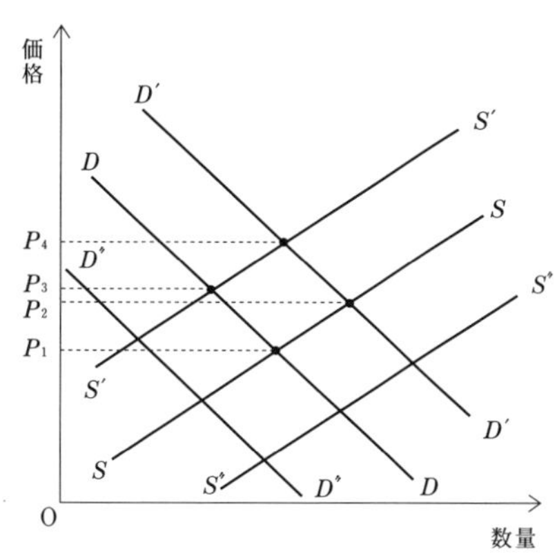

(2) 需要量が減少すると，需要曲線は DD から $D''D''$ に移動する(上図)。

(3) 供給量が増加すると，供給曲線は SS から $S''S''$ に移動する（上図)。

(4) 供給量の減少により，供給曲線が SS から $S'S'$ に移動すると，需要曲線 DD と供給曲線 $S'S'$ の交点が均衡価格になるので，均衡価格は P_1 から P_3 に変化する。

答 (5)

2 **Point** 国税と地方税，直接税と間接税の区別をすること。

●選択肢のチェック

(1) 固定資産税は地方税である。

(2) 相続税は直接税である。なお，消費税，相続税，関税はいずれも国税である。

(3) 酒税ではなく，消費税である。なお，かつて最大の税収を上げていたのは所得税である。

(4) 所得税が正しい。比例税の典型例は法人税である。

答 (5)

予想問題

□ [3] A～Eに該当するものの組合せとして正しいものはどれか。

[A] ＝ 総生産額 － 中間生産物の価額

[B] ＝ [A] ＋ 海外からの純所得

[C] ＝ [B] － 減価償却費

[D] ＝ [C] － [E] ＋ [F]

	A	B	C	D	E
(1)	国民総生産	国内総生産	国民純生産	国民所得	補助金
(2)	国内総生産	国民総生産	国民純生産	国民所得	間接税
(3)	国民総生産	国内総生産	国民所得	国民純生産	間接税
(4)	国内総生産	国民総生産	国民所得	国民純生産	補助金
(5)	国民総生産	国内総生産	国民純生産	国民所得	間接税

□ [4] 各数値が次の場合，国民所得はいくらか。

国民総生産　500
減価償却費　50
間接税　30
補助金　10

(1) 410
(2) 420
(3) 430
(4) 440
(5) 450

・・・・・解説と解答・・・・・

③ **Point** 式を暗記すること。

国内総生産（GDP）＝総生産額－中間生産物の価額
国民総生産（GNP）＝国内総生産＋海外からの純所得
国民純生産（NNP）＝国民総生産－減価償却費
国民所得（NI）＝国民純生産－間接税＋補助金
よって，Fには「補助金」が入る。
（間接税はその分だけ価格を高めているのでこれを引き，補助金はその分だけ価格を低めているのでこれを加えることになる。）

総生産額…国内経済において，すべての企業や政府が1年間に生産した財貨およびサービスの市場における総売上額を合計したもの。
中間生産物…他の財貨の生産のために使用される生産物のことである。原料などがこれにあたる。
減価償却費…土地を除く耐久的な固定資本（設備など）の価値は年々消耗するので，この価値の減る分（減価）を償うこと。

答 (2)

④ **Point** 国民所得＝国民総生産－減価償却費－間接税＋補助金

国民純生産＝国民総生産－減価償却費…①
国民所得＝国民純生産－間接税＋補助金…②
①を②に代入すると，
国民所得＝国民総生産－減価償却費－間接税＋補助金…②'
国民総生産＝500…③　減価償却費＝50…④
間接税＝30…⑤　補助金＝10…⑥
③・④・⑤・⑥を②'に代入すると，
国民所得＝500－50－30＋10＝430

答 (3)

予想問題

□ 5 **わが国の財政に関する次の記述のうち，正しいものはどれか。**

(1) わが国の予算は，その年の１月１日から12月31日までを単位として作成される。

(2) わが国の予算は財務省が作成する。

(3) 2023年度における一般会計（当初予算）の歳出を主要経費別にみると，社会保障関係費，国債費の順に多い。

(4) 政府の財政事情が厳しいことから，毎年度巨額の国債が発行されているが，その大部分は建設国債である。

(5) 国民負担率を国際比較すると，わが国はアメリカより低いものの，ドイツやフランスよりも高い。

□ 6 **A～Dは財政政策に関する記述である。A～Dの正誤の組合せとして正しいものはどれか。**

A 不況時においては，歳入面においては減税を実施し，歳出面においては公共投資を削減することが望ましい。

B 好況時においては，歳入面においては増税を実施し，歳出面においては公共投資を削減することが望ましい。

C 財政自体に景気を自動的に安定させるしくみが備わっているので，好況時になると必然的に，税収は増大し，有効需要を拡大することになる。

D 不況時になると，失業者が著しく増加するが，これらの失業者に対して失業給付を行うことは，その分景気を下支えすることになる。

	A	B	C	D
(1)	○	○	×	×
(2)	×	○	×	○
(3)	○	×	○	×
(4)	×	○	○	×
(5)	○	×	×	○

•••••解説と解答•••••

5 **Point** 社会保障関係費は第１位，国債費は第２位。

●**選択肢のチェック**

(1) わが国の予算は，その年の４月１日から翌年の３月31日までを単位として作成される。

(2) 予算を作成するのは内閣である。

(3) 社会保障関係費，国債費，地方交付税交付金，防衛関係費，公共事業関係費，文教及び科学振興費の順に多い。社会保障関係費，国債費，地方交付税交付金は歳出御三家と呼ばれる。

(4) 2023年度当初予算において，新規国債は35.6兆円発行され，そのうちの29.1兆円は赤字国債（特例国債）であった。赤字国債のほかに，建設国債がある。建設国債は財政法第４条の規定に基づいて発行されることから，４条国債ともいわれる。建設国債によって調達された資金は道路や橋などの公共事業に使われる。

(5) 国民負担率＝租税負担率＋社会保障負担率

日本の国民負担率→46.8%（2023年度見通し）

アメリカ→32.3%（2020年実績），イギリス→46.0%（2020年実績）

ドイツ→54.0%（2020年実績），フランス→67.1%（2020年実績）

答 (3)

6 **Point** "不況時には減税，公共投資の増加"を実施する。

●**選択肢のチェック**

A：不況時においては有効需要が不足しているので，減税を実施するとともに，公共投資を増加することにより，有効需要を増加しなければならない。

B：正しい。

C：税収が増大すると，国民の実質所得は減少するので，その結果，有効需要は減少することになる。

D：正しい。失業給付を行うと，その分，国民の所得は増加するので，有効需要は増加し，景気を下支えすることになる。

答 (2)

予想問題

□ 7 **日本銀行に関する次の記述のうち，正しいものはどれか。**

(1) 日本銀行はわが国唯一の発券銀行で，日本銀行券と補助貨幣を発行している。

(2) 日本銀行は政府を相手に国庫の出納・保管などを行うとともに，政府が発行する国債を直接購入している。

(3) 日本銀行は市中銀行を相手に商業手形の割引，債券・手形を担保とした手形貸付なども行っていることから，日本銀行は発券銀行とも呼ばれる。

(4) 日本銀行券の最高発行額限度は日本銀行総裁によって決定されるが，必要に応じて限外発行も認められている。

(5) 日銀政策委員会は日本銀行の最高意思決定機関で，金融政策の決定などを行う。

□ 8 **A～Dはわが国の金融政策に関する記述である。A～Dの正誤の組合せとして正しいものはどれか。**

A　日銀は1999年2月に世界で初となるゼロ金利政策を導入したが，2017年4月からゼロ金利政策を解除した。

B　ゼロ金利政策は金融調節の操作対象を短期金利においたものであるが，量的緩和政策はそれを通貨量においたものである。

C　日銀は2016年2月，日銀が民間の金融機関から預かる普通預金の一部にマイナスの金利をつける，マイナス金利政策を導入した。

D　日銀は2013年4月以降，大規模な金融緩和を実施したことから，2023年6月末時点において，国債残高の80％強を日銀が保有することになった。

	A	B	C	D
(1)	○	×	×	○
(2)	○	○	×	×
(3)	×	○	○	×
(4)	×	×	○	○
(5)	×	○	×	×

・・・・・解説と解答・・・・・

7 **Point** 金融政策は日銀政策委員会（９名で構成）が行う。

●選択肢のチェック

(1) 日本銀行券を発行しているのは日本銀行であるが，補助貨幣は財務省が発行している。

(2) 政府が発行する国債を日本銀行が直接購入すること（国債の日銀直接引き受け）は禁止されている。つまり，市中消化が原則となっている。なお，前半部分の記述は正しい。

(3) そのため，日銀は“銀行の銀行”とも呼ばれる。“発券銀行”と呼ばれるのは日本銀行券を発行しているためである。

(4) 日本銀行券の最高発行額限度は，財務大臣が決定する。

答 (5)

8 **Point** わが国初のマイナス金利政策を導入。

●選択肢のチェック

A：誤り。１回目のゼロ金利政策は 1999 年２月～2000 年８月，２回目は 2001 年３月～2006 年７月，３回目は 2010 年 10 月～。つまり，現在もゼロ金利政策は継続中である。

B：正しい。ゼロ金利にしただけでは景気が浮揚するかどうか不明の場合，通貨量を増加させる量的緩和政策が実施されることになる。

C：誤り。普通預金ではなく，当座預金が正しい。日銀がマイナス金利政策を導入した目的は，市中銀行が企業や個人にお金をどんどん貸し付けることにあるが，日銀の狙い通りにはなっていない。マイナス金利政策は 2024 年１月時点においても実施されている。

D：誤り。「日銀が 2013 年４月以降，大規模な金融緩和を実施した」という箇所は正しい。また，アメリカなどが政策金利を引き上げている中においても，日銀は依然，金融緩和政策を継続している。なお，2023 年６月末時点において，日銀の保有国債（時価ベース）の発行残高（時価ベース）に占める割合は 53.3%である。よって，50%強と覚えておけばよい。

答 (5)

予想問題

□ 9 **戦後の日本経済のあゆみに関する次の記述のうち，正しいものはどれか。**

(1) 昭和33年末～36年にかけて“神武景気”と呼ばれる好景気が到来したことから，昭和35年度の『経済白書』で“もはや「戦後」ではない”という言葉が使われた。

(2) 昭和40～45年にかけて“いざなぎ景気”と呼ばれる好景気が到来したが，この好景気は“神武景気”“岩戸景気”とは異なり，設備投資主導型の景気であった。

(3) 1971年8月にニクソン・ショックが発生したことから，対米輸出が大幅に減少したため，昭和46年度の実質経済成長率は戦後初のマイナスを記録した。

(4) 1985年9月の5か国蔵相会議（G5）においてドル安是正のための合意（プラザ合意）がなされたことにより，その後，円安・ドル高が一気に進んだ。

(5) 2002年2月から始まった景気回復は期間中の実質経済成長率が低かったため，“実感なき好況”といわれた。

□ 10 **経済用語の説明として正しいものは，次のうちどれか。**

(1) 軽減税率 —— 食料品など特定の品目についての消費税率を通常よりも低く抑える措置で，その税率は5％である。

(2) マネーストック —— 市中に出回っている現金の総額のことで，以前は「マネーサプライ」という呼称であった。

(3) 円安 —— 円の価値が対外的に低下することで，円安が進展すると，国内の物価は低下する。

(4) 中央銀行デジタル通貨 —— ビットコインなどの暗号資産とは異なり，国の信用に裏づけされた法定通貨のこと。

(5) ESG投資 —— 企業の経営成績を表す財務情報ではなく，地域社会への配慮を重視して行う投資のこと。

・・・・・解説と解答・・・・・

9 **Point** いざなみ景気は“実感なき好況”といわれる。

●**選択肢のチェック**

(1) 神武(じんむ)景気は昭和30～32年の好景気のことで，“もはや「戦後」ではない”という言葉が使われたのは昭和31年度の『経済白書』である。昭和33年末～36年にかけての好景気は岩戸景気である。

(2) 神武景気，岩戸(いわと)景気は，設備投資主導型の景気であった。そのため，岩戸景気の際には，“投資が投資をよぶ”という言葉が使われた。一方，いざなぎ景気は輸出依存型の景気であった。

(3) ニクソン・ショック発生後も，対米輸出は増加した。実質経済成長率が戦後初のマイナスを記録したのは，第１次石油ショックが発生した翌年度，つまり昭和49年度である。

(4) プラザ合意とは，ドル高是正のための合意である。したがって，プラザ合意後，円高・ドル安が一気に進み，円高不況が到来した。

(5) 2002年２月から始まった景気回復局面は2008年２月まで続き，戦後最長景気となった。通称，いざなみ景気といわれる。

答 (5)

10 **Point** ESGのEはEnvironment。

●**選択肢のチェック**

(1) 軽減税率制度は消費税率が10%に引き上げられた際に導入されたもので，軽減税率は８%である。

(2) マネーストックは市中に出回っている通貨の総量のこと。

(3) 円安が進展すると，円の対外価値が著しく低下するため，輸入価格は上昇し，国内の物価騰貴が生じる。

(4) 中央銀行デジタル通貨は，ビットコインなどの暗号資産と比較して，その価値は比較的安定している。

(5) 環境(Environment)，社会(Social)，企業統治(Governance)への配慮を行う投資のこと。

答 (4)

教養試験　一般知識

社会科学

社　会

出題傾向

「政治」「経済」の出題対象とならないものが，「社会」として出題される。そのため，出題対象の範囲は人口の動向，社会保障，労働問題，社会事情，環境問題，エネルギー問題，時事問題など，広いものとなっている。自分の関心ある分野から取り組むのも一手である。

Check!!　重要事項

1．わが国の社会保障制度の体系

- **社会保険**
  - [1]（健康保険，国民健康保険など）
  - [2]（厚生年金保険，国民年金）
  - 雇用保険
  - 労働者災害補償保険
  - [3]
- **公的扶助**
  - [4]
- [5]
  - 児童福祉
  - 母子及び寡婦福祉
  - 障害者福祉
  - 老人福祉
- [6]**衛生**——感染症予防，廃棄物処理など

社会保険……国家が国民を強制的に加入させて[7]を徴収し，これを基金として，疾病・老齢・失業などの場合に，[8]生活を保障しようとする保険制度である。

国民健康保険……[9]などの適用を受けられない自営業者や無業者を対象とした医療保険。

国民年金……[10]に加入していない自営業者や無業者を対象とした年金保険。

公的扶助……国が生活困窮者に必要な保護を行い，最低限度の生活を保障することで，主に[11]法を中心に実施されている。なお，財源は[12]で賄われている。

社会福祉……社会的にハンディキャップのある障害者などに対し，その[13]の増進をはかる。

1　医療保険
2　年金保険
3　介護保険
4　生活保護
5　社会福祉
6　公衆
7　保険料
8　最低
9　健康保険
10　厚生年金保険
11　生活保護
12　租税
13　福祉

2. 試験によく出る労働用語

有効求人倍率……企業の［ 1 ］を［ 2 ］で除したもので，この値が1を下回ると人余りの状態にある。

非正社員（非正規社員）……［ 3 ］，アルバイト，派遣労働者などの総称。

ニート……15～34歳の未婚者で，学校に通うのでもなく，仕事も家事もしていない［ 4 ］のこと。

非労働力人口……15歳以上人口のうち，就業者でもなく，［ 5 ］でもない者のことである。

1 有効求人数
2 有効求職者数
3 パートタイマー
4 無業者
5 完全失業者

3. 試験によく出る環境用語

液状化現象……［ 1 ］水を含んだ砂の地盤が強い震動を受け，液状となる現象のことで，構造物が傾いたり，砂が［ 1 ］水とともに噴き出す。

太陽光発電……建物の屋根などに設置した［ 2 ］を利用して光エネルギーを電気にかえる発電方式で，［ 3 ］エネルギーとして注目されている。

カーボンプライシング……二酸化炭素などの［ 4 ］ガスの排出に［ 5 ］をつけることで，排出量に応じた負担を求めること。［ 6 ］税などがある。

1 地下
2 太陽電池
3 クリーン
4 温暖化
5 価格（値段）
6 炭素

4. 試験によく出る時事用語

待機児童……小学校就学前の子どもを認可［ 1 ］に入れたいと考えているが，入所できない子どものこと。最近，その数は著しく減少している。

再生可能エネルギー……［ 2 ］，風力，水力，地熱などがある。石炭，［ 3 ］，天然ガスなどのように枯渇することはない。

線状降水帯……［ 4 ］が発生し続け，上空の風に流されて［ 4 ］が移動する際，［ 4 ］が線状に並ぶことで，強い雨が降り続く降水域のこと。

オンライン診療……［ 5 ］を使って，医師と患者が［ 6 ］せずに診察すること。ただし，初診は［ 7 ］が義務づけられていたが，新型コロナウイルスの感染拡大により，初診からオンライン診療が容認された。

1 保育所
2 太陽光
3 石油
4 積乱雲
5 インターネット
6 対面
7 対面診療

予想問題

□ 1 **わが国の人口および世帯動向に関する記述として正しいものは，次のうちどれか。**

(1) わが国の総人口は1998年の1億2,808万人をピークに減少に転じ，2022年にはピーク時に比べ約313万人減少した。

(2) 総人口に占める老年人口（65歳以上の人口）の割合は2022年には40%に達し，日本は世界一の高齢社会に入った。

(3) 2021年の合計特殊出生率を国際比較すると，わが国はフランス，アメリカ，イギリス，ドイツよりも高い水準にある。

(4) 一般世帯数は1970年からの50年間で著しく増加したものの，一般世帯の世帯規模は大きく縮小した。

(5) 近年，核家族世帯の全体に占める割合が上昇するとともに，単独世帯の割合も顕著に上昇している。

□ 2 **わが国の社会保険に関する次の記述のうち，正しいものはどれか。**

(1) 社会保険は，医療保険，年金保険，雇用保険，労働者災害補償保険の4つから構成されている。

(2) 現在，医療保険には，健康保険，国民健康保険などがある。このうち，健康保険は国家公務員，地方公務員を対象としたものである。

(3) 現在，年金保険には，厚生年金保険，国民年金がある。年金受給開始年期は，前者が原則60歳であるのに対し，後者は原則65歳である。

(4) 雇用保険に入っていると，失業したときの給付金のほかに，育児休業給付金，介護休業給付金などが支払われる。

(5) 近年は急速に進行する高齢化に対応するため，2008年4月からは70歳以上を後期高齢者と位置づけた後期高齢者医療制度が導入された。

・・・・・解説と解答・・・・・

1 **Point** 単独世帯の割合は顕著に上昇している。

●選択肢のチェック

(1) わが国の総人口がピークに達したのは2008年で，1億2,808万人。2008年は覚えておきたい。総人口は，2011年から2022年まで12年連続で減少している。

(2) 老年人口の全体に占める割合（2022年）は29.0%である。なお，「日本は世界一の高齢社会に入った」という記述は正しい。

(3) 日本の合計特殊出生率（2021年）は韓国，中国を上回っているものの先進国（フランス，アメリカなど）の中では低い水準にある。

(4) 一般世帯数は50年間で，3,030万世帯から5,570万世帯に増加した。一方，一般世帯の世帯規模は3.41人から2.21人に縮小した。

(5) 核家族世帯は1980年に60%でピークに達した後，2020年には54.2%に低下している。一方，単独世帯の割合は持続的に上昇している。

答 (4)

2 **Point** 国家・地方公務員を対象とした医療保険は共済組合である。

●選択肢のチェック

(1) 社会保険は，医療保険，年金保険，雇用保険，労働者災害補償保険，介護保険の5つから構成されている。

(2) 健康保険は民間企業の従業員を対象とする医療保険で，大企業の従業員を対象とする組合管掌健康保険と，中小企業の従業員を対象とする協会けんぽ（全国健康保険協会管掌健康保険）がある。

(3) 年金受給開始年齢は，厚生年金保険，国民年金とも，原則65歳である。

(4) 育児休業給付金，介護休業給付金は失業したときの給付金と同様，雇用保険から出ている。

(5) 後期高齢者は70歳以上ではなく，75歳以上である。後期高齢者医療制度では，保険給付費の約40%を現役世代からの支援金で賄っている。また，国も約40%を負担している。 答 (4)

予想問題

□ 3 **介護保険に関する次の記述のうち，正しいものはどれか。**

(1) 介護保険の運営主体は市区町村で，保険料の支払者は60歳以上の国民である。

(2) 介護保険の財源は,保険料が50%で,残りの50%は国が負担している。

(3) 65歳以上の高齢者の保険料は，同じ市区町村においては，所得の多寡に関係なく定額である。

(4) 65歳以上の高齢者の場合，保険料の支払いは原則として年金から天引きされる。

(5) 介護サービスを受けるためには市区町村の要介護認定が必要となるが，介護サービスに要する費用の全額は保険給付でまかなわれる。

□ 4 **A～Dはわが国の社会事情に関する記述である。A～Dの正誤の組合せとして正しいものはどれか。**

A 子ども政策の司令塔となる「こども庁」が2023年4月に，内閣府の外局として創設された。

B 8050問題とは，80代の親が50代の子どもの生活を支えるという問題で，この背景には子どもの「引きこもり」がある。

C わが国でもブームとなっている対話型AIの典型である「ChatGPT」は，生成AIのひとつである。

D 2021年における死因の第1位は「悪性新生物（がん）」，第2位は「心疾患」，第3位は「脳血管疾患」である。

	A	B	C	D
(1)	○	○	×	○
(2)	×	○	○	×
(3)	○	×	○	×
(4)	○	×	×	○
(5)	×	×	×	○

・・・・・解説と解答・・・・・

3 **Point** 高齢者の保険料の支払いは原則，年金から天引き。

●選択肢のチェック

(1) 保険料の支払者は，40 歳以上の国民である。

(2) 財源は，保険料が 50%，国が 25%，都道府県が 12.5%，市区町村が 12.5%である。

(3) 65 歳以上の高齢者が払う介護保険料は，市町村ごとに基準額が異なるとともに，所得が低い人向けに軽減制度がある。

(4) 40 ～ 65 歳未満の場合，保険料は健康保険あるいは国民健康保険に上乗せされて徴収される。

(5) 介護サービスを受けた者は，介護サービスに要した費用の 1 割を負担する。ただし，最近，介護保険法の改正により，一定以上の所得のある人の自己負担割合は２割となり，２割負担者のうち，特に所得の高い層は３割負担となった。

答 (4)

4 **Point** 日本人の死因の第３位は「老衰」。

●選択肢のチェック

A：誤り。「こども庁」ではなく，「こども家庭庁」が正しい。こども家庭庁は他省庁への勧告権をもつ。

B：正しい。引きこもりが長期化すると，親も高齢になるため，収入と介護に関して問題が発生することになる。

C：正しい。生成 AI とは，人間の指示にもとづいて文章，画像，動画などを生成する AI のことである。

D：誤り。2021 年における死因の第 1 位は「悪性新生物（がん）」，第２位は「心疾患」であるが，第３位は「老衰」である。2020 年から「老衰」は第 3 位に一気に浮上している。

答 (2)

予想問題

□ 5 **最近のわが国の労働市場の動向に関する次の記述のうち，正しいものはどれか。**

(1) 2020年に入り，新型コロナウイルス感染拡大で労働環境が一変したため，同年の年平均完全失業率は一気に5％台に上昇し，その後も5％台が2023年に入っても続いている。

(2) 2022年に入ると，新型コロナウイルス感染対策による行動制限が徐々に緩和されたことで，有効求人倍率は一気に2.0倍を上回った。

(3) 雇用者（役員を除く）に占める非正規社員の割合は，2020年以降のコロナ禍において，さらに上昇し40％台に達した。

(4) 2021年4月から改正高年齢者雇用安定法が施行されたことで，75歳までの雇用が企業の努力義務となった。

(5) 外国人労働者数を就労先の産業別でみると，製造業が全体の4分の1以上を占めており，次に卸売業，小売業の割合が大きい。

□ 6 **環境用語の説明として正しいものは，次のうちどれか。**

(1) ワシントン条約 ―― 正式名称は「特に水鳥の生息地として国際的に重要な湿地に関する条約」である。

(2) ラニーニャ現象 ―― ペルー沖から中部太平洋の日付変更線までの海域で，長期にわたり平年よりも海水温が高くなる現象のこと。

(3) 砂漠化 ―― 土地がやせて不毛地帯と化すことで，中央アジア諸国を中心に年々深刻化している。

(4) 熱帯林の減少 ―― 熱帯林は地球温暖化の原因である二酸化炭素の吸収源であることから，熱帯林の減少は地球環境の保全にとって深刻な問題となっている。

(5) 水俣条約 ―― カドミウムの環境への排出を防ぐための国際ルールを定めたもので，2017年8月に発効された。

・・・・・解説と解答・・・・・

5 **Point** ここ数年，非正規社員の割合に大きな変化はない。

●選択肢のチェック

(1) 年平均完全失業率の推移は，2019 年→2.4 %，2020 年→2.8%，2021 年→2.8%，2022 年→2.6%。つまり，「新型コロナウイルス感染拡大の中で，年平均完全失業率は大きく上昇していない」。

(2) 有効求人倍率の推移は，2019 年→1.60 倍，2020 年→1.18 倍，2021 年→1.13 倍，2022 年→1.28%。つまり，著しい変化はみられない。

(3) 雇用者に占める非正規社員の割合の推移は，2019 年→38.2%，2020 年→37.1%，2021 年→36.7%，2022 年→36.9%。

(4) 従来は 65 歳であったが，法改正により，70 歳となった。

(5) 外国人労働者を国籍別にみると，ベトナムが最も多く，次いで中国，フィリピン，ブラジルの順となっている。　答 (5)

6 **Point** ラニーニャ現象とエルニーニョ現象とは逆の現象。

●選択肢のチェック

(1) ラムサール条約に関する記述である。ワシントン条約の正式名称は「絶滅のおそれのある野生動植物の種の国際取引に関する条約」。

(2) ラニーニャ現象ではなく，エルニーニョ現象が正しい。ラニーニャ現象の場合，海水温が低くなる。

(3) 中央アジア諸国ではなく，アフリカ諸国が正しい。

(4) 熱帯林減少の主な原因としては，焼畑移動耕作，商業用伐採などが挙げられる。

(5) カドミウムではなく，水銀が正しい。水俣条約の主な内容は，水銀を含む製品の製造や輸出入を原則禁止とすること。　答 (4)

予想問題

□ 7 **A～D は最近の出来事に関する記述である。A～D の正誤の組合せとして正しいものはどれか。**

A　2023 年 4 月，フィンランドとスウェーデンの両国は NATO（北大西洋条約機構）に同時に正式加盟した。

B　政府は 2023 年 4 月，カジノを含む統合型リゾート（IR）について，大阪府と長崎県の整備計画を認定した。

C　政府は 2023 年 6 月，児童手当の所得制限を撤廃し，給付期間を中学生まで延長することを決めた。

D　2023 年 6 月，健康保険証の原則廃止を盛り込んだ改正マイナンバー法などが成立した。

	A	B	C	D
(1)	○	○	×	×
(2)	○	×	○	×
(3)	×	○	×	○
(4)	○	×	○	○
(5)	×	×	×	○

□ 8 **時事用語に関する記述である。正しいものはどれか。**

(1) BRICS —— 2000 年代以降に飛躍的に発展した 5 か国の総称。2024 年 1 月から加盟国が増えて，10 か国となる。

(2) 2024 年問題 —— 時間外労働の上限規制により，2024 年 4 月以降，物流，建設などの一部業界で人手不足が深刻化する問題のこと。

(3) イデコ —— 個人型確定拠出年金のこと。ただし，加入対象者は，自営業者や専業主婦に限定されている。

(4) ジェイムズ・ウェッブ宇宙望遠鏡 —— ハッブル宇宙望遠鏡の後継機であるが，計画の延期でいまだ打ち上げられていない。

(5) グローバル・サウス —— アジア，アフリカなどの新興国，途上国の総称で，中国，ロシアも含まれる。

・・・・・解説と解答・・・・・

7 **Point** NATOに先に加盟したのはフィンランド。

●選択肢のチェック

A：誤り。フィンランドは2023年4月にNATOに正式加盟を果たした。一方，スウェーデンについてはトルコのエルドアン大統領が2023年7月，NATO加盟に賛成の意向を示した。

B：誤り。政府は大阪府の整備計画だけを認定した。長崎県については資金調達面で課題があるとして，継続審査とした。

C：誤り。中学生ではなく，高校生が正しい。また，第3子以降の給付額を3万円に倍増することも決めた。

D：正しい。この結果，2024年秋に健康保険証を廃止して，マイナンバーカードに一本化することが加速することになった。

答 (5)

8 **Point** 新興国，途上国の動きに注意しよう！！

●選択肢のチェック

(1) 新しい加盟国は，エジプト，エチオピア，サウジアラビア，アラブ首長国連邦，イラン，アルゼンチンの6か国である。

(2) 政府はこの緊急対策の1つとして，鉄道や船舶の輸送量を今後10年で倍増する目標を掲げている。

(3) 自営業者，専業主婦のほか，公務員，会社員（企業年金の加入者もOK）も加入できる。

(4) 2021年12月にすでに打ち上げられ，2022年7月以降遠方の銀河の鮮明な画像が次々に公開されている。

(5) 中国，ロシアは，グローバル・サウスには含まれない。

答 (2)

教養試験　一般知識

思　想

出題傾向

最近，思想の出題がなされていない。今後もこの傾向は続くと思われるので，準備しなくてもよいと思われる。一応，過去の出題傾向を述べておくと，よく出題されるのは近代と現代の思想に関するものである。出題内容の大半は基礎知識を問うものである。

Check!!　重要事項

1. 思想の源流

タレス……自然哲学の祖。万物の根源を［ 1 ］とした。

ヘラクレイトス……万物は［ 2 ］する，と考えた。

プロタゴラス……人間は万物の［ 3 ］，と考えた。

ソクラテス……自分の［ 4 ］の自覚から出発した。

プラトン……現象界をこえたところに［ 5 ］の存在する世界を考えた。主著は『ソクラテスの弁明』

アリストテレス……プラトンとは反対に，［ 6 ］界の個物に本質を求めた。主著は『ニコマコス倫理学』

エピクロス……エピクロス学派の祖。人生の目的は［ 7 ］（幸福）の追求であるとした。

ゼノン……［ 8 ］学派の創始者。

アウグスティヌス……［ 9 ］哲学の完成者。

トマス＝アクィナス……［ 10 ］哲学の完成者。

孔子（こうし）……［ 11 ］の始祖。［ 12 ］と礼によって政治を行えば，社会秩序は再建されるとして，徳治主義を唱えた。

孟子（もうし）……孔子の思想を継承･展開し，人は本来善におもむく傾向をもっているとする［ 13 ］を唱えた。

荀子（じゅんし）……孟子とは反対に，［ 14 ］を唱えた。

老子（ろうし）……人間の行為が［ 15 ］の道に沿って行われるならば，平和と秩序が実現すると考えた。

荘子（そうし）……老子の思想を継承・発展させ，人間世界の価値にとらわれず［ 16 ］に生きることを説いた。

1 水
2 流転
3 尺度
4 無知
5 イデア
6 現象
7 快楽
8 ストア
9 教父
10 スコラ
11 儒家
12 仁
13 性善説
14 性悪説
15 無為自然
16 自由

1 帰納法
2 経験論
3 演繹法
4 合理論
5 経験
6 自然
7 批判
8 絶対精神
9 弁証法
10 功利主義
11 幸福
12 質
13 科学

2. 近代の思想

F. ベーコン……学問の方法として［ 1 ］を説き，イギリス［ 2 ］の基礎を確立した。

デカルト……学問の方法として［ 3 ］を説き，大陸［ 4 ］の基礎を確立した。

ロック……すべての知識は究極的に［ 5 ］に由来すると考えた。

ルソー……理性よりも人間の自然の本性を重んじ，“［ 6 ］に帰れ”と唱えた。

カント……ドイツ近代哲学の大成者。イギリス経験論と大陸合理論を［ 7 ］的に総合化した。

ヘーゲル……ドイツ観念論の大成者。世界を［ 8 ］の［ 9 ］的発展過程であるととらえた。

ベンサム……［ 10 ］の創始者。彼の根本信条は“最大多数の最大［ 11 ］”である。

J. S. ミル……ベンサムの功利主義を継承し，その欠陥を修正した。すなわち，快楽の［ 12 ］的差異を指摘した。

マルクス……［ 13 ］的社会主義の創始者。資本主義社会の必然的崩壊過程を論証した。

1 有神
2 3
3 無神
4 超人
5 有神
6 限界
7 無神
8 本質
9 道具主義

3. 現代の思想

キルケゴール……［ 1 ］論的実存主義者。実存になる段階を［ 2 ］つに分けて考えた。

ニーチェ……［ 3 ］論的実存主義者。“神は死んだ”と唱え，［ 4 ］を理想の人間像とした。

ヤスパース……［ 5 ］論的実存主義者。人間は［ 6 ］状況において，実存に目ざめると考えた。

サルトル……［ 7 ］論的実存主義者。“実存は［ 8 ］に先立つ”として，人間は自由であると唱えた。

デューイ……プラグマティズムを発展させ，［ 9 ］という独自の立場を確立した。

注 新教養試験の「Standard Ⅱ」と「Logical Ⅱ」においては，思想に関する問題は出題されません。

予想問題

□ 1 **ギリシアの哲学に関する次の記述のうち，正しいものはどれか。**

(1) タレスは，“万物は流転する”と唱えた。

(2) プロタゴラスは，“万物の根源は水である”と唱えた。

(3) ソクラテスは，対話を介して事物の普遍的概念を求める問答法を特色とした。

(4) プラトンは，イデア界と現象界を１つに結びつけたところに真実の存在があると考えた。

(5) アリストテレスは，人間のあらゆる行為の最終目標は幸福であり，幸福な生活とは理想を追求することである，と唱えた。

□ 2 **A～Eの記述について，正誤の組合せが正しいものはどれか。**

A　荀子は老子の思想を継承・発展させ，自由の境地に遊ぶ自由人を理想の人間像とした。

B　トマス=アクィナスは，スコラ哲学の完成者で，“哲学は神学の僕なり”と唱えた。

C　F.ベーコンは，学問の方法として演繹法を説き，イギリス経験論の基礎を確立した。

D　ヘーゲルはドイツ観念論の大成者で，世界を絶対精神の弁証法的発展過程であるととらえた。

E　J.S.ミルは，ベンサムの功利主義を継承・発展させ，“質的功利主義”を唱えた。

	A	B	C	D	E
(1)	○	○	×	×	○
(2)	×	○	×	○	○
(3)	○	×	○	×	×
(4)	×	○	○	×	○
(5)	×	×	×	○	×

・・・・・解説と解答・・・・・

1 **Point** プラトンの世界観は，イデア界と現象界の二元論。

●選択肢のチェック

(1) タレスは，“万物の根源は水である”と唱えた。“万物は流転する”と唱えたのはヘラクレイトスである。

(2) プロタゴラスは“人間は万物の尺度である”と唱えた。

(4) アリストテレスに関する記述である。プラトンは，世界をイデア界と現象界の２つに分けて考えた。

(5) アリストテレスは，幸福な生活とは真理を探究する観想的(テオリア)生活が望ましいと唱えた。

答 (3)

2 **Point** F. ベーコンは帰納法，デカルトは演繹法。

●選択肢のチェック

A 荀子ではなく，荘子に関する記述である。荀子は，人間の性は本来悪であるとして，性悪説を唱えた。それゆえ，人間間の争いを防ぎ社会秩序を保つには，礼が大切であると考えた。

B 正しい。トマス=アクィナスの主著は『神学大全』。

C F. ベーコンは，学問の方法として帰納法を説き，イギリス経験論の基礎を確立した。これに対し，デカルトは，学問の方法として演繹法を説き，大陸合理論の基礎を確立した。F. ベーコンの主著は『ノヴム=オルガヌム』，デカルトの主著は『方法序説』。

D 正しい。ヘーゲルの主著は『精神現象学』『法の哲学』。

E 正しい。ベンサムは功利主義の創始者で，社会の目的を“最大多数の最大幸福”に求めた。J. S. ミルは功利主義の立場をとったが，快楽の評価の基準に量のみならず質の違いを導入した。

答 (2)

予想問題

□ 3 **実存主義者に関する次の記述のうち，正しいものはどれか。**

(1) キルケゴール ―― 有神論的実存主義者。実存になる段階を「美的段階」「知的段階」「倫理的段階」「宗教的段階」の4つに分けた。主著は『あれかこれか』『死に至る病』。

(2) ニーチェ ―― 無神論的実存主義者。19世紀末のヨーロッパの精神的退廃をニヒリズムの時代としてとらえ，“神は死んだ”と唱えた。主著は『ツァラトゥストラはこう言った』。

(3) ヤスパース ―― 無神論的実存主義者。人間は限界状況の中で生きており，これを克服しようとする限り，他者との交わりを深める必要があると唱えた。主著は『理性と実存』。

(4) ハイデッガー ―― 無神論的実存主義者。“実存は本質に先立つ”として，人間が自己の生き方についてはまったく自由であると唱えた。主著は『存在と無』。

(5) サルトル ―― 無神論的実存主義者。人間を「世界内存在」であるととらえ，人間は他の存在者に対する配慮の中で生きていると考えた。主著は『存在と時間』。

□ 4 **A～Cに該当する思想家の組合せとして正しいものはどれか。**

A　デカルトの思想を批判し，認識は経験から発生するという悟性論を展開した。

B　プラグマティズムを発展させて，道具主義という独自の立場を確立した。

C　大正デモクラシーの代表的思想家で，デモクラシーを民本主義と訳した。

	A	B	C
(1)	ロック	デューイ	吉野作造
(2)	ロック	ジェームズ	西田幾多郎
(3)	スピノザ	ジェームズ	西田幾多郎
(4)	ロック	デューイ	和辻哲郎
(5)	スピノザ	デューイ	吉野作造

・・・・・解説と解答・・・・・

③ **Point** キルケゴールとヤスパースは有神論的実存主義者。

●選択肢のチェック

(1) 実存になる段階を美的段階・倫理的段階・宗教的段階の３つに分けた。また，単独者として生きることを主張した。

(3) ヤスパースは無神論的実存主義者ではなく，有神論的実存主義者である。

(4) サルトルに関する記述(主著も含む)である。

(5) ハイデッガーに関する記述(主著も含む)である。

答 (2)

④ **Point** ロックは経験論，スピノザは合理論。

●選択肢のチェック

A：ロックに関する記述である。また，ロックは，人間の心をタブラ・ラサ(白紙)とみなした。
スピノザは，デカルトの哲学をさらに徹底させ，世界を理性的にとらえようとした。

B：デューイに関する記述である。デューイは，知性が真理かどうかを決めるのは，問題を解決するための道具として有効かどうかにかかっていると考えた。
ジェームズは，プラグマティズムの創始者で，思考や知性の価値はその現実的有効性にあると考えた。

C：吉野作造(よしのさくぞう)に関する記述である。吉野作造は，明治憲法の中でいかにデモクラシーを実現していくかに心血を注いだ。
西田幾多郎(にしだきたろう)は，西洋思想を批判的に摂取し，東洋思想と西洋思想の根源的統一を目ざす，西田哲学を確立した。
和辻哲郎(わつじてつろう)は，ヨーロッパの個人主義的倫理と東洋的な共同体の倫理を統合することにより，独創的な倫理学を確立した。

答 (1)

人文科学

日本史

出題傾向

江戸時代からの出題頻度が最も高いものであったが，最近，鎌倉時代～明治時代はほぼ均等に出題される傾向にある。特に，明治時代，両世界大戦，現代からの出題が増える傾向にある。出題内容は基本的知識を問うものが大部分である。

Check!!　重要事項

1. 飛鳥～奈良時代

大化の改新……645年。［1］と中臣鎌足は，権勢を振るっていた［2］氏を滅ぼし，皇室を中心とする中央集権国家を確立した。

壬申の乱（じんしん）……672年。大友皇子と［3］との戦いで，［3］が勝利し，翌年即位し［4］天皇となった。

墾田永年私財法（こんでんえいねんしざいのほう）……743年。開墾した土地の永代私有を認めたもので，この結果，［5］制が崩壊した。

1　中大兄皇子（なかのおおえのおうじ）（天智天皇（てんじ））
2　蘇我（そが）
3　大海人皇子（おおあまのおうじ）
4　天武（てんむ）
5　公地公民

2. 平安時代

遣唐使の廃止……894年。遣唐使が［1］の建議により廃止され，以後［2］文化が発達した。

承平・天慶の乱（しょうへい・てんぎょう）……935～941年。武士団による最初の反乱。東国で［3］が，瀬戸内海で［4］がほぼ同じ時期に反乱を起こした。

摂関政治（せっかん）……10世紀後半～11世紀後半，藤原［5］の嫡流が［6］・関白として政治を行った時代のことで，藤原［7］・藤原頼通のとき最盛期を迎えた。

平治の乱（へいじ）……1159年。保元の乱で戦功のあった［8］と源義朝が戦い，［8］が勝利した。

1　菅原道真（すがわらのみちざね）
2　国風
3　平 将門（たいらのまさかど）
4　藤原純友（ふじわらのすみとも）
5　北家
6　摂政
7　道長（みちなが）
8　平清盛（きよもり）

3. 鎌倉時代

承久の乱（じょうきゅう）……1221年。院政を行っていた［1］上皇は勢力回復をはかり，北条［2］追討を命じたが，上皇方は敗れ，［3］政治が確立した。

1　後鳥羽（ごとば）
2　義時（よしとき）
3　執権（しっけん）

文永の役……1274年。第1回目の[4]。執権北条[5]は，御家人を統率して防戦した。

永仁の徳政令……幕府が[6]の救済のために出した法令のこと。

4 元寇
5 時宗
6 御家人

4. 室町時代

南北朝の合一……1392年。3代将軍足利[1]のとき，北朝と南朝が合一した。

応仁・文明の乱……将軍家の継嗣争いなどにより乱が起き，やがて天下の大乱となり，[2]時代へと突入した。

桶狭間の戦い……1560年。織田信長が[3]を破る。

1 義満
2 戦国
3 今川義元

5. 江戸時代

関ヶ原の戦い……1600年。[1]の死後，[2]を中心とする西軍と徳川家康を中心とする東軍が戦い，東軍が勝利し，家康が覇権を確立した。

享保の改革……8代将軍[3]が実施した幕政改革。

寛政の改革……老中[4]が実施した幕政改革。

天保の改革……老中[5]が実施した幕政改革。

日米和親条約……1854年。[6]来航により，幕府がアメリカと結んだ条約。

1 豊臣秀吉
2 石田三成
3 徳川吉宗
4 松平定信
5 水野忠邦
6 ペリー

6. 明治時代以降

明治14年の政変……1881年。[1]一派が罷免された政変のこと。この結果，薩長[2]政権が確立した。

日清戦争……1894年。日本と清との戦争で，日本が勝利し，[3]条約が結ばれた。

日露戦争……1904年。日本とロシアとの戦争で，日本が勝利し，[4]条約が結ばれた。

五・一五事件……1932年。[5]青年将校が起こしたクーデターで，この結果，[6]内閣は終焉した。

二・二六事件……1936年。[7]青年将校が起こしたクーデターで，この結果，軍部[8]体制が確立した。

1 大隈重信
2 藩閥
3 下関
4 ポーツマス
5 海軍
6 政党
7 陸軍
8 ファシズム

予想問題

□ 1 A～Fの歴史的事件を年代の古い順に並べたとき，正しいものは次のうちどれか。

A　由井正雪の乱
B　島原の乱
C　長篠の戦い
D　大塩の乱
E　本能寺の変
F　大坂夏の陣

(1) C－E－B－F－A－D
(2) E－C－D－B－F－A
(3) C－E－B－D－F－A
(4) C－E－F－B－A－D
(5) E－C－B－F－D－A

□ 2 次のA～Hは平安時代から室町時代にかけての出来事であるが，鎌倉時代だけのものを挙げているのはどれか。

A　御家人の救済のために永仁の徳政令が出された。
B　菅原道真の建議により，遣唐使が廃止された。
C　明との間で勘合貿易が開始された。
D　応仁・文明の乱が発生し，京都は焦土と化した。
E　御成敗式目が制定された。
F　陸奥で，前九年の役が起きた。
G　正中の変が発生し，日野資朝は佐渡に流罪となった。
H　後鳥羽上皇が承久の乱を起こした。

(1) A・B・D・F
(2) A・C・E・G
(3) A・E・G・H
(4) B・C・F・H
(5) C・D・E・G

・・・・・解説と解答・・・・・

1 **Point** 信長は長篠の戦いで武田氏を破り，本能寺で自害した。

●選択肢のチェック

A：1651 年。軍学者由井（比）正雪の計画した幕府倒壊計画が未然にもれて，3日間で鎮圧された事件。これを機に，文治政治に転換した。

B：1637 年。幕府のキリスト教徒迫害が強化されたため，天草・島原地方の農民・信徒らは天草四郎を盟主として反乱を起こした。

C：1575 年。織田信長と徳川家康の連合軍が武田勝頼を破った戦い。

D：1837 年。大塩平八郎が「救民」の旗を掲げ，子弟とともに反乱を起こした。

E：1582 年。明智光秀が京都の本能寺を襲い，織田信長を倒した。

F：1615 年。徳川家康が豊臣秀頼を攻め，秀頼は自害した。この結果，徳川政権が確立した。

答（4）

2 **Point** 承久の乱は鎌倉時代初期，正中の変は鎌倉時代末期に発生。

●選択肢のチェック

A：1297 年。鎌倉時代。永仁の徳政令は，鎌倉幕府が御家人の窮乏を救済するために出した法令である。なお，徳政は債権・債務の破棄をさし，それを命ずる法令を徳政令という。

B：894 年。平安時代。後に，菅原道真は失脚する。

C：1404 年。室町時代。3代将軍足利義満は貿易の利益に目をつけ，倭寇と区別するため勘合符を用いた。

D：1467 ～ 77 年。室町時代。全国の武士は，細川勝元の東軍と山名持豊（宗全）の西軍に分かれて戦った。

E：1232 年。鎌倉時代。御成敗式目は最初の武家法典である。

F：1051 年。平安時代。前九年の役は，陸奥の豪族安倍頼時・貞任の父子が起こした反乱である。

G：1324 年。鎌倉時代。後醍醐天皇の1回目の鎌倉幕府打倒計画。

H：1221 年。鎌倉時代。上皇方は敗れ，執権政治が確立した。

答（3）

予想問題

□ 3 **江戸時代に関する次の記述のうち，正しいものはどれか。**

(1) 豊臣秀吉は海外進出に消極的であったが，徳川家康は海外渡航を許可する朱印状を与え，貿易の拡大に努めた。

(2) 徳川綱吉は，明暦の大火や寛永寺などの寺院の建立により幕府の財政が赤字に転落したため，側用人の柳沢吉保の意見を受け入れ，貨幣の改鋳を行った。

(3) 徳川吉宗は，上げ米の制，足高の制，株仲間の解散などの改革を実施したが，一時的な効果をあげたにすぎなかった。

(4) 老中田沼意次は，財政を立て直すため株仲間の大幅認可，専売制の実施などの重商主義的政策を次々と打ち出したが，この結果，農村は荒廃した。

(5) 老中水野忠邦は，綱紀粛正，株仲間の解散などを実施したが，旗本・御家人救済のために出した棄捐令が札差の猛反対にあい，改革はほとんど効果をあげることなく終わった。

□ 4 **A～Dの記述について，正誤の組合せとして正しいものはどれか。**

A 陸奥宗光は，日英通商航海条約を締結し，関税自主権の回復に成功した。

B ロシア，フランス，ドイツの三国干渉により，わが国は下関条約によって取得した遼東半島の領有権を清国に返還した。

C 1922年，ワシントン海軍軍縮条約により，英・米・日・仏・伊の5国間で補助艦保有率を規定した。

D 1951年9月，サンフランシスコで対日講和会議が開かれ，わが国は連合国48か国と講和条約を結んだ。また同日，わが国は講和条約に続いて，日米安全保障条約を締結した。

	A	B	C	D
(1)	×	○	×	○
(2)	○	○	×	×
(3)	○	○	×	○
(4)	×	×	○	×
(5)	×	×	×	○

・・・・・解説と解答・・・・・

③ **Point** 田沼意次は商業資本を利用して，財政立て直しを図った。

●選択肢のチェック

(1) 秀吉はキリスト教を禁止したが，東アジア諸国との貿易は積極的に奨励した。

(2) 明暦の大火が起きたのは４代将軍家綱の治世である。また，貨幣の改鋳を進言したのは勘定吟味役の荻原重秀である。

(3) 吉宗は物価を安定させるため，商工業者の組合（株仲間）を公認し，これらを幕府の統制下におこうとした。

(4) 田沼意次は，株仲間を公認することで，株仲間から運上金・冥加金を徴収した。

(5) 棄捐令を出したのは，寛政の改革を実施した松平定信である。水野忠邦の失脚の原因となったのは上知令で，これが譜代大名・旗本の猛反対にあい，すぐに撤回した。

答 (4)

④ **Point** **治外法権の撤廃は陸奥宗光，関税自主権の回復は小村寿太郎。**

●選択肢のチェック

A：日英通商航海条約の締結（1894）により，治外法権が撤廃された。関税自主権の回復に成功したのは，小村寿太郎である。

B：正しい。三国干渉に対しイギリスが中立を宣言したため，独力で三国に対抗する力のなかった日本は遼東半島を手放した。

C：ワシントン海軍軍縮条約（1922）により規定されたのは，主力艦保有率である。補助艦保有率は，ロンドン海軍軍縮会議（1930）において英・米・日の３国の間で決定した。

D：正しい。対日講和会議には，日本を含めて 52 か国が出席したが，調印式にはソ連・ポーランド・チェコスロバキアの３か国の代表が欠席し，調印を拒否した。なお，講和条約を締結したことで，わが国は主権を回復した。全権は吉田茂首相。

答 (1)

人文科学

世界史

出題傾向　イギリス，フランス，中国に関連することが最も多く出題される。時代区分では最近，第１次世界大戦の前後，第２次世界大戦の前後からの出題が増える傾向にある。出題範囲が広いことから，日本史以上に“広く，浅く”を心がけて準備することがポイント。

Check!!　重要事項

1. イギリス史

ばら戦争……1455～85年。ランカスター家とヨーク家の王位争い。ランカスター家が［ 1 ］，ヨーク家が［ 2 ］の紋章をつけたことからこの名がある。

名誉革命……1688年。ホイッグ党とトーリー党が共同して王の［ 3 ］を決め，ジェームズ２世の娘メアリ２世とその夫でオランダの［ 4 ］をイギリスに迎えた。

南アフリカ戦争（ブーア戦争）……1899年。イギリスはブーア人が建てた［ 5 ］自由国・トランスヴァール共和国を併合した。

マクドナルド……1924年，最初の［ 6 ］内閣を組織した。1931年，［ 7 ］内閣を組織した。

オタワ会議……1932年。世界恐慌に対処するため，イギリスは自治領・インドと［ 8 ］協定を結び，［ 9 ］経済を形成した。

1　赤ばら
2　白ばら
3　廃位
4　ウィリアム３世
5　オレンジ
6　労働党
7　挙国一致
8　オタワ
9　ブロック

2. フランス史

ヴェルダン条約……843年。フランク王国を東フランク，西フランク，中部フランクと［ 1 ］に３分割。また，メルセン条約（870）で，中部フランクを東・西フランクに分割。２つの条約でフランス，［ 2 ］，［ 1 ］のもとができた。

ユグノー戦争……1562～98年。フランスの［ 3 ］戦争。国王が暗殺され，ヴァロワ朝は断絶。ブル

1　イタリア
2　ドイツ
3　宗教

4 ナント
5 ルイ
6 恐怖
7 テルミドール9日
8 ウィーン
9 正統
10 七月

ボン朝のアンリ4世が[4]の王令を発して終結した。

スペイン継承戦争……1701～13年。スペイン王家の断絶に，フランスの[5]14世は孫のフェリペ5世の継承権を主張し，イギリス・オーストリアなどと争った。

ロベスピエール……フランス革命時の革命家。公安委員会を設けて[6]政治を断行。しかし，1794年の[7]のクーデターで逮捕され，処刑された。

タレーラン……ルイ18世の外相として，1815年に開かれた[8]会議で[9]主義を主張し，敗戦国フランスの利益を守った。

二月革命……1848年2月。[10]王政の腐敗政治に対し革命が起こり，第二共和政が成立した。

1 皇帝
2 焚書坑儒(ふんしょこうじゅ)
3 項羽(こうう)
4 開元
5 楊貴妃(ようきひ)
6 富国強兵
7 四書
8 イギリス
9 フランス
10 洪秀全(こうしゅうぜん)
11 中華民国
12 孫文(そんぶん)

3. 中国史

秦(しん)の始皇帝(しこうてい)……中国の最初の[1]。[2]（言論・思想統制）を断行した。

劉邦(りゅうほう)……漢の初代皇帝。[3]を垓下(がいか)の戦い（前202）で破り，天下を統一した。

玄宗(げんそう)……唐第6代の皇帝。その治世は[4]の治といわれ，唐文化の最盛期を現出した。しかし晩年，[5]に溺れ，政治は乱れた。

王安石(おうあんせき)……北宋の政治家。[6]のための改革（新法）を実施した。

永楽帝(えいらくてい)……明の第3代皇帝。伝統文化の集大成ともいうべき『永楽大典』『[7]大全』を編纂させた。

アヘン戦争……1840年。清に対して[8]が行った侵略戦争。

アロー戦争……1856～1860年。アロー号事件を口実に，イギリス・[9]が行った清への侵略戦争。

太平天国(たいへいてんごく)の乱……1851～1864年。清末に起こった，[10]を首領とする反乱。

辛亥(しんがい)革命……1911年。武昌駐屯軍の蜂起を機に，24省のうち14省が独立を宣言したこと。翌年，[11]が成立し，[12]が臨時総統となった。

予想問題

□ 1 **A ～ Fの歴史的事件を年代の古い順に並べたとき，正しいものは次のうちどれか。**

A　フランス革命　　B　七月革命
C　ピューリタン革命　　D　普仏戦争
E　アメリカ独立戦争　　F　百年戦争

(1) C－F－B－A－D－E
(2) C－F－A－E－B－D
(3) F－C－E－D－A－B
(4) F－C－D－A－E－B
(5) F－C－E－A－B－D

□ 2 **A ～ Eの記述について，正誤の組合せが正しいものはどれか。**

A　十字軍遠征により諸侯や騎士が経済的に没落したのに対し，国王は領地を拡大するなどして権力を強めた。

B　ビザンツ帝国は，セルジューク朝の攻撃を受けて，1453年に滅亡した。

C　フランスはアフリカ横断政策をとったことから，アフリカ縦断政策をとるイギリスとモロッコで衝突した。

D　アメリカは1898年，スペイン領キューバ独立の援助を口実にスペインと開戦，勝利を収めた。この結果，アメリカはスペインからフィリピンなどを得た。

E　17世紀にスペインから独立したオランダは貿易・商業の中心として栄えたが，17世紀後半，フランスとの戦いに敗れて衰退に向かった。

	A	B	C	D	E
(1)	○	×	×	○	×
(2)	○	○	×	×	○
(3)	○	○	×	×	×
(4)	×	×	○	○	○
(5)	×	○	○	×	○

・・・・・解説と解答・・・・・

1 **Point** フランス革命は，アメリカ独立戦争の後に起こった。

●選択肢のチェック

A：1789～99年。フランス革命は，バスティーユ牢獄襲撃から始まり，ナポレオンの登場で終結した。

B：1830年。シャルル10世の反動政治に対し，フランスに再び革命が起こり，七月王政が成立した。

C：1642～49年。ステュアート朝の絶対王政に対するイギリスの市民革命。クロムウェルが活躍し，共和政を宣言した。

D：1870年。ナポレオン3世がプロイセンに宣戦したが大敗し，翌1871年，ドイツ帝国が成立した。

E：1775～83年。イギリス本国の重商主義政策に反発して開戦し，独立を勝ちとった。

F：1339～1453年。フランドル地方の支配をめぐるイギリスとフランスの戦い。ジャンヌ＝ダルクが活躍した。

答 (5)

2 **Point** 縦断政策と横断政策が衝突したのはスーダンのファショダ。

●選択肢のチェック

A：正しい。十字軍の結果，イタリア諸都市の東方貿易が促進されるとともに，ヨーロッパ内部の商業活動も盛んになった。

B：セルジューク朝でなく，オスマン帝国である。

C：両国が衝突したのはファショダである。その後，英仏協商でモロッコにおけるフランスの優越などが確認されたが，ドイツのヴィルヘルム2世はこれに抗議し，モロッコ事件を起こした。

D：正しい。米西戦争に関する記述である。

E：フランスではなく，イギリスである。英蘭戦争でオランダは敗北し，制海権を失った。

答 (1)

予想問題

□ 3 **A～Dの記述にあてはまる中国の王朝の組合せとして正しいものは，次のうちどれか。**

A　モンゴルの元朝を倒して朱元璋が復興した漢民族の王朝で魚鱗図冊や賦役黄冊を作成して，国家財政の基礎を固めた。

B　南北に分裂した中国を再統一した王朝。煬帝が大運河の建設や積極的に外征を行ったため，中国統一からわずか30年足らずで滅亡した。

C　満州族が建てた中国の征服王朝。康熙帝はロシアとの間にネルチンスク条約，雍正帝はロシアとの間にキャフタ条約を締結した。

D　２代目皇帝太宗のときに中国統一を完成した。律令体制の根幹である均田制・租庸調制・府兵制は三位一体の関係にあり，繁栄の基礎となった。

	A	B	C	D
(1)	宋	明	唐	隋
(2)	明	隋	清	唐
(3)	唐	清	明	宋
(4)	明	宋	清	隋
(5)	宋	隋	清	唐

□ 4 **歴史上の重要人物に関する次の記述のうち，正しいものはどれか。**

(1)　オクタヴィアヌス ── カエサルの養子。エジプトのクレオパトラと結んだクラッススをアクティウムの戦いで打倒した。

(2)　カール大帝 ── 教皇レオ３世より授冠されて西ローマ皇帝位につき，ローマ教会を東ローマ帝国の支配から解放した。

(3)　ニコライ２世 ── クリミア戦争の敗北からロシアの後進性を痛感し，農奴解放令を発布した。

(4)　ナポレオン１世 ── 皇帝となり全ヨーロッパを制圧したが，モスクワ遠征に失敗し，エルバ島で死去した。

(5)　チンギス=ハン ── 元朝の初代皇帝。1279年，南宋を滅ぼして，中国全土を完全支配した。

・・・・・解説と解答・・・・・

3 **Point** 隋(ずい)は短命，清(しん)は満州族が建てた王朝。

●選択肢のチェック

A：明に関する記述である。魚鱗図冊(ぎょりんずさつ)は土地台帳，賦役黄冊(ふえきこうさつ)は戸籍・租税台帳である。また，軍戸と民戸を区別し，軍戸により軍隊を編成して皇帝が統率した。

B：隋に関する記述である。大運河は，華北の政治と経済の江南を結ぶものである。

C：清に関する記述。康熙帝(こうきてい)・雍正帝(ようせいてい)・乾隆帝(けんりゅうてい)のもとに全盛期を迎えたが，アヘン戦争を機にヨーロッパ列強に進出され，半植民地の道をたどった。

D：唐に関する記述。安史(あんし)の乱(755 ～ 63)の発生により律令体制が崩れ，衰退の一途をたどることになる。

答 (2)

4 **Point** 元朝の初代皇帝は，チンギス=ハンではなくフビライ=ハン。

●選択肢のチェック

(1) エジプトのクレオパトラと結んだのはアントニウスである。なお，クラッススはカエサル，ポンペイウスとともに第1回三頭政治を形成した。

(2) カール大帝の死後，フランク王国はヴェルダン条約(843)で3分され，メルセン条約(870)で再分割された。

(3) アレクサンドル2世に関する記述である。ニコライ2世は，帝政ロシア最後の皇帝である。三月革命(1917)の結果，ニコライ2世は退位し，ケレンスキー内閣が成立した。

(4) ナポレオン1世はエルバ島を脱出したが，ワーテルローの戦い(1815)で敗れ，セントヘレナ島に流され，死去した。

(5) フビライ=ハンに関する記述。チンギス=ハンはモンゴル系・トルコ系の諸部族を統一し，モンゴル帝国を形成したが，中国には侵入していない。

答 (2)

人文科学

地　理

出題傾向

各国の特徴（すべての地域が対象），主要国の主な輸出品，鉱産資源の主要産出国，主な農産物の主要生産国に関する問題が多い。また，気候区分，ハイサーグラフの読み方，世界の大河，世界の山脈，世界の海峡，平野・海岸の地形，地図の投影法などからも出題される。

Check!!　重要事項

1. 気候区分

熱帯雨林気候(Af)…一年中高温多雨。午後には［ 1 ］がある。

サバナ気候(Aw)…高温で，雨季と［ 2 ］がある。

ステップ気候(BS)…肥沃な［ 3 ］の分布が多い。

地中海性気候(Cs)…夏は雨が少なく乾燥し，冬は比較的［ 4 ］で多雨。オレンジ，レモンなどの栽培が多い。

温暖湿潤気候(Cfa)…四季の変化が明瞭で，比較的［ 5 ］の年較差が大きい。

西岸海洋性気候(Cfb)…［ 6 ］と暖流の影響で，冬は高緯度のわりに温和である。

1　スコール
2　乾季
3　チェルノーゼム
4　温暖
5　気温
6　偏西風

2. 世界の大河

アマゾン川…世界第２の長流で，［ 1 ］面積は世界最大である。

ミシシッピ川…アメリカ合衆国の中央部を南北に貫流し，［ 2 ］湾に注いでいる。

長江…チベット高原を水源とする中国第１の長流で，華中を東流して，［ 3 ］に注いでいる。

ナイル川…世界最長の河川で，エジプトを貫流して，［ 4 ］に注いでいる。

ドナウ川…ドイツ南部に源を発し，オーストリア，ハンガリーなどを貫流して，［ 5 ］に注いでいる。

ライン川…スイスに源を発し，ドイツ，オランダを流れて，［ 6 ］に注いでいる。

1　流域
2　メキシコ
3　東シナ海
4　地中海
5　黒海
6　北海

1 中国
2 インドネシア
3 ロシア
4 オーストラリア
5 ペルー
6 ブラジル
7 チリ

1 工業国
2 農業国
3 経済
4 ポルダー
5 酪農
6 平原
7 ヒンズー
8 天然ゴム
9 キリスト
10 イスラム
11 羊
12 じゅうたん
13 ユーフラテス
14 ギニア
15 商船
(注) 世界第1位はパナマ，第3位はマーシャル諸島。
16 高原

3. 鉱産資源の主要産出国

	1 位	2 位	3 位
石炭	(1)	インド	(2)
原油	アメリカ	サウジアラビア	(3)
天然ガス	アメリカ	(3)	イラン
金鉱	(1)	(3)	(4)
銀鉱	メキシコ	(1)	(5)
ダイヤモンド	(3)	ボツワナ	カナダ
鉄鉱石	(4)	(6)	(1)
ボーキサイト	(4)	(1)	ギニア
銅鉱	(7)	(5)	(1)
すず鉱	(1)	(2)	ミャンマー

(注)石炭と原油は2022年,金鉱は2021年,銅鉱は2019年,他は2020年。

4. 世界の諸地域

ドイツ…西ヨーロッパ最大の[1]。

フランス…西ヨーロッパ最大の[2]。

イタリア…北部と南部との間の[3]格差が著しい。

オランダ…国土の1/4が[4]と呼ばれる干拓地。

デンマーク…世界有数の[5]国。

ポーランド…大部分が[6]の国。

インド…人口は世界第2位（2022年）で，[7]教徒が多い。

タイ…[8]の生産量(2021年)は世界第1位である。

フィリピン…[9]教徒が大半を占める。

インドネシア…住民の90％が[10]教徒。

オーストラリア…[11]の背に乗った国。

イラン…ペルシア[12]が有名。

イラク…アラビア半島の基部に位置し，ティグリス川と[13]川の流域を占める。

ナイジェリア…[14]湾東部沿岸の国で，アフリカ最大の人口を有する。

リベリア…[15]船腹量は世界第2位（2023年の年初時点）。

エチオピア…[16]の国で，アフリカ最古の独立国。

一般知識／人文科学／地理

予想問題

□ 1 **世界の海峡に関する次の記述のうち，正しいものはどれか。**

(1) ボスポラス海峡 — マルマラ海とエーゲ海を結んでおり，西岸にイスタンブールがある。

(2) ジブラルタル海峡 — スペイン南端とアフリカのアルジェリアとの間の海峡で，地中海の西の門戸である。

(3) マラッカ海峡 — マレー半島とインドネシアのジャワ島との間の海峡で，インド洋と南シナ海を結んでいる。

(4) ベーリング海峡 — アジア大陸と北アメリカ大陸との間の海峡で，ロシアとアメリカ合衆国の国境をなしている。

(5) ホルムズ海峡 — 南アメリカ大陸南端とフエゴ島との間の海峡で，パナマ運河開通以前は太平洋と大西洋の連絡の要路であった。

□ 2 **下表は，主要農産物の主要生産国を示したものである（2021 年）。A～E に該当する国名の組合せとして正しいものはどれか。**

農産物	1　位	2　位	3　位	4　位
とうもろこし	（ A ）	（ B ）	（ C ）	アルゼンチン
大　豆	（ C ）	（ A ）	アルゼンチン	（ B ）
小　麦	（ B ）	（ D ）	（ E ）	（ A ）
大　麦	（ E ）	オーストラリア	フランス	ドイツ
米	（ B ）	（ D ）	バングラデシュ	インドネシア

	A	B	C	D	E
(1)	中国	アメリカ	インド	ロシア	ブラジル
(2)	中国	アメリカ	ブラジル	ロシア	インド
(3)	アメリカ	中国	インド	ブラジル	ロシア
(4)	アメリカ	中国	ブラジル	インド	ロシア
(5)	中国	アメリカ	ロシア	ブラジル	インド

・・・・・解説と解答・・・・・

1 **Point** ボスポラス海峡とダーダネルス海峡の間にマルマラ海がある。

●選択肢のチェック

(1) ボスポラス海峡は黒海とマルマラ海を結ぶもので，西岸にイスタンブールがある。なお，マルマラ海とエーゲ海を結んでいるのはダーダネルス海峡である。

(2) ジブラルタル海峡は，スペイン南端とアフリカのモロッコ北端との間の海峡である。

(3) マラッカ海峡は，マレー半島とインドネシアのスマトラ島との間の海峡である。

(4) ベーリング海峡は，ベーリング海と北極海を結んでいる。

(5) マゼラン海峡に関する記述である。ホルムズ海峡はペルシア湾とオマーン湾を結ぶ海峡で，石油輸送上，重要な位置にある。

答 (4)

2 **Point** アメリカはとうもろこしの生産量が世界第1位。

●選択肢のチェック

A：アメリカ，B：中国，C：ブラジル，D：インド，E：ロシア

答 (4)

なお，農産物の主要輸出国(2021 年)は次の通りである。

とうもろこし	
1	アメリカ
2	アルゼンチン
3	ウクライナ

大豆	
1	ブラジル
2	アメリカ
3	パラグアイ

小麦	
1	ロシア
2	オーストラリア
3	アメリカ

大麦	
1	オーストラリア
2	フランス
3	ウクライナ

米	
1	インド
2	タイ
3	ベトナム

予想問題

□ [3] 下表は，A～D国の主要輸出品目の第1位から第5位（2021年）までを挙げたものである。A～Dの組合せとして正しいものはどれか。

	A	B	C	D
1位	機械類	鉄鉱石	原油	原油
2位	自動車	大豆	液化天然ガス	石炭
3位	医薬品	原油	船舶	コーヒー豆
4位	衣類	肉類	化学肥料	金(非貨幣用)
5位	鉄鋼	機械類	石油ガス	石油製品

	A	B	C	D
(1)	ドイツ	ブラジル	エチオピア	コロンビア
(2)	ドイツ	アルゼンチン	ナイジェリア	ウルグアイ
(3)	フランス	ブラジル	南アフリカ共和国	ウルグアイ
(4)	イタリア	ブラジル	ナイジェリア	コロンビア
(5)	イタリア	アルゼンチン	エチオピア	ウルグアイ

□ [4] A～Cに該当する国名の組合せとして正しいものはどれか。

A　小アジア半島とバルカン半島の一部から成る。国内にクルド問題やキプロス問題をかかえている。

B　中南アフリカの内陸国で，8か国と国境を接する。銅の生産に依存するモノカルチャー経済からの脱皮が課題である

C　バルカン半島の北東部に位置し，黒海に面している。世界最大のバラ油の生産地として有名で，EU加盟国である。

	A	B	C
(1)	レバノン	コンゴ民主共和国	ブルガリア
(2)	レバノン	ザンビア	アルバニア
(3)	トルコ	コンゴ民主共和国	アルバニア
(4)	トルコ	ザンビア	ブルガリア
(5)	ギリシャ	コンゴ民主共和国	ブルガリア

・・・・・解説と解答・・・・・

③ **Point** アフリカの主要な原油生産国はナイジェリア，アルジェリア。

●選択肢のチェック

このタイプの問題を解くカギは，各国の主要輸出品，中でもその国固有の輸出品を覚えておくこと。

A：ここでの注目は「衣類」。日本でもイタリア製の洋服は人気である。ドイツの特徴は「精密機器」，フランスは「航空機」。

B：アルゼンチンの主要輸出品目は「とうもろこし」「植物性油かす」「大豆油」。よって，Bに該当するのはブラジルとなる。ブラジルの鉄鉱石生産高はオーストラリアに次いで世界第2位。

C：ナイジェリアの原油生産高は2021年まで，アフリカ第1位。2022年はアルジェリアが僅差でアフリカ第1位。エチオピアの主要輸出品は「コーヒー豆」，南アフリカ共和国は「白金族」。

D：ここでの注目は「コーヒー豆」。コーヒー豆の生産高（2021年）は，ブラジル，ベトナム，インドネシア，コロンビア，エチオピアの順に多い。よって，Dに該当するのはコロンビア。ウルグアイの主要輸出品は「肉類」「大豆」「木材」である。

答（4）

④ **Point** トルコ最大の都市イスタンブールはバルカン半島にある。

●選択肢のチェック

A：レバノンは地中海東岸に位置する国である。ギリシャはバルカン半島南東端の国である。また，トルコといえば，“クルド問題とキプロス問題をかかえている”と覚えておこう。

B：ザンビアの隣国であるコンゴ民主共和国は銅鉱のほか，ダイヤモンド，コバルトの世界有数の生産国である。

C：アルバニアはバルカン半島の南西部に位置し，アドリア海に面している。アルバニアの喫緊の課題はEU加盟である。

答（4）

教養試験　一般知識

人文科学

国　語

出題傾向

国語を出題する自治体は少ないので，その点をチェックしておくとよい。読み，書き取り，同音・同訓，反対語，四字熟語，慣用句・ことわざから満遍なく出題される。読み，書き取り，同音・同訓，反対語，四字熟語については漢字検定２級～３級程度のものが出題される。

Check!!　重要事項

1. 試験によく出る漢字（読み）

次の漢字の読みをひらがなで書きなさい。

（1）更迭（　　）　（2）漸次（　　）
（3）折衷（　　）　（4）会釈（　　）
（5）懸念（　　）　（6）訴訟（　　）
（7）紛糾（　　）　（8）頻発（　　）
（9）煩悩（　　）　（10）蛇行（　　）
（11）贈賄（　　）　（12）謁見（　　）
（13）稚拙（　　）　（14）嫌悪（　　）
（15）虚偽（　　）　（16）従容（　　）

2. 試験によく出る漢字（書き取り）

次の＿＿線部のカタカナを漢字に直しなさい。

（１）あの職人の仕事はテイネイだ。
（２）農薬をサンプする。
（３）輸入された動物のケンエキを行う。
（４）相手のコンタンを見抜く。
（５）一軍登録をマッショウする。
（６）仕事にセイコンを傾ける。
（７）身体をコクシする。
（８）ケンアン事項の処理が先決だ。

1　こうてつ
2　ぜんじ
3　せっちゅう
4　えしゃく
5　けねん
6　そしょう
7　ふんきゅう
8　ひんぱつ
9　ぼんのう
10　だこう
11　ぞうわい
12　えっけん
13　ちせつ
14　けんお
15　きょぎ
16　しょうよう

1　丁寧
2　散布
3　検疫
4　魂胆
5　抹消
6　精魂
7　酷使
8　懸案

注　新教養試験の「Standard Ⅱ」と「Logical Ⅱ」においては，国語に関する問題は出題されません。

3. 試験によく出る反対語

次のカタカナを漢字に直しなさい。

(1) カクトク（　　）⟷ ソウシツ（　　）
(2) シャクホウ（　　）⟷ コウチ（　　）
(3) バクロ（　　）⟷ ヒトク（　　）
(4) エンエキ（　　）⟷ キノウ（　　）
(5) エイテン（　　）⟷ サセン（　　）

1 獲得，喪失
2 釈放，拘置
3 暴露，秘匿
4 演繹，帰納
5 栄転，左遷

4. 試験によく出る四字熟語

□にあてはまる漢字を書きなさい。

（1）付和□同（ふわらいどう）　（2）金□玉条（きんかぎょくじょう）　（3）明鏡□水（めいきょうしすい）
（4）暗中□索（あんちゅうもさく）　（5）曲学□世（きょくがくあせい）　（6）五里□中（ごりむちゅう）
（7）厚顔□恥（こうがんむち）　（8）森羅万□（しんらばんしょう）　（9）□故知新（おんこちしん）
(10) □余曲折（うよきょくせつ）　(11) 馬□東風（ばじとうふう）　(12) 異□同音（いくどうおん）
(13) 無我□中（むがむちゅう）　(14) 温厚□実（おんこうとくじつ）　(15) 山紫□明（さんしすいめい）
(16) 南□北馬（なんせんほくば）　(17) 画竜点□（がりょうてんせい）　(18) □田引水（がでんいんすい）
(19) 疑心暗□（ぎしんあんき）　(20) 意味□長（いみしんちょう）　(21) 悪事□里（あくじせんり）

1 雷　2 科　3 止
4 模　5 阿　6 霧
7 無　8 象　9 温
10 紆　11 耳　12 口
13 夢　14 篤　15 水
16 船　17 睛　18 我
19 鬼　20 深　21 千

5. 試験によく出る慣用句・ことわざ

□□□にあてはまる動物を漢字で書きなさい。

（1）角を矯（た）めて□□□を殺す
（2）木に縁（よ）りて□□□を求む
（3）□□□が鷹を生む
（4）□□□も鳴かずば射たれまい
（5）□□□頭をかかげ□□□肉を売る
（6）□□□口となるも□□□後となるなかれ
（7）人間万事塞翁（さいおう）が□□□
（8）□□□を逐（お）う者は山を見ず
（9）□□□百まで踊り忘れず
(10) □□□は子を谷に落とす
(11) □□□の川流れ
(12) 大山鳴動して□□□一匹

1 牛
2 魚
3 鳶（とび）
4 雉子（きじ）
5 羊，狗（く）
6 鶏，牛
7 馬
8 鹿
9 雀
10 獅子（しし）
11 河童（かっぱ）
12 鼠（ねずみ）

予想問題

□ 1 **漢字の読みがすべて正しい組合せは，次のうちどれか。**

(1) 口調（くちょう）　仮病（けびょう）
　出納（すいとう）　所望（しょぼう）

(2) 法度（ほうど）　建立（こんりゅう）
　流転（るてん）　風情（ふぜい）

(3) 音頭（おんど）　知己（ちこ）
　極意（ごくい）　格子（こうし）

(4) 所作（しょさ）　黒白（こくびゃく）
　境内（けいだい）　供養（くよう）

(5) 頭巾（ずきん）　奥義（おうぎ）
　憎悪（ぞうお）　苦行（くこう）

□ 2 **文中の下線部の漢字の使い方が正しいものは，次のうちどれか。**

(1) 万善の策を講じる。
(2) 民主主義が国民に侵透する。
(3) 主人公は架空の人物である。
(4) 清算所で乗り越し料金を支払う。
(5) 平穏無事な余世を過ごす。

□ 3 **次のＡ～Ｅのうち，下線の漢字の使い方が正しいものはどれか。**

A　政府が酪農を勧省する。
B　名月を観賞する。
C　銀行が融資先の人事に管掌する。
D　紛争地域に簡衝地帯を設ける。
E　映画を見て感奨的になる。

(1) A　(2) B　(3) C　(4) D　(5) E

・・・・・解説と解答・・・・・

1 **Point** 「行」の音読みは「コウ」「ギョウ」「アン」がある。

●選択肢のチェック

(1) 所望（×しょぼう）（○しょもう）
(2) 法度（×ほうど）（○はっと）
(3) 知己（×ちこ）（○ちき）
(5) 苦行（×くこう）（○くぎょう）　答 (4)

2 **Point** 「侵」の訓読みは「おかす」,「浸」の訓読みは「ひたす」。

●選択肢のチェック

(1) ×万善　○万全（ばんぜん）
(2) ×侵透　○浸透（しんとう）
(4) ×清算　○精算（せいさん）
(5) ×余世　○余生（よせい）　答 (3)

3 **Point** 「管掌」は「事務の管掌」などとして使われる。

●選択肢のチェック

A：×勧省　○勧奨　　C：×管掌　○干渉
D：×簡衝　○緩衝　　E：×感奨　○感傷

答 (2)

Check!! 》》》》》》 **同音異義語**

異彩を放つ
委細承知しました

忍耐が肝要だ
寛容の精神

高尚な趣味をもつ
時代考証を考える

研究対象を決める
対照的な性格

基本的人権の保障
保証人を頼まれる

窓を開けて換気する
注意を喚起する

景勝の地をたずねる
警鐘を鳴らす

障害を乗り越える
傷害罪で訴える

利潤を追求する
余罪を追及する

前人未到の記録
人跡未踏の地

予想問題

□ 4 次に挙げたのはいずれも反対語の組合せであるが，カタカナにあてた漢字がすべて正しいものはどれか。

(1) カンケツ（簡潔）⟷ジョウチョウ（冗長）
(2) シャクホウ（釈放）⟷コウキン（抗禁）
(3) ケイビ（軽徴）⟷ジンダイ（甚大）
(4) オンケン（温健）⟷カゲキ（過激）
(5) コウミョウ（功妙）⟷セツレツ（拙劣）

□ 5 次の四字熟語の下線部の漢字がすべて正しいものはどれか。

(1)	有為天変	一陽来復	危機一髪
(2)	旧態依然	綱紀粛清	疾風迅雷
(3)	心機一転	針小棒大	当意即妙
(4)	栄枯盛衰	電光石火	責任転化
(5)	大同小異	短刀直入	博覧強記

□ 6 それぞれの意味が同じでない四字熟語の組合せはどれか。

(1) 意気衝天——意気揚揚
(2) 青天白日——清廉潔白
(3) 手前味噌——自画自賛
(4) 優柔不断——即断即決
(5) 堅忍不抜——志操堅固

□ 7 ２つの慣用句・ことわざが同じような意味をもっているものは，次のうちどれか。

(1) 立つ鳥跡を濁さず —— 旅の恥はかきすて
(2) 紺屋の白袴 —— 医者の不養生
(3) 群盲象を撫づ —— 一を聞いて十を知る
(4) 衣食足りて礼節を知る —— 渇しても盗泉の水は飲まず
(5) 三人寄れば文殊の知恵 —— 船頭多くして船山に上る

・・・・・解説と解答・・・・・

4 **Point** 類形異字に注意すること。

●選択肢のチェック

(2) コウキン（×抗禁）（○拘禁）

(3) ケイビ（×軽徴）（○軽微）

(4) オンケン（×温健）（○穏健）

(5) コウミョウ（×功妙）（○巧妙）

答 (1)

5 **Point** 四字熟語の意味を考えながらチェックすること。

●選択肢のチェック

(1) ×有為天変　○有為転変

(2) ×綱紀粛清　○綱紀粛正

(4) ×責任転化　○責任転嫁

(5) ×短刀直入　○単刀直入

答 (3)

6 **Point** 四字熟語の組み立てを考えてみること。

●選択肢のチェック

(4)「優柔不断」…ぐずぐずしていて，物事がなかなか決断できないこと。
「即断即決」…ぐずぐずしないで，その場で決めること。

答 (4)

7 **Point** 語句の意味を１つひとつ考えてみること。

●選択肢のチェック

(2)「紺屋の白袴」…仕事などで忙しく，簡単にできるはずの自分のことをする暇がないこと。
「医者の不養生」…人には立派なことを言いながら，自分自身は実践していないこと。

答 (2)

教養試験　一般知識

文学・芸術

出題傾向

国語と同様，最近，文学・芸術を出題する自治体が少ない。出題傾向は，日本文学からの出題が最も多い。中でも近代文学からの出題が多い。海外文学，西洋の画家・作曲家に関する問題も出題される。出題内容の大部分は基礎知識を問うものである。

Check!!　重要事項

1. 主な古典文学作品

作品名	作（編）者	作品名	作　者
〈和歌集〉		〈近世小説〉	
千載和歌集(せんざい)	藤原俊成(ふじわらのとしなり)	好色一代男(こうしょくいちだいおとこ)	井原西鶴
山家集(さんか)	（　1　）	世間胸算用(せけんむねさんよう)	（　8　）
金槐和歌集(きんかい)	（　2　）	春色梅児誉美(しゅんしょくうめごよみ)	為永春水(ためながしゅんすい)
〈日記・随筆〉		雨月物語(うげつものがたり)	（　9　）
土佐日記(とさ)	（　3　）	南総里見八犬伝(なんそうさとみはっけんでん)	（　10　）
蜻蛉日記(かげろう)	（　4　）	東海道中膝栗毛(とうかいどうちゅうひざくりげ)	（　11　）
枕草子(まくらのそうし)	清少納言(せいしょうなごん)	浮世風呂(うきよぶろ)	（　12　）
方丈記(ほうじょうき)	（　5　）	〈戯曲〉	
徒然草(つれづれぐさ)	（　6　）	国姓爺合戦(こくせんやかっせん)	（　13　）
〈中古物語〉		〈紀行文〉	
源氏物語(げんじものがたり)	（　7　）	奥の細道	松尾芭蕉(ばしょう)

1　西行(さいぎょう)
2　源実朝(みなもとのさねとも)
3　紀貫之(きのつらゆき)
4　藤原道綱母(みちつなのはは)
5　鴨長明(かものちょうめい)
6　吉田兼好(けんこう)
7　紫式部(むらさきしきぶ)
8　井原西鶴(いはらさいかく)
9　上田秋成(うえだあきなり)
10　曲亭馬琴(きょくていばきん)
11　十返舎一九(じっぺんしゃいっく)
12　式亭三馬(しきていさんば)
13　近松門左衛門(ちかまつもんざえもん)

2. 主な近代文学作品

作品名	作　家	作品名	作　家
小説神髄(しんずい)	（　1　）	高野聖(こうやひじり)	泉　鏡花(いずみ きょうか)
浮　雲	二葉亭四迷(ふたばていしめい)	みだれ髪(がみ)	（　4　）
金色夜叉(こんじきやしゃ)	尾崎紅葉(おざきこうよう)	不如帰(ほととぎす)	徳富蘆花(とくとみろか)
五重塔(ごじゅうのとう)	（　2　）	武蔵野(むさしの)	（　5　）
たけくらべ	（　3　）	破　戒(はかい)	島崎藤村(しまざきとうそん)

1　坪内逍遥(つぼうちしょうよう)
2　幸田露伴(こうだろはん)
3　樋口一葉(ひぐちいちよう)
4　与謝野晶子(よさのあきこ)
5　国木田独歩(くにきだどっぽ)

作品名	作　家	作品名	作　家
蒲団（ふとん）	（ 6 ）	暗夜行路（あんやこうろ）	（ 10 ）
新世帯（あらじょたい）	徳田秋声（とくだしゅうせい）	河童（かっぱ）	芥川龍之介（あくたがわりゅうのすけ）
あめりか物語	（ 7 ）	恩讐の彼方に（おんしゅう　かなた）	（ 11 ）
細雪（ささめゆき）	（ 8 ）	機械	（ 12 ）
それから	夏目漱石（なつめそうせき）	伊豆の踊子	（ 13 ）
高瀬舟（たかせぶね）	森　鷗外（もり　おうがい）	山椒魚（さんしょううお）	（ 14 ）
お目出たき人（めで）	（ 9 ）	風立ちぬ	（ 15 ）

6 田山花袋（たやまかたい）
7 永井荷風（ながいかふう）
8 谷崎潤一郎（たにざきじゅんいちろう）
9 武者小路実篤（むしゃのこうじさねあつ）
10 志賀直哉（しがなおや）
11 菊池　寛（きくち　かん）
12 横光利一（よこみつりいち）
13 川端康成（かわばたやすなり）
14 井伏鱒二（いぶせますじ）
15 堀　辰雄（ほり　たつお）

3. 西洋の画家

作品名	画　家	作品名	画　家
泉	（ 1 ）	踊り子	（ 5 ）
キオス島の虐殺	ドラクロワ	大水浴図	セザンヌ
落穂拾い	（ 2 ）	タヒチの女	（ 6 ）
石割り	（ 3 ）	アビニョンの娘たち	（ 7 ）
睡　蓮	モ　ネ		
ブロンドの浴女	（ 4 ）	火のついたキリン	（ 8 ）

1 アングル
2 ミレー
3 クールベ
4 ルノワール
5 ドガ
6 ゴーガン
7 ピカソ
8 ダリ

4. 西洋の作曲家

作品名	作曲家	作品名	作曲家
マタイ受難曲	（ 1 ）	美しく青きドナウ	（ 5 ）
メサイア	（ 2 ）	アルルの女	（ 6 ）
天地創造	ハイドン	白鳥の湖	（ 7 ）
英雄，運命	ベートーベン	新世界	（ 8 ）
野ばら，冬の旅	（ 3 ）	ボレロ	ラヴェル
真夏の夜の夢	（ 4 ）	春の祭典	ストラヴィンスキー

1 バッハ
2 ヘンデル
3 シューベルト
4 メンデルスゾーン
5 J. シュトラウス
6 ビゼー
7 チャイコフスキー
8 ドボルザーク

注　新教養試験の「Standard Ⅱ」と「Logical Ⅱ」においては，文学・芸術 に関する問題は出題されません。

予想問題

□ [1] A～Eの文学作品をその編著年代の古い順に並べたものとして正しいものは，次のうちどれか。

A　枕草子
B　平家物語
C　日本永代蔵
D　古今和歌集
E　東海道中膝栗毛

(1) A－D－B－C－E
(2) A－D－B－E－C
(3) B－A－D－E－C
(4) D－A－B－C－E
(5) D－A－B－E－C

□ [2] 近代の文学者に関する次の記述のうち，正しいものはどれか。

(1) 島崎藤村は，『若菜集』などを出して日本近代詩史上に不滅の名を刻んだが，その後，詩から散文に転換し，明治39年に最初の長編小説『夜明け前』を発表した。

(2) 夏目漱石は，イギリスから帰国後大学の講師となったが，明治38年『虞美人草』，39年『坊っちゃん』を発表して，作家としての地位を確立した。

(3) 森鷗外は，明治22年訳詩集『於母影』で作家デビューし，23年から翌年にかけてドイツ留学時代のことを題材とした『舞姫』『阿部一族』『高瀬舟』を発表した。

(4) 菊池寛は，芥川龍之介，久米正雄らと「新思潮」を出し，戯曲『父帰る』などを発表したが，はじめは認められなかった。後に，『恩讐の彼方に』などで作家としての地位を確立した。

(5) 横光利一は，大正12年『日輪』によって新進作家としての地位を固めた。翌年，志賀直哉らと「文芸時代」を創刊して，新感覚派運動の中心として活躍した。

・・・・・解説と解答・・・・・

1 **Point** **平安時代の初期は漢詩や和歌が中心，中期は女流文学の全盛期。**

●選択肢のチェック

A：『枕草子』は清少納言の作で，平安時代中期の作品である。

B：『平家物語』は作者不明で，鎌倉時代初期または中期の作品である。

C：『日本永代蔵』は井原西鶴の作で，江戸時代元禄期の作品である。

D：『古今和歌集』は紀貫之などの編で，平安時代初期の作品である。

E：『東海道中膝栗毛』は十返舎一九の作で，江戸時代化政期の作品である。

答（4）

2 **Point** **横光利一と川端康成は新感覚派に属する。**

●選択肢のチェック

(1) 島崎藤村の最初の長編小説は『破戒』である。『夜明け前』は昭和4年から書きはじめ，昭和10年に完成した歴史小説の大作である。

(2)『虞美人草』ではなく，『吾輩は猫である』。『虞美人草』は，朝日新聞社に入社してまもなく発表した作品である。

(3) 鷗外のドイツ3部作といわれるのは，『舞姫』『うたかたの記』『文づかひ』である。なお，『阿部一族』『高瀬舟』は歴史小説である。

(4) 芥川龍之介は，「新思潮」に『鼻』を発表し，夏目漱石に激賞されて文壇にデビューした。『鼻』『羅生門』は，『今昔物語集』から題材を取ったとしてある。

(5) 志賀直哉ではなく，川端康成である。志賀直哉は白樺派に属する。

答（4）

予想問題

□ 3 **作家と作品の組合せとして正しいものは，次のうちどれか。**

(1) ボードレール…『悪の華』『居酒屋』『ナナ』
(2) チェーホフ…『桜の園』『三人姉妹』『かもめ』
(3) ドストエフスキー…『罪と罰』『復活』『白痴』
(4) トーマス・マン…『背徳者』『魔の山』『狭き門』
(5) スタインベック…『怒りの葡萄』『エデンの東』『異邦人』

□ 4 **画家に関する次の記述のうち，正しいものはどれか。**

(1) ドラクロワ…バルビゾン派の代表的画家で，代表作に『民衆を率いる自由の女神』『裸のマハ』がある。
(2) マネ…印象派の父と呼ばれ，代表作『印象ー日の出』から印象派の名がついたといわれる。
(3) ゴッホ…ドイツの画家で，セザンヌ，ゴーガンとともに後期印象派の三大巨匠といわれる。
(4) マチス…フランスの画家で，フォービズム（野獣派）の運動をおこし，その中心となって活躍した。
(5) ピカソ…スペインの画家で，モディリアニ，シャガールとともにキュービズム（立体派）をはじめた。

□ 5 **A～Cの記述について，正誤の組合せが正しいものはどれか。**

A　モーツァルトは，ハイドンと並ぶウィーン古典派の代表者で，声楽・器楽などあらゆる種類にわたって多くの名作を残した。
B　ショパンはポーランドの作曲家で，ピアノの詩人といわれる。代表作品に，『小犬のワルツ』『雨だれ』がある。
C　ドビュッシーはフランスの作曲家で，音楽，文学，演劇，美術のすべてを生かした歌劇をつくり，それを楽劇と名づけた。

	A	B	C		A	B	C
(1)	○	×	○	(2)	×	×	○
(3)	○	×	×	(4)	○	○	×
(5)	×	○	○				

・・・・・解説と解答・・・・・

3 **Point** トルスタイとドストエフスキーの作品を混同しないこと。

●選択肢のチェック

(1)『居酒屋』『ナナ』はゾラの作品。

(3)『復活』はトルストイの作品。

(4)『背徳者』『狭き門』はジイドの作品。

(5)『異邦人』はカミュの作品。

答 (2)

4 **Point** ゴッホはオランダの画家，ピカソはスペインの画家。

●選択肢のチェック

(1) ドラクロワはロマン主義の代表的画家である。『裸のマハ』は，同じロマン主義の画家ゴヤの作品である。

(2)『印象－日の出』は同じ印象派のモネの作品である。マネの代表作は『草上の昼食』『オランピア』などである。

(3) ゴッホはオランダの画家である。ゴッホの代表作には，『ひまわり』『アルルのカフェ』『からすのいる麦畑』などがある。

(4) 代表作に『若い水夫』『生きる歓び』『オダリスク』がある。

(5) モディリアニ，シャガールは，エコール・ド・パリの画家である。ピカソの大作は『ゲルニカ』である。

答 (4)

5 **Point** ショパンはピアノの詩人，ワグナーは楽劇の創始者。

●選択肢のチェック

A：正しい。モーツァルトの代表作品は，『フィガロの結婚』『魔笛』『トルコ行進曲』などである。

B：正しい。ポロネーズ『軍隊』も有名である。

C：楽劇の創始者は，ドイツの作曲家ワグナーである。

答 (4)

教養試験　一般知識

自然科学

数　学

出題傾向

出題数は１～２問。中学校で習う図形と高校の数学Ⅰ，数学Ａから出題される。特によく出題されるという問題はなく，満遍なく出題されるのが特徴である。出題内容は基本的な問題が大部分を占める。やさしい問題を完全にマスターすることがポイントである。

Check!!　重要事項

1. 剰余の定理

★ **整式 $f(x)$ を $x-\alpha$ で割った余りは $f(\alpha)$ である。よって，$f(x)$ を $ax+b$ で割った場合，余りは $f\left(-\frac{b}{a}\right)$ となる。**

Q　x の整式 x^3-2x^2-4x+1 を $x-3$ で割ったときの余りはいくらか。

A　$f(x)=x^3-2x^2-4x+1$ より，
$f($ 1 $)=3^3-2\times3^2-4\times3+1=$ 2

1　3
2　−2

2. 因数定理

★ **整式 $f(x)$ において，$f\left(-\frac{b}{a}\right)=0$ ならば，$f(x)$ は $ax+b$ を因数にもつ。**

Q　x^3-4x^2+x-a が $x-2$ で割り切れるとき，a の値はいくらか。

A　$f(x)=x^3-4x^2+x-a$ より，
$f(2)=2^3-4\times2^2+2-a=$ 1
$a=$ 2

1　0
2　−6

注　新教養試験の「Logical Ⅱ」においては，自然科学 に関する問題は出題されません。

3. 2次方程式の解と係数の関係

★ 2次方程式 $ax^2 + bx + c = 0$ の2つの解を α, β とすると，$\alpha + \beta = -\dfrac{b}{a}$，$\alpha\beta = \dfrac{c}{a}$

Q 2次方程式 $2x^2 - 6x + 4 = 0$ の2つの解を α，β とすると，$\alpha^2 + \beta^2$ の値はいくらか。
また，$\alpha^3 + \beta^3$ の値はいくらか。

A $\alpha^2 + \beta^2 = (\alpha + \beta)^2 - 2\alpha\beta$

$= \boxed{1}^2 - 2 \times \boxed{2} = \boxed{3}$

$\alpha^3 + \beta^3 = (\alpha + \beta)(\alpha^2 - \alpha\beta + \beta^2)$

$= (\alpha + \beta)(\alpha^2 + \beta^2 - \alpha\beta)$

$= \boxed{1} \times (\boxed{3} - \boxed{2})$

$= \boxed{4}$

1 3
2 2
3 5
4 9

4. 恒等式の性質

★ $ax^2 + bx + c = 0$ が x についての恒等式であるとき，$a = b = c = 0$
$ax^2 + bx + c = a'x^2 + b'x + c'$ が x についての恒等式であるとき，$a = a'$ かつ $b = b'$ かつ $c = c'$

Q 次の等式が x についての恒等式であるとき，a の値はいくらか。

$$\frac{x}{(x+1)(x+2)} = \frac{a}{x+2} + \frac{b}{x+1}$$

A

$$\frac{x}{(x+1)(x+2)} = \frac{a(x+1) + b(x+2)}{(x+2)(x+1)}$$

$$= \frac{(a+b)x + (a+2b)}{(x+1)(x+2)}$$

$x = (a + b)x$ より，$\boxed{1} = a + b$……①
また，$\boxed{2} = a + 2b$……②
①より，$b = \boxed{3}$……①′
①′ を②に代入すると，
$\boxed{2} = a + 2(\boxed{3})$
以上より，$a = \boxed{4}$

1 1
2 0
3 $1 - a$
4 2

一般知識／自然科学／数学

5. 直線の方程式

★ 点 $(x_1,\ y_1)$ を通り，傾きmの直線は，

$$y-y_1=m(x-x_1)$$

★ 傾きm，y軸上の切片 bの直線は，

$$y=mx+b$$

Q 点 (2, 3) を通り，傾き 3 の直線の方程式を求めよ。

A $y-$ [1] $=3(x-$ [2] $)$

$y=3x-$ [3]

1 3
2 2
3 3

6. 円の方程式

★ 中心 $(a,\ b)$ ，半径 r の円は，

$$(x-a)^2+(y-b)^2=r^2$$

Q 中心が (1, 2) で，点 (3, 4) を通る円の方程式を求めよ。

A $(x-1)^2+(y-2)^2=r^2$

点 (3, 4) を通ることから，

([1] $-1)^2+($ [2] $-2)^2=r^2$

$r^2=$ [3]

ゆえに，$(x-1)^2+(y-2)^2=$ [3]

1 3
2 4
3 8

7. 三角形の外心と内心

★ 外心…三角形の３つの辺の垂直二等分線が交わる点（図１）。

★ 内心…三角形の３つの内角の二等分線が交わる点（図２）。

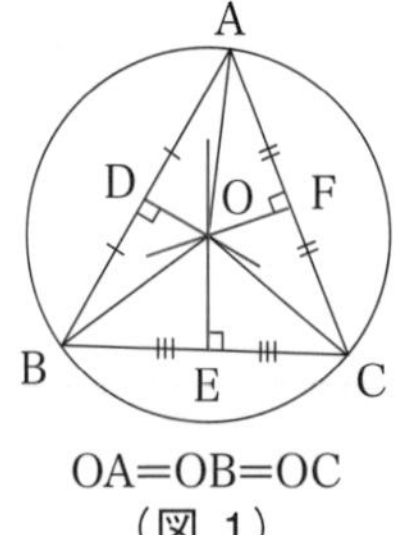

OA=OB=OC
（図 1）

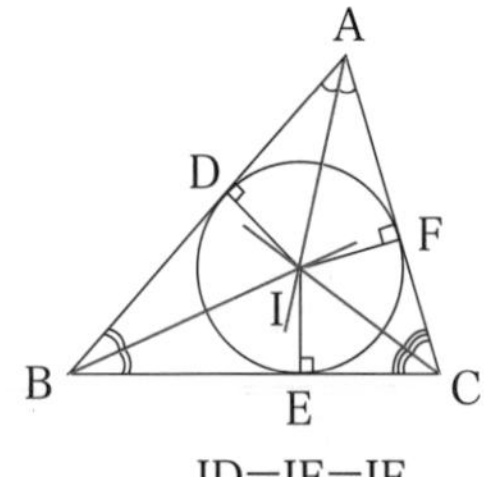

ID=IE=IF
（図 2）

1 OB
2 OBA
3 100°
4 OC
5 OCB
6 124°
7 224°
8 136°

Q 右図で，点Oは△ABCの外心である。∠OAB＝40°，∠OBC＝28°のとき，∠AOCの大きさを求めよ。

A OA＝［ 1 ］より，
∠OAB＝∠［ 2 ］ よって，∠AOB＝［ 3 ］
OB＝［ 4 ］より，
∠OBC＝∠［ 5 ］ よって，∠BOC＝［ 6 ］
以上より，∠AOC＝360°－［ 7 ］＝［ 8 ］

8. 円周角の定理

★ 円周角の大きさは，その弧に対する中心角の大きさの $\frac{1}{2}$ に等しい。

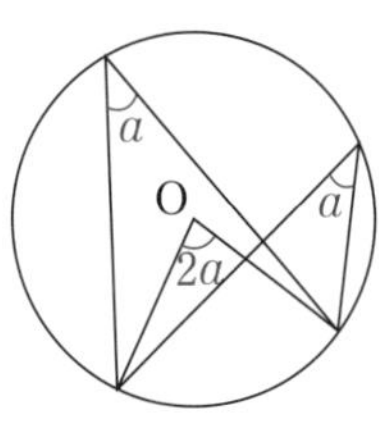

★ 同じ弧に対する円周角の大きさは等しい。

9. 接弦定理

★ 円周上の１点から引いた接線と弦のつくる角は，その角内にある弧に対する円周角に等しい。
∠BAT＝∠BCA
＝∠BDA（右図）

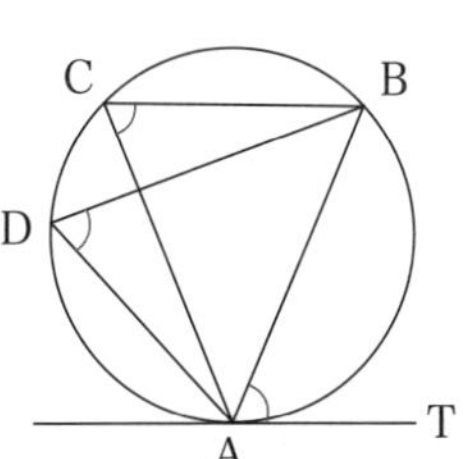

1 ACB
2 ABD
3 130°
4 50°

Q 下図の∠xの大きさを求めよ。

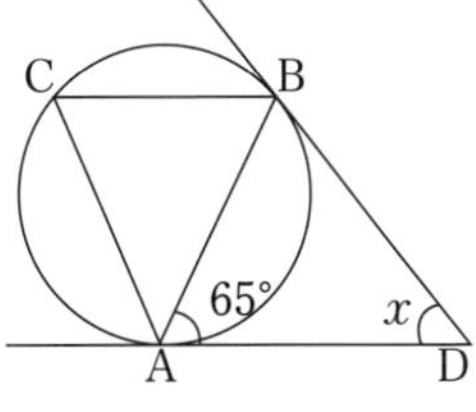

A 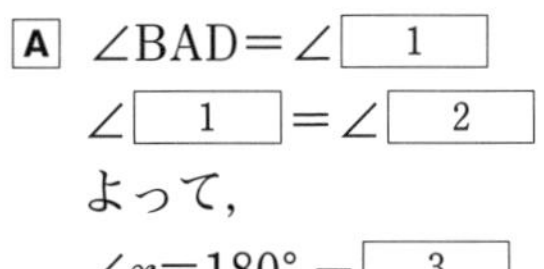
∠BAD＝∠［ 1 ］
∠［ 1 ］＝∠［ 2 ］
よって，

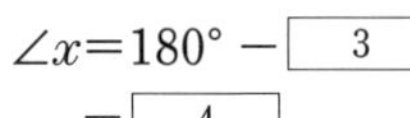
∠x＝180°－［ 3 ］
＝［ 4 ］

予想問題

□ 1 x の整式 x^3-mx+1 が，$(x-1)$ で割り切れるときの m の値は次のうちどれか。

(1) 0　(2) 1　(3) 2
(4) 3　(5) 4

□ 2 $2x^2+4x+8=0$ の 2 つの解を α，β とするとき，$\frac{\alpha}{\beta}+\frac{\beta}{\alpha}$ の値はいくらになるか。

(1) -2　(2) -1　(3) 1
(4) 2　(5) 3

□ 3 次の等式が x についての恒等式であるとき，a の値は次のうちどれか。

$$\frac{6x+3}{(2-x)(3x-1)}=\frac{a}{2-x}+\frac{b}{3x-1}$$

(1) 2　(2) 3　(3) 4
(4) -2　(5) -3

□ 4 直線 $y=mx$ が円 $(x-2)^2+(y-1)^2=1$ と２点で交わるときの m の範囲として正しいものは，次のうちどれか。

(1) $0<m<\frac{3}{4}$

(2) $-\frac{4}{3}<m<\frac{4}{3}$

(3) $0<m<\frac{4}{3}$

(4) $0<m<\frac{3}{2}$

(5) $-\frac{3}{2}<m<\frac{3}{2}$

・・・・・解説と解答・・・・・

1 **Point** 因数定理を使って解く。

$f(x)=x^3-mx+1$

$(x-1)$ で割り切れることから，因数定理より，

$f(1)=1^3-m\times1+1=0$

$1-m+1=0$　ゆえに，$m=2$

答 (3)

2 **Point** 解と係数の関係を思い出す。

$\alpha+\beta=-\dfrac{4}{2}=-2$，$\alpha\beta=\dfrac{8}{2}=4$

$$\frac{\alpha}{\beta}+\frac{\beta}{\alpha}=\frac{\alpha^2+\beta^2}{\alpha\beta}=\frac{(\alpha+\beta)^2-2\alpha\beta}{\alpha\beta}=\frac{(-2)^2-2\times4}{4}=-1$$

答 (2)

3 **Point** 恒等式の性質を考えてみる。

$$\frac{6x+3}{(2-x)(3x-1)}=\frac{a(3x-1)+b(2-x)}{(2-x)(3x-1)}=\frac{(3a-b)x+(2b-a)}{(2-x)(3x-1)}$$

$6=3a-b$…①　$3=2b-a$…②

①$+3\times$②より，$b=3$　よって，$a=3$

答 (2)

4 **Point** 判別式 $D>0$ ⇄ 異なる2つの実数解をもつ。

直線の方程式を円の方程式に代入して整理すると，

$(1+m^2)x^2-2(2+m)x+4=0$

２点で交わるためには，この２次方程式が異なる２つの実数解をもてばよいので，判別式をDとすると，

$D=\{2(2+m)\}^2-4(1+m^2)\times4>0$

$-12m^2+16m>0$，$12m^2-16m<0$

$4m(3m-4)<0$　ゆえに，$0<m<\dfrac{4}{3}$

答 (3)

予想問題

□ 5 下図の△ABCにおいて，内心をNとし，BとN，CとNを結ぶ直線が，AC，ABと交わる点をそれぞれD，Eとする。このとき，∠BEC＝108°，∠BDC＝105° であるとすると，∠Aの大きさはいくらか。

(1) 78°
(2) 80°
(3) 82°
(4) 84°
(5) 86°

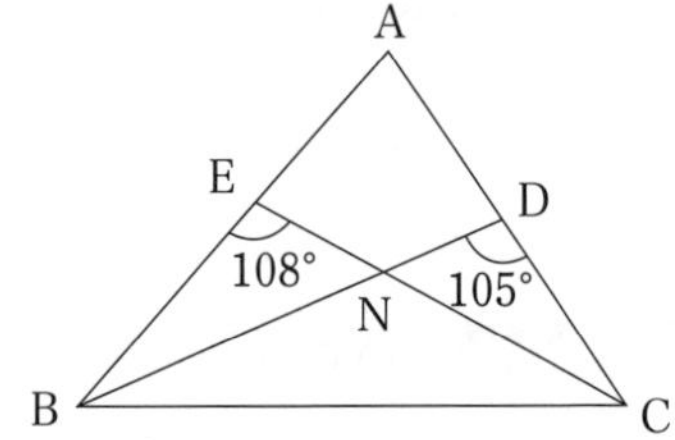

□ 6 下図のように，円Oの周上の点Pを接点とする接線と円Oの直径ABの延長との交点をCとする。∠BPC＝28° のとき，∠PCBの大きさはいくらか。

(1) 28°
(2) 30°
(3) 32°
(4) 34°
(5) 36°

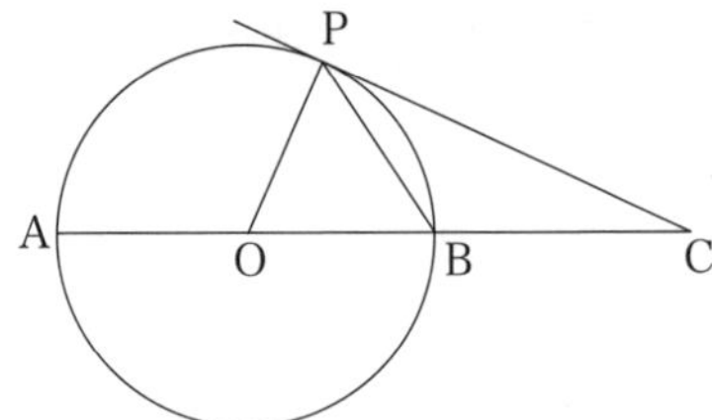

Check!! 〉〉〉〉〉〉 **重心，三平方の定理**

重心：G（中線の交点）
性質　AG：GE＝BG：GF
＝CG：GD＝2：1

三平方の定理：$a^2=b^2+c^2$ ⟷ ∠A＝90°
主な直角三角形：
三辺の比が1：$\sqrt{3}$：2，
1：1：$\sqrt{2}$，3：4：5

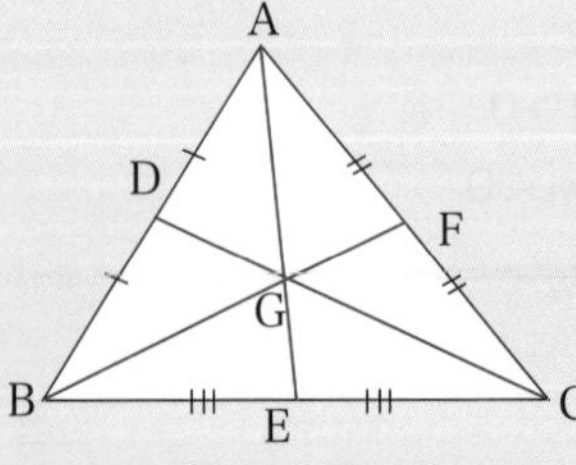

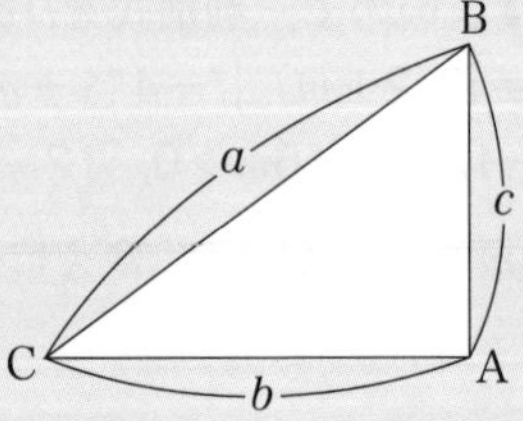

・・・・・解説と解答・・・・・

5 **Point** 内心は，三角形の３つの内角の二等分線が交わった点。

Nは内心であるので，

∠ABN＝∠CBN　∠ACN＝∠BCN

△EBCにおいて，

∠BEC＋∠EBC＋∠ECB＝180°

よって，

108°＋x＋x＋y＝180°……①

△DBCにおいて，

∠BDC＋∠DBC＋∠DCB＝180°

よって，

105°＋x＋y＋y＝180°……②

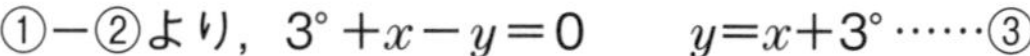

①−②より，3°＋x−y＝0　　y＝x＋3°……③

③を①に代入すると，108°＋x＋x＋(x＋3°)＝180°

3x＝180°−108°−3°　　　x＝23°……④

④を③に代入すると，y＝23°＋3°＝26°

△ABCについて，∠BAC＋x＋x＋y＋y＝180°

∠BAC＝180°−2x−2y＝180°−46°−52°＝82°

答 (3)

6 **Point** 接弦定理より，∠CPB＝∠PAO

PCは点Pを接点とする接線なので，

∠OPC＝90°

接弦定理より，

∠CPB＝∠PAO

また，円周角の定理より，

$$∠PAO＝\frac{1}{2}∠POB$$

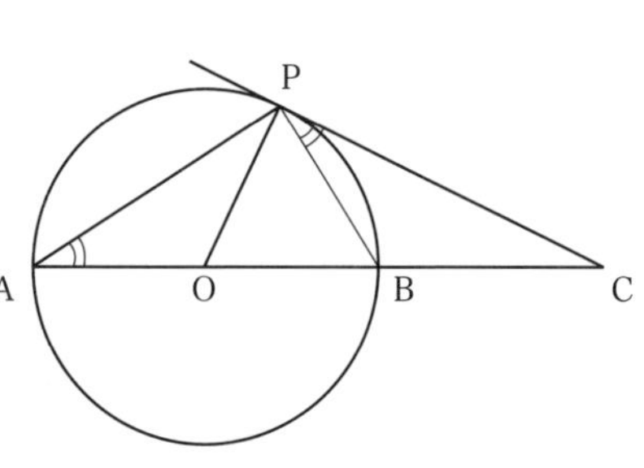

よって，∠POB＝2∠PAO ＝ 2×28° ＝ 56°

△POCにおいて，∠POC＋∠OPC＋∠PCO＝180°

∠PCO＝∠PCB＝180°−56°−90°＝34°

答 (4)

自然科学

物　理

出題傾向

出題数は１～２問。等加速度直線運動，自由落下，鉛直投げ上げ，鉛直投げおろし，水平投射，運動量保存の法則，抵抗の接続，電圧・電流・抵抗に関する問題が頻繁に出題される。これら以外では，力のつり合い，音波・光の諸性質，クーロンの法則などが出題される。

Check!!　重要事項

1．加速度

加速度……短い時間 $\varDelta t$ の間に，物体の速度が v_1 から v_2 に変化したとき，加速度 a は，

$$a=\frac{\boxed{\ 1\ }-\boxed{\ 2\ }}{\varDelta t}$$

等加速度直線運動……一定の加速度で運動する物体は直線運動を行う。初速度を v_0, 加速度を a とすると，時間 t 後の速度 v と移動距離 s は次式で表される。

$$v=\boxed{\ 3\ }+at \qquad s=\boxed{\ 4\ }+\frac{1}{2}at^2$$

1　v_2
2　v_1
3　v_0
4　v_0t

2．いろいろな運動

自由落下……重力による運動の場合，その加速度は質量によらず一定である。重力加速度 g は約 $9.8\,\mathrm{m/s^2}$ である。自由落下運動は，時間 t 後の速度を v, 落下距離を y とすると，次式で表される。

$$v=\boxed{\ 1\ } \qquad y=\frac{1}{2}\boxed{\ 2\ }$$

鉛直投げ上げ…物体を初速度 v_0 で真上に投げた場合，物体には鉛直下向きの重力加速度が生じる。初速度の向きを y 軸の正の向きにとると，時間 t 後の速度 v，移動距離 y は次式で表される。

$$v=v_0-\boxed{\ 3\ } \qquad y=\boxed{\ 4\ }-\frac{1}{2}\boxed{\ 5\ }$$

1　gt
2　gt^2
3　gt
4　v_0t
5　gt^2

6 $\boldsymbol{v_0}$
7 $\boldsymbol{gt}$
8 $\boldsymbol{v_0 t}$
9 $\boldsymbol{gt^2}$

1 30
2 21
3 29
4 50

水平投射

物体を水平方向に投げ出した場合，水平方向（x方向）では，初速度はv_0，加速度は0であるので，時間 t 後の速度の x 成分を v_x とすると，

$v_x =$ [6] となる。

一方，鉛直方向（y 方向）では，初速度は0であるが，加速度は下向きに g である。よって，下向きを y 方向の正の向きにとった場合，時間 t 後の速度の y 成分を v_y とすると，$v_y =$ [7] となる。

また，出発点を原点Oとした場合，水平方向の時間 t 後の位置 x は，$x =$ [8] となる。

一方，垂直方向の時間 t 後の位置 y は，

$y = \frac{1}{2}$ [9] となる。

3. 抵抗の接続

直列につないだときの全抵抗

R_1，R_2，R_3 …の抵抗を直列につないだときの全抵抗 R は，$R = R_1 + R_2 + R_3 + \cdots$

並列につないだときの全抵抗

R_1，R_2，R_3 …の抵抗を並列につないだときの全抵抗 R は，$\frac{1}{R} = \frac{1}{R_1} + \frac{1}{R_2} + \frac{1}{R_3} + \cdots$

図1のように抵抗をつないだときの全抵抗 R は [1] Ωとなる。また図2のように抵抗をつないだときの並列接続の部分の抵抗は [2] Ωとなる。したがって，全抵抗 R は，

$R =$ [2] $+$ [3] $=$ [4]

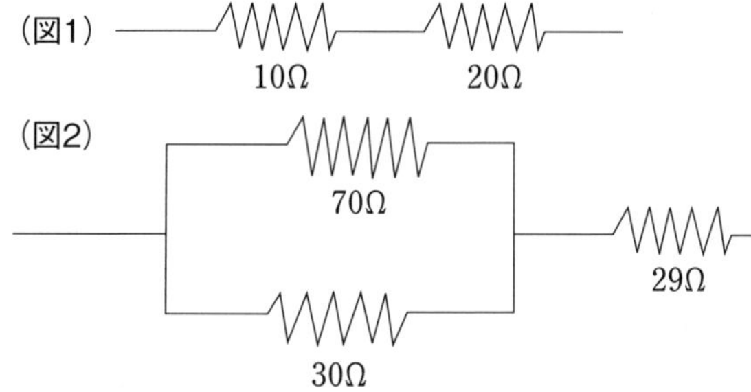

予想問題

□ 1 20 m/s で直進していた電車がブレーキをかけ，大きさ $2\,\mathrm{m/s^2}$ で減速しながら停止した。ブレーキをかけてから停止するまでに進んだ距離として正しいものは，次のうちどれか。

(1)　25 m
(2)　50 m
(3) 100 m
(4) 200 m
(5) 400 m

□ 2 高さ176.4mのビルの上から質量20 g の物体を静かに落とした。この物体が地表に到達するまでの時間とそのときの速さの組合せとして正しいものはどれか。ただし，重力加速度は $9.8\,\mathrm{m/s^2}$ とする。

	時間	速さ
(1)	5秒	58.8 m/s
(2)	5秒	117.6 m/s
(3)	6秒	58.8 m/s
(4)	6秒	117.6 m/s
(5)	10秒	117.6 m/s

□ 3 地上32.5 mのビルの上から鉛直上向きに初速度49.0 m/sでボールを投げたときの，地上から最高点までの高さとして正しいものは，次のうちどれか。ただし，重力加速度は $9.8\,\mathrm{m/s^2}$ とする。

(1) 150 m
(2) 155 m
(3) 160 m
(4) 165 m
(5) 170 m

・・・・・解説と解答・・・・・

1 **Point** ブレーキをかけた場合，加速度はマイナスとなる。

等加速度直線運動に関する問題である。

$v=v_0+at$（v：速度，v_0：初速度，a：加速度，t：時間）より，

$0=20+(-2)\times t$

電車が停止したときには $v=0$ となり，減速しているので加速度は－2となる。

よって，$t=10$

$s=v_0t+\frac{1}{2}at^2$（s：移動距離）より，

$s=20\times10+\frac{1}{2}\times(-2)\times10^2=200-100=100\,(\mathrm{m})$

答 (3)

2 **Point** 自由落下運動の場合，初速度は0。

自由落下に関する問題である。

$y=\frac{1}{2}gt^2$（y：落下距離，t：時間，g：重力加速度）より，

$176.4=\frac{1}{2}\times9.8\times t^2$　よって，$t=\sqrt{\frac{176.4\times2}{9.8}}=6\,(\mathrm{s})$

また，$v=gt$　（v：速度）より，

$v=9.8\times6=58.8\,(\mathrm{m/s})$

答 (3)

3 **Point** 最高点においては，速度は0となる。

鉛直投げ上げに関する問題である。

$v=v_0-gt$（v：速度，v_0：初速度，g＝重力加速度，t：時間）より，

$0=49.0-9.8t$　　$t=5.0$

$y=v_0t-\frac{1}{2}gt^2$（y：移動距離）より，

$y=49.0\times5-\frac{1}{2}\times9.8\times5^2=122.5$

したがって，求める高さは，$32.5+122.5=155\,(\mathrm{m})$

答 (2)

予想問題

□ 4 490 mの塔から水平に，10 m/sの速さでボールを投げた。このとき，落下地点までの水平距離として正しいものはどれか。ただし，重力加速度は9.8 m/s^2とする。

(1)　90 m
(2) 100 m
(3) 120 m
(4) 150 m
(5) 200 m

□ 5 一直線上を質量6 kgの物体が右向きに，質量9 kgの物体が左向きに，ともに速さ8.0 m/sで進んできて衝突した。衝突後，2つの物体は一体となって進んだ。このとき，その向きと速さの組合せとして正しいものはどれか。

(1) 右向き　1.6 m/s
(2) 右向き　2.4 m/s
(3) 右向き　2.8 m/s
(4) 左向き　1.6 m/s
(5) 左向き　2.4 m/s

□ 6 下図のような回路がある。電源装置の電圧が36 Vであるとき，20Ωの抵抗の両端につないだ電圧計は何Vを示すか。

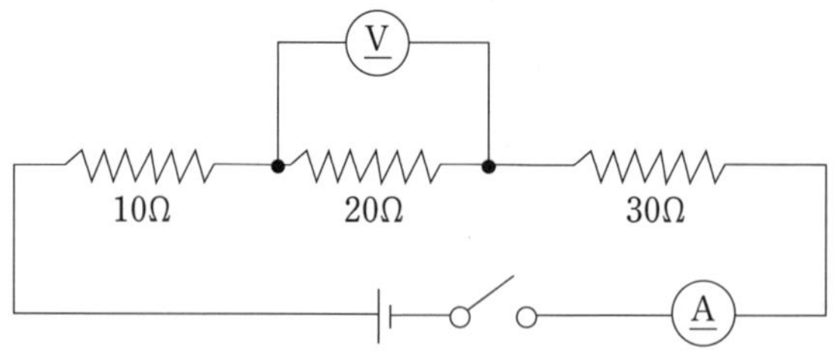

(1)　8 V　(2) 12 V　(3) 16 V
(4) 20 V　(5) 24 V

・・・・・解説と解答・・・・・

4 **Point** 鉛直方向には自由落下運動，水平方向には等速運動。

水平投射に関する問題である。

$y=\frac{1}{2}gt^2$（y：鉛直方向の距離，g：重力加速度，t：時間）より，

$$490=\frac{1}{2}\times 9.8\times t^2 \qquad t=10$$

次に，$x=v_0t$（x：水平方向の距離，v_0：初速度）より，

$x=10\times 10=100$（m）

答 (2)

5 **Point** 右向きを正としてみる。

運動量保存の法則に関する問題である。

右向きを正とし，求める速さをvとすると，運動量保存の法則より，

$6\times 8+9\times(-8)=(6+9)\times v$

$48-72=15v \qquad v=-1.6$

したがって，その向きは左向きとなり，速さは1.6 m/sとなる。

答 (4)

6 **Point** 直列回路の電流の強さは，回路のどの点でも同じである。

直列回路の電流・電圧・合成抵抗に関する問題である。

直列回路の合成抵抗は各抵抗の和に等しいので，

合成抵抗 $R=10+20+30=60$（Ω）となる。

次に，電源装置の電圧が36Vであるので，オームの法則より，

電流の強さは，$\frac{36}{60}=0.6$（A）となる。なお，直列回路の電流の強さはどこでも同じなので，20Ωの抵抗を流れる電流の強さも0.6（A）となる。

したがって，求めるものは，$0.6\times 20=12$（V）

答 (2)

自然科学

化　学

出題傾向

出題数は1～2問。ボイル・シャルルの法則，気体の状態方程式，コロイド，熱化学方程式と反応熱，ル・シャトリエの法則，酸・塩基，周期表と元素の性質の周期的変化，ハロゲンに関する問題が比較的多く出題される。多くはないが，計算問題も出題される。

Check!!　重要事項

1．原子の構造

◇原子は，正に帯電している［1］と，負に帯電している［2］から構成されている。

◇原子核は，正に帯電している［3］と，帯電していない［4］から構成されている。

◇原子中の陽子の数と［5］の数は等しい。

◇原子中の陽子の数を［6］という。

◇陽子の数と中性子の数の和を［7］という。

1　原子核
2　電子
3　陽子
4　中性子
5　電子
6　原子番号
7　質量数

2．気体の法則

アボガドロの法則……気体の種類に関係なく，同温・同圧の気体は，同［1］中に同数の［2］を含む。

ボイルの法則……一定温度において，一定量の気体の体積は，圧力に［3］する。

シャルルの法則……圧力が一定のとき，一定量の気体の体積は，［4］に比例する。

ボイル・シャルルの法則……一定量の気体の体積は，［5］に反比例し，［6］に比例する。

気体の状態方程式……圧力をP，体積をV，モル数をn，気体定数をR，絶対温度をTとすると，

$PV=$［7］

ドルトンの法則……混合気体の全圧は，各成分気体の［8］の和に等しい。

ヘンリーの法則……一定温度で，一定量の液体に溶ける気体の質量は［9］に比例する。

1　体積
2　分子
3　反比例
4　絶対温度
5　圧力
6　絶対温度
7　nRT
8　分圧
9　圧力

3. コロイド

1 コロイド粒子
2 コロイド
3 沈殿
4 ろ紙

◇直径 10^{-9} ～ 10^{-7}m 程度の粒子を[1]といい，[1]が液体などに分散しているものを[2]という。

◇コロイド粒子は，[3]するほど大きくなく，また[4]を通過する。

4. 化学反応とエネルギー

1 熱量
2 エネルギー
3 等号
4 平衡

反応熱……化学反応に伴って発生または吸収される[1]で，燃焼熱，生成熱などに分類される。

熱化学方程式……化学反応式に，反応にともなって出入りする[2]を熱の形で付記し，左辺と右辺を[3]で結んだもの。

ル・シャトリエの法則……可逆反応が[4]状態にあるとき，温度・圧力などの条件を変えると，その条件変化の影響を打ち消すような方向に反応が起こり，新しい[4]状態が成立する。

5. 元素の周期律

1 原子番号
2 周期
3 族
4 価電子
5 金属
6 1
7 陽
8 塩素
9 ヨウ素
10 7
11 原子

周期表……元素を[1]の順に，性質の類似した元素が縦に並ぶように配列した表のこと。横の列に並ぶ原子のグループを[2]，縦の列に並ぶグループを[3]という。

典型元素……周期表で1～2族および12～18族の元素。金属元素，非金属元素からなり，[4]数は族番号に一致する。

遷移元素……典型元素以外の元素のことで，[5]元素のみからなる。

アルカリ金属……1族の元素のこと。価電子数が[6]で，[6]価の[7]イオンになりやすい。

ハロゲン……17族の元素のこと。フッ素，[8]，臭素，[9]，アスタチンの5元素からなる。価電子数が[10]で，1価の陰イオンになりやすい。化合力は[11]番号が大きくなるほど弱くなる。

予想問題

□ [1] **ある気体の圧力が25℃のとき2.0 atmであった。体積を変えないで圧力を3.0 atmにするには，温度は何℃にすればよいか。**

(1) 170℃　(2) 172℃　(3) 174℃
(4) 176℃　(5) 178℃

□ [2] **27℃，1.0 atmで密度が1.3 g/ℓの気体は，次のうちどれか。ただし，原子量はH＝1.0，C＝12，N＝14，O＝16とする。**

(1) 水素　(2) アンモニア　(3) 窒素
(4) 酸素　(5) 二酸化炭素

□ [3] **A～Dはコロイドに関する記述である。A～Dの正誤の組合せとして正しいものはどれか。**

A　デンプン水溶液を入れたビーカーに横から光を当てると，光の通路がわかる。これは光がコロイド粒子によって乱反射するためで，この現象をチンダル現象という。

B　コロイド粒子を観察すると，絶えず不規則な運動をしている。このような運動をブラウン運動というが，これはコロイド粒子がイオンなどに比べて小さいことから生じるものである。

C　セロハン袋を使ってコロイド溶液を精製することができるが，これを透析という。

D　少量の電解質を加えても沈殿しないが，多量の電解質を加えると沈殿するようなコロイド溶液を疎水コロイドという。

	A	B	C	D
(1)	○	○	×	×
(2)	○	×	○	×
(3)	×	×	○	○
(4)	×	○	×	○
(5)	○	×	○	○

・・・・・解説と解答・・・・・

1 **Point** ボイル・シャルルの法則を使う。

$$\frac{P_1V_1}{T_1}=\frac{P_2V_2}{T_2}$$

本問の場合，体積が一定であることから，次式が成立する。

$$\frac{2.0\times V}{273+25}=\frac{3.0\times V}{273+t}$$ よって，$t=174$

答（3）

2 **Point** 気体の状態方程式を使う。

気体の状態方程式 $PV=nRT$ に，$n=\frac{w}{M}$（w：質量，M：分子量）

を代入すると，$PV=\frac{w}{M}RT$　　$M=\frac{wRT}{PV}=\frac{dRT}{P}$　　$\left(d=\frac{w}{M}\right)$

これに，$P=1.0$，$d=1.3$，$R=0.082$，$T=300$を代入すると，
$M\fallingdotseq 32$

一方，各気体の分子量は，水素2.0，アンモニア17，窒素28，酸素32，二酸化炭素44である。

答（4）

3 **Point** コロイド粒子は真の溶液の粒子に比べて大きい。

●選択肢のチェック

A：正しい。ショ糖水溶液などの真の溶液は，その粒子が小さいため，チンダル現象は生じない。

B：ブラウン運動は，コロイド粒子が水などの分散媒の分子運動により動かされている現象である。なお，コロイド粒子は真の溶液の粒子（分子・イオン）より大きいが，分散媒の分子運動により動かされるくらい小さい。

C：正しい。

D：親水コロイドに関する記述である。

答（2）

予想問題

□ [4] **下図は周期表の一部を示したものである。これに関する次の記述のうち，正しいものはどれか。**

周期＼族	1	2	13	14	15	16	17	18
1	H							He
2	Li	Be	B	C	N	O	F	Ne
3	Na	Mg	Al	Si	P	S	Cl	Ar

(1) Beは２族であるので，２個の電子を受け取ると安定する。

(2) Pは15個の電子をもち，最内殻に２個，真ん中の殻に10個，最外殻に３個ある。

(3) イオン化エネルギーは，周期表の右へいくほど小さくなる。

(4) 周期表の左にあるほど，また上にあるほど金属性が強く，右にあるほど，また下にあるほど非金属性が強い。

(5) 17族元素の価電子の数は７であり，18族元素の価電子の数は０である。

□ [5] **ハロゲンに関する次の記述のうち，正しいものはどれか。**

(1) ハロゲンは，電子２個をとり入れて，２価の陰イオンになりやすい。

(2) ハロゲンの反応性は，原子番号が大きくなるにともなって順に強くなる。

(3) ハロゲンはいずれも化学的に活発で，非金属元素と化合して塩をつくる。

(4) ハロゲンの単体は，いずれもイオン結合による２原子分子をつくっている。

(5) ハロゲンは，原子番号が大きくなるにともなって，沸点・融点が高くなり，気体→液体→固体と状態が変化する。

・・・・・解説と解答・・・・・

4 **Point** 電子は，K 殻（最内殻）に２個，L 殻に８個はいる。

●選択肢のチェック

(1) Be（ベリリウム）の原子番号は４なので，電子は４個ある。電子は，最内殻のK殻に２個，L殻に８個はいるので，Be は２個の電子を放出することで安定する。つまり，L 殻にはいる電子は０となる。

(2) P（リン）の原子番号は 15 なので，電子は 15 個ある。K殻に２個，L殻に８個，M殻に５個はいることになる。

(3) イオン化エネルギーとは，原子から１個の電子を取り去るのに必要なエネルギーのことである。したがって，周期表の右へいくほど，イオン化エネルギーは大きくなる。

(4) 周期表の上にあるほど非金属性が強く，下にあるほど金属性が強い。

(5) 価電子とは，最外殻の電子のことである。

答 (5)

5 **Point** ハロゲンとは，周期表 17 族の元素のことである。

●選択肢のチェック

(1) ハロゲンの原子の価電子は，いずれも７個なので，電子１個をとり入れて１価の陰イオンになりやすい。

(2) ハロゲンの反応性は，原子番号が大きくなるにともなって弱いものとなる。よって，化合力は，$F_2 > Cl_2 > Br_2 > I_2$

(3) ハロゲンはいずれも非金属元素なので，金属元素と化合して塩をつくる。

(4) イオン結合ではなく，共有結合である。共有結合とは，価電子をいくつか互いに共有しあう結合のことである。

答 (5)

自然科学

生　物

出題傾向　出題数は1～2問。酵素のはたらき，光合成，栄養分の消化と吸収，血液の成分とはたらき，交感神経と副交感神経，脳の各部の機能，ホルモンのはたらき，遺伝に関する問題が比較的よく出題されている。このほかでは，細胞，組織と器官などが出題される。

Check!!　重要事項

1. 光合成

◇光合成を行うために必要なものは，光，［ 1 ］，水の３つである。

◇光合成は，植物の細胞中に含まれる［ 2 ］で行われる。

◇光合成によってできるものは，［ 3 ］と酸素である。

◇光合成量は，光の強さ，二酸化炭素濃度，［ 4 ］によって支配される。

1　二酸化炭素
2　葉緑体
3　デンプン
4　温度

2. 栄養物の消化と吸収

◇デンプンは，だ液中の［ 1 ］により，麦芽糖とデキストリンに分解される。

◇タンパク質は，胃液に含まれる［ 2 ］により，ポリペプチドに分解される。

◇小腸では，［ 3 ］と腸液によって，すべての栄養分が完全に消化され，吸収される。

◇栄養分の吸収は，小腸の［ 4 ］で行われる。

1　アミラーゼ
2　ペプシン
3　すい液
4　柔突起（柔毛）

3. 血液のはたらき

◇血液は，血球と［ 1 ］の２種類からできており，血球には赤血球，白血球，［ 2 ］がある。

◇赤血球は［ 3 ］を含み，酸素を運搬する。

◇白血球はアメーバ運動をして，体内にはいってきた細菌などを殺すはたらき（［ 4 ］作用）がある。

◇血小板は，出血したとき血液を［ 5 ］させる。

1　血しょう
2　血小板
3　ヘモグロビン
4　食菌
5　凝固

1 間脳
2 ノルアドレナリン
3 アセチルコリン
4 拮抗（こう）

4. 自律神経のはたらき

◇自律神経には，交感神経と副交感神経の２種類があり，両者とも［ 1 ］の視床下部に支配されている。

◇交感神経の末端から［ 2 ］，副交感神経の末端から［ 3 ］がそれぞれ分泌され，互いにほぼ正反対のはたらきをしている。このような正反対のはたらきを［ 4 ］作用という。

1 内分泌腺
2 インスリン
3 アドレナリン
4 グルカゴン
5 糖質コルチコイド
6 成長ホルモン

5. ホルモンのはたらき

◇ホルモンは，［ 1 ］の分泌細胞でつくられ，直接，血液中に分泌される。

◇すい臓のランゲルハンス島のβ細胞から分泌される［ 2 ］は，血糖値の減少を促進する。

◇副腎髄質から分泌される［ 3 ］は，血糖値の増加を促進する。また，このほかにも，すい臓のランゲルハンス島のα細胞から分泌される［ 4 ］，副腎皮質から分泌される［ 5 ］，脳下垂体から分泌される［ 6 ］などにより，血糖値が増加される。

1 遺伝子
2 純系
3 雑種
4 顕性
5 分離
6 独立

6. 遺伝のしくみ

◇親から子へと形質を伝える物質を［ 1 ］という。

◇何代にもわたり同じ形質だけを現しているものを［ 2 ］，対立形質をもつ［ 2 ］どうしの親から得られる子を［ 3 ］という。

◇［ 4 ］の法則とは，子の形質は両親から受けついだ対立形質のうち［ 4 ］のもののみが現れ，もう一方の潜性は現れないということ。

◇［ 5 ］の法則とは，配偶子ができるとき，対立遺伝子は互いに分離して入るということ。

◇［ 6 ］の法則とは，配偶子ができるとき，各対立遺伝子は独立して行動するということ。

予想問題

□ 1 下のグラフは，CO_2 濃度と温度を一定にしておいて光の強さを変えたときに，A・B 2 種類の植物の CO_2 吸収量・排出量がどう変化するかを表したものである。

このグラフに関連した（ア）～（エ）の記述について，正誤の組合せとして正しいものはどれか。

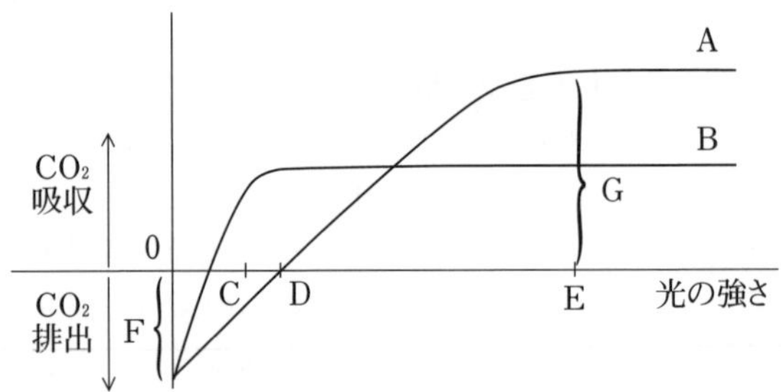

（ア） A は陽生植物，B は陰生植物である。
（イ） 光の量が C のとき B は存在できないが，A は成長する。
（ウ） A の植物における点 D のことを補償点という。
（エ） E 点で，光合成によって吸収されたすべての CO_2 の量は G ＋ F で表される。

	（ア）	（イ）	（ウ）	（エ）
(1)	○	×	×	○
(2)	×	○	×	○
(3)	○	×	○	○
(4)	×	○	○	×
(5)	○	○	○	×

□ 2 **人間のだ液に含まれているアミラーゼという消化酵素によって分解される栄養素は，次のうちどれか。**

(1) デンプン　(2) 麦芽糖
(3) タンパク質　(4) ショ糖
(5) 脂肪

・・・・・解説と解答・・・・・

1 **Point** 真の光合成量＝見かけの光合成量＋呼吸量

●選択肢のチェック

ア：正しい。陽生植物とは補償点も光飽和点も高い植物のことであり，陰生植物とは補償点も光飽和点も低い植物のことである。なお，光飽和点とは光の強さが増しても，それ以上 CO_2 吸収量が増加しない光の強さのことで，A の光飽和点は点 E より少し左側，B の光飽和点は点 C と点 D の中間に位置している。

イ：補償点以下の光の強さでは，光合成によって同化する物質の量が呼吸で消費されるそれより少なくなるので，植物は長く生存できない。よって，光の量が C のとき A は存在できないが，B は成長する。

ウ：正しい。補償点とは，見かけ上，CO_2 の出入りがなくなるときの光の強さである。

エ：正しい。真の光合成量＝見かけの光合成量＋呼吸量
したがって，真の光合成量＝ G ＋ F
つまり，G は見かけの光合成量，F は呼吸量を表している。

答 (3)

2 **Point** デンプン ──(だ液中のアミラーゼ)──→ 麦芽糖 ＋ デキストリン

●選択肢のチェック

(2) 麦芽糖は，腸液に含まれているマルターゼによりブドウ糖に分解される。

(3) タンパク質は，胃液に含まれているペプシンによりポリペプチドに分解される。

(4) ショ糖は，腸液に含まれているスクラーゼ（サッカラーゼ）によりブドウ糖と果糖に分解される。

(5) 脂肪は，すい液に含まれているリパーゼにより脂肪酸とグリセリンに分解される。

答 (1)

予想問題

□ 3 **人体で分泌されている各種のホルモンのうち，ブドウ糖をグリコーゲンに変えて血糖値を減らすはたらきをするものは，次のうちどれか。**

(1) アドレナリン　(2) インスリン
(3) グルカゴン　(4) コルチコイド
(5) チロキシン

□ 4 エンドウの種子の形が丸形の純系(AA)と，種子の形がしわ形の純系(aa)を交雑したところ，雑種第1代(F_1)では，その種子はすべて丸形となった。これを自家受精し，雑種第2代(F_2)をつくったところ，種子の形が丸形のものとしわ形のものが，3：1の割合で生じた。

このF_2全体に対する純系の割合として正しいものは，次のうちどれか。

(1) 25％　(2) 33％　(3) 50％
(4) 75％　(5) 80％

□ 5 **太郎の父親の血液型はAB型，母親はB型，母方の祖父の血液型はO型である。太郎がA型である確率として正しいものは次のうちどれか。**

(1) 0％　(2) 25％　(3) 50％
(4) 75％　(5) 100％

Check!! 〉〉〉〉〉〉 中枢神経系とそのはたらき

各部	主なはたらき
大脳	運動や感覚の中枢。記憶・判断などの中枢。
間脳	自律神経系の中枢。体温調節・睡眠の中枢。
中脳	眼球の運動・ひとみの収縮・体の姿勢保持の中枢。
小脳	手足などの随意運動の調節。反射的に体の平衡を保つ中枢。
延髄	呼吸運動・血管収縮・心臓の運動を調節する中枢。
脊髄(せきずい)	脊髄反射の中枢。刺激や命令の連絡路。

・・・・・解説と解答・・・・・

③ **Point** アドレナリンとインスリンのはたらきは反対。

●選択肢のチェック

(1) アドレナリンは，グリコーゲンをブドウ糖に分解するのを促進し，また交感神経と協力し，心臓や血管の収縮力を高める。

(3) グルカゴンは，アドレナリンと協力し，血糖値の増大を促進する。

(4) コルチコイドには，鉱質コルチコイドと糖質コルチコイドがある。鉱質コルチコイドは無機イオンの量や細胞中の水分量および透過性を調節する。一方，糖質コルチコイドは血糖値の増加を促進したり，副腎皮質刺激ホルモンの分泌を抑制する。

(5) チロキシンは，物質交代(特に異化)を促進する。

答 (2)

④ **Point** F_1の遺伝子型は Aa

最初の交雑は，AA × aa → Aa(表１)となり，F_1の遺伝子型はすべてAaとなる。第２の交雑は，Aa × Aa → AA：Aa：aa＝１：２：１(表２)となる。したがって，純系(AAとaa)の割合は，

(１＋１)÷(１＋２＋１)×100＝50%となる。

	A	A
a	Aa	Aa
a	Aa	Aa

(表 1)

	A	a
A	AA	Aa
a	Aa	aa

(表 2)

答 (3)

⑤ **Point** 太郎の母親の遺伝子型は BO

太郎の父親と母親の遺伝子型は，それぞれAB，BOである。よって，右表より，太郎がA型である確率は25%となる。

	A	B
B	AB	BB
O	AO	BO

答 (2)

一般知識／自然科学／生物

自然科学

地　学

出題傾向

出題数は1問が多い。太陽系の特徴，地球型惑星と木星型惑星，大気の構造，高気圧と低気圧，日本の気象，フェーン現象，地球の内部構造，地震波，火山の分類に関する問題が頻出問題である。日頃から，新聞やニュースなども見ておこう。

Check!!　重要事項

1. 太陽系の特徴

◇惑星の公転する方向は，すべて太陽の［ 1 ］の方向と同じである。

◇惑星の軌道面は，ほぼ［ 2 ］面に一致している。

◇惑星の軌道は，すべて円に近い［ 3 ］である。

1　自転
2　黄道（こうどう）
3　だ円

2. ケプラーの法則

第1法則……惑星の軌道は，［ 1 ］を1つの焦点とするだ円である。

第2法則……惑星と太陽を結ぶ線分は，一定時間に一定の［ 2 ］を描く。

第3法則……惑星の太陽からの平均距離の［ 3 ］と公転周期の［ 4 ］との比は，惑星によらず一定である。

1　太陽
2　面積
3　3乗
4　2乗

3. 地球型惑星と木星型惑星

◇水星，金星，地球，［ 1 ］は地球型惑星，木星，土星，天王星，［ 2 ］は木星型惑星と呼ばれる。

◇地球型惑星の大気は，［ 3 ］，窒素などの比較的重い気体が主成分で，大気の量は［ 4 ］。

◇木星型惑星の大気は，［ 5 ］，ヘリウムなどの軽い気体とメタン・［ 6 ］のような［ 5 ］を多く含む分子の気体からなり，大気の量は［ 7 ］。

◇地球型惑星は自転周期が［ 8 ］のが特徴の1つで，なかでも［ 9 ］の自転周期は特に［ 8 ］。

1　火星
2　海王星
3　二酸化炭素
4　少ない
5　水素
6　アンモニア
7　多い
8　長い
9　金星

4. 大気の構造

◇大気は主に気温をもとにして，下層から対流圏，成層圏，中間圏，熱圏に分けられる。

対流圏……地表から10数kmの高さで，高さが増すにつれて気温は［ 1 ］する。

成層圏……高さ30kmより上では，太陽からの［ 2 ］を吸収して次第に気温が［ 3 ］する。

中間圏……気温は高さとともに［ 4 ］する。

熱　圏……気温は高さとともに［ 5 ］する。

1 低下
2 紫外線
3 上昇
4 低下
5 上昇

5. 地球の内部構造と地震波

◇地殻と核（コア）にはさまれた部分を［ 1 ］という。

◇地表から［ 2 ］面までを地殻（かく）という。

◇マントルと核との境には，［ 3 ］面がある。

◇核は外核と内核から成るが，両者の境にあるのが［ 4 ］面である。

◇地震の縦波を［ 5 ］，横波を［ 6 ］という。

◇S波の伝わる速度はP波よりも［ 7 ］。

◇［ 8 ］は固体中も液体中も伝わるが，［ 9 ］は液体中を伝わらない。

1 マントル
2 モホロビチッチ不連続
3 グーテンベルク
4 レーマン
5 P波
6 S波
7 遅い
8 P波
9 S波

6. 火山の形

◇［ 1 ］は，玄武岩質の粘度の低い溶岩の流動・堆積により形成されるため，底面積が広く，非常に傾斜のゆるやかな火山である。代表例はハワイ諸島の［ 2 ］山やキラウエア山である。

◇［ 3 ］は，流紋岩のような酸性の溶岩が盛りあがり，ドーム状の形になった火山である。酸性の溶岩は低温で流れにくいため，［ 1 ］のように横に広がることはない。代表例は［ 4 ］新山。

◇［ 5 ］は，安山岩質の溶岩の層と，火山灰・火山礫の層が交互に重なり，美しい形になった火山である。

1 楯（盾）状火山
2 マウナロア
3 溶岩ドーム（溶岩円頂丘）
4 昭和
5 成層火山（コニーデ）

予想問題

□ 1 **太陽系の特徴に関する次の記述のうち，正しいものはどれか。**

(1) 惑星の公転する方向は，すべて太陽の自転の方向と反対である。
(2) 惑星の軌道面は，ほぼ黄道面（地球の軌道面）に一致している。
(3) 太陽系全体の質量のうち，約60％を太陽が占めている。
(4) ボーデの法則があてはまらないのは，土星と天王星である。
(5) 太陽からの距離が近い惑星は質量が小さく，太陽からの距離が遠い惑星ほど質量が大きくなる。

□ 2 **地球型惑星と木星型惑星に関する次の記述のうち，正しいものはどれか。**

(1) 水星，金星，地球の３つを地球型惑星という。
(2) 木星型惑星の質量は大きく，平均密度も大きい。
(3) 地球型惑星の自転周期は長い。
(4) 木星型惑星の大気は，二酸化炭素，窒素などが主成分である。
(5) 木星型惑星は，衛星の数が少ない。

□ 3 **A～C は大気の構造に関する記述である。A～C に該当する語句の組合せとして正しいものは，次のうちどれか。**

A　いくつかの電離層があるので，電離圏とも呼ばれる。
B　大気は水平方向にも上下方向にも激しく混合するため，各種の気象現象が生じる。
C　温度は高さとともに上昇し，空気の対流はほとんどない。

	A	B	C
(1)	熱　圏	成層圏	対流圏
(2)	熱　圏	中間圏	成層圏
(3)	成層圏	対流圏	熱　圏
(4)	対流圏	成層園	熱　圏
(5)	熱　圏	対流圏	成層圏

・・・・・解説と解答・・・・・

1 **Point** 惑星の軌道面はほとんど一致している。

●選択肢のチェック

(1) 惑星の公転する方向は，すべて太陽の自転の方向と同じである。
(3) 約60%ではなく，約99.9%である。
(4) ボーデの法則があてはまらないのは，海王星である。
(5) 太陽からの距離が近い惑星および特に遠い惑星は質量が小さい。これに対し，太陽からの距離が中間に位置する惑星は質量が大きい。

答 (2)

2 **Point** 地球型惑星は，質量が小さく，平均密度が大きい。

●選択肢のチェック

(1) 水星，金星，地球，火星の４つを地球型惑星という。
(2) 木星型惑星の平均密度は小さい。
(4) 木星型惑星の大気は，水素，ヘリウムなどが主成分である。地球型惑星の大気は，二酸化炭素，窒素などから成る。
(5) 木星型惑星は，衛星の数が多い。

答 (3)

3 **Point** 各種の気象現象が生じるのは対流圏である。

●選択肢のチェック

A：熱圏に関する記述。窒素や酸素の原子が太陽の紫外線やX線を吸収して電子とプラスのイオンに分離していて，その密度の高い部分を電離層という。オーロラは熱圏の下層部で発生する。
B：対流圏に関する記述。成層圏との境界面を圏界面という。中間圏の特徴は高緯度で夜光雲が見られることである。
C：成層圏に関する記述。気温が上がるのは，オゾン層が太陽からの紫外線を吸収しているためである。

答 (5)

予想問題

□ 4 **A～D は地球の内部構造と地震波に関する記述である。A～D の正誤の組合せとして正しいものは，次のうちどれか。**

A　地表から深さ数10 km のところにある地震波の速度が急増する不連続面をモホロビチッチ不連続面という。

B　地表から深さ2900 km のところにある不連続面をレーマン面という。

C　P 波の伝わる速さは，S 波の伝わる速さの約 2 倍である。

D　P 波は固体中しか伝わらないが，S 波は固体・液体いずれの中でも伝わる。

	A	B	C	D
(1)	○	×	○	×
(2)	○	×	×	○
(3)	○	○	×	×
(4)	×	○	○	×
(5)	×	×	○	○

□ 5 **下表の A～E に該当するものの組合せで正しいものは，次のうちどれか。**

火山の形		溶岩ドーム	成層火山	楯状火山
主な岩石		（ A ）	（ B ）	（ C ）
マグマの性質	粘　度	（ D ）	中程度	（　　）
	SiO_2の量	（　　）	中程度	（ E ）

	A	B	C	D	E
(1)	安山岩	流紋岩	玄武岩	高　い	多　い
(2)	安山岩	玄武岩	流紋岩	低　い	多　い
(3)	流紋岩	安山岩	玄武岩	高　い	少ない
(4)	玄武岩	安山岩	流紋岩	高　い	少ない
(5)	玄武岩	流紋岩	安山岩	低　い	少ない

・・・・・解説と解答・・・・・

4 **Point** モホロビチッチ不連続面の上が地殻で，下がマントル。

固体地球の内部は地震波の伝わる速度の違いなどから，地殻，マントル，核（コア）の３層の構造に分かれている。

●選択肢のチェック

A：正しい。モホロビチッチ不連続面の上を地殻，下をマントルという。

B：グーテンベルク面に関する記述である。グーテンベルク面はマントルと核との境と推定されており，グーテンベルク面を境に，P波の速度は急に落ちるとともに，S波はそれより内部（核）では消える。なお，レーマン面は，外核と内核とを区別する不連続面のことである。外核は液体，内核は固体と考えられている。

C：正しい。P波のほうがS波よりも速いので，地震が起きた場合，どの地点でもP波が先に到着し，あとからS波が着く。

D：S波は固体中しか伝わらないが，P波は固体・液体・気体いずれの中でも伝わる。そのため，外核は液体なので，グーテンベルク面を境に，S波は消えることになる。

答（1）

5 **Point** 楯状火山の主な岩石は玄武岩である。

●選択肢のチェック

火山の形		溶岩ドーム	成層火山	楯状火山
主な岩石		（流紋岩）	（安山岩）	（玄武岩）
マグマの性質	粘　度	（高　い）	中程度	（低　い）
	SiO_2の量	（多　い）	中程度	（少ない）

SiO_2（二酸化ケイ素）含有量の多い火成岩は酸性岩，少ないものを塩基性岩，中間のものを中性岩という。酸性岩には流紋岩，中性岩には安山岩，塩基性岩には玄武岩がある。

答（3）

模擬試験の科目別出題数

合格最低ラインを約6割5分と考え，合格点を24点以上とします。

模擬試験は３回分あります。受験する自治体により若干科目別出題数は異なりますし，また，同じ自治体でも年度により若干科目別出題数は異なります。したがって，下のように，模擬試験１と模擬試験３は同じですが，模擬試験２の科目別出題数は若干異なるものにしました。

●模擬試験１

科目		出題数
一般知能	文章理解	3
	判断推理	7
	数的推理	4
	資料解釈	2
	小計	16
一般知識	政治	2
	経済	2
	社会	3
	思想	0
	日本史	2
	世界史	2
	地理	2
	国語	2
	文学･芸術	1
	数学	1
	物理	1
	化学	1
	生物	1
	地学	1
	小計	21
合計		37

●模擬試験２

科目		出題数
一般知能	文章理解	3
	判断推理	6
	数的推理	5
	資料解釈	2
	小計	16
一般知識	政治	3
	経済	2
	社会	2
	思想	0
	日本史	2
	世界史	2
	地理	2
	国語	2
	文学･芸術	1
	数学	1
	物理	1
	化学	1
	生物	1
	地学	1
	小計	21
合計		37

●模擬試験３

科目		出題数
一般知能	文章理解	3
	判断推理	7
	数的推理	4
	資料解釈	2
	小計	16
一般知識	政治	2
	経済	2
	社会	3
	思想	0
	日本史	2
	世界史	2
	地理	2
	国語	2
	文学･芸術	1
	数学	1
	物理	1
	化学	1
	生物	1
	地学	1
	小計	21
合計		37

注1：本書の模擬試験では，受験者の負担を考え，文章理解の出題数を３題としました。本試験では６題出ます。よって，本試験では合計40題の出題となります。

注2：本試験の制限時間は120分とする自治体が大半ですが，本書の出題数が37題であることから，制限時間は110分で取り組んでください。

Ⅲ 模擬試験

模擬試験 1

制限時間：110分
正解 → 別冊P3

合格圏突入→ 24/37 以上

1. 人としての生き方のお手本を父親が子供に伝えていくのは，現代の社会ではとても困難になっている。また，子供がトラブルに遭遇したとき，親が子供に代わって解決してやることも難しい。現代では優秀な人ほどその生き方に迷いが生じやすく、定まった生き方を確立しにくい。

一方，親の生き方は子供の生き方に影響を及ぼすものだ。それがよい影響か悪い影響かはともかく，何らかの影響を及ぼすのは確かだ。

したがって，父親も母親も子供に生き方のお手本を示すのは難しいものだけれど，自分なりの生き方を子供に示していくしかないだろう。

上文の主旨として妥当なものはどれか。

(1) 父親はどう生きても子供に影響を与えてしまうから，子供にプラスになるような生き方を心がけるべきである。

(2) 優秀な男ほど受験勉強，会社人間コースをたどっているであろうから，子供の生き方のお手本になどなれない。

(3) 父も母も自分の生き方を見失っているから子供を教育できないのであって，まずそれを求めなければならない。

(4) 父親が子供にお手本を示せないのは父親の権威が低下しているからであり，これの回復には母の協力が必要である。

(5) 現代は生き方が多様化しており，断定的には示せなくなっているから，父も母も自分の生き方を子供に見せていくしかない。

(1) ☐ (2) ☐ (3) ☐ (4) ☐ (5) ☐

2. 次の英文の内容と一致するものとして，最も適切なものはどれか。

Time certainly flies. Half of this year is already gone. Of course, "half a year already"is my personal feeling. There probably are people who feel that"only half a year"or"finally half a year" has passed.

Even though it is physically the same length of time, how it is perceived differs greatly from one person to another. When one is working *reluctantly, one will feel as if the clock hands were moving very slowly. But when one is enjoying oneself, time passes "in the twinkle of an eye."When one grows old, one year is also over"in the twinkle of an eye."Then one recalls with deep emotion how really rich and long one year was in childhood. One then comes to a **poignant realization that a passage from a Chinese poem,"A little boy may soon become old before learning enough"(Art is long, life is short), tells the truth.

* reluctantly……いやいや　　** poignant……胸を刺すような

(1) 幼い頃は，１年の半分を過ぎるともう半分という感じだったが，老境に入ると，やっと半分と感じるようになる。
(2) 人はどんな仕事に就き，どんな時間を過ごそうとも，「芸術は長し，人生は短し」という句を実感するときがある。
(3) 人は老境に入ると，「少年老い易く，学成り難し」という中国の詩が実感として迫ってくる。
(4) 人の一生において，１年はあっという間に過ぎ去るが，幼い頃のさまざまな体験は老境の人生を豊かなものにしてくれる。
(5) 人生の半分を過ぎる頃になると，人は幼い頃の友を思い出し，深い感慨に思いをはせることになる。

(1) [　　] (2) [　　] (3) [　　] (4) [　　] (5) [　　]

3. 次の英文中の空欄に該当するものとして，最も適切なものはどれか。

Many people don't know that the idea of "happiness" in a personal sense is a relatively new one —— no older than the French Revolution. The idea that happiness as such should be the controlling or dominating factor in human life rarely occurred to the ancients or to the medievals.

Along with the vague concept of "progress," happiness is (　　) of the last two centuries, when man began to feel he had overcome the forces of nature and when the idea of the individual personality became more important than the family, tribe, the city, or the nation.

(1) a failure
(2) a waste
(3) a bore

(4) a product
(5) a secret

(1) ├─┤ (2) ├─┤ (3) ├─┤ (4) ├─┤ (5) ├─┤

4. 下のような関係があるとすると，確実にいえることは次のうちどれか。
○ 判断力のある人は行動力がある。
○ 堅実性がない人は積極性がある。
○ 積極性がない人は行動力がない。

(1) 堅実性がない人は行動力がない。
(2) 積極性がない人は判断力がある。
(3) 判断力のある人は積極性がある。
(4) 行動力がある人は堅実性がない。
(5) 判断力がない人は堅実性がある。

(1) ├─┤ (2) ├─┤ (3) ├─┤ (4) ├─┤ (5) ├─┤

5. 五十音の字を一定の規則に従って，数字で表した暗号がある。この暗号によると，「サクラチルコロ」が「21　63　51　74　53　65　55」で表されるとすると，「キクマツリ」の暗号として正しいものは次のうちどれか。

(1) 62　63　71　43　54
(2) 64　63　71　43　52
(3) 62　63　41　73　52
(4) 64　63　41　73　54
(5) 62　63　41　73　54

(1) ├─┤ (2) ├─┤ (3) ├─┤ (4) ├─┤ (5) ├─┤

6. A～Eの5チームがリーグ戦を行った。結果は次のとおりである。
ア　DはEに敗れたが優勝した。
イ　BはEに勝ったが，Aに敗れた。
ウ　A，B，Cは同率であった。
エ　引き分け試合はなかった。
以上のことから，確実にいえることはどれか。

(1) AはCに勝った。
(2) AはEに敗れた。
(3) CはBに敗れた。
(4) CはEに敗れた。
(5) EはCに勝った。

(1) ├──┤ (2) ├──┤ (3) ├──┤ (4) ├──┤ (5) ├──┤

7. あるテレビ塔をA，B，C，Dの4地点から見ると，次のようになる。

A：真北にテレビ塔が見える。
B：A地点とテレビ塔が一直線に見える。
C：テレビ塔が真東に見え，塔からA，B両地点までの距離は等しく見える。
D：東にテレビ塔が，西にC地点が見え，B地点が北東に見える。

このとき，A地点からD地点を見ると，それはどの方向にあることになるか。

(1) 北東
(2) 北西
(3) 南西
(4) 北北西
(5) 西北西

8. A～Fの6人がトランプゲームを4回行った。このゲームでは，各回ごとに1位は3点，2位は2点，3位は1点，4位以下は0点という得点が与えられる。ゲームが終わったところで，各人の成績は次のようになった。

○Aは4回とも3位以上にはなれなかった。
○Bの合計得点は1点であった。
○Cは1回だけ3位以上になり，合計得点は3点であった。
○Dは3回3位以上になり，合計得点は4点であった。
○Eの合計得点は6点，Fの合計得点は10点であった。

以上から判断すると，EおよびFの得点内容として考えられるものはどれか。

(1) Eは1位が1回，2位が2回，3位が1回であった。
(2) EとFは4回とも3位以上であった。
(3) Eは2位が1回，Fは1位が3回であった。
(4) Eは2位が2回，3位が2回，Fは3位が1回であった。
(5) Eは1位，2位，3位が各1回，Fは1位が2回であった。

(1) ⊢　⊣ (2) ⊢　⊣ (3) ⊢　⊣ (4) ⊢　⊣ (5) ⊢　⊣

9. 下のサイコロ（両面の和が7）の展開図として正しいものは，次のうちどれか。

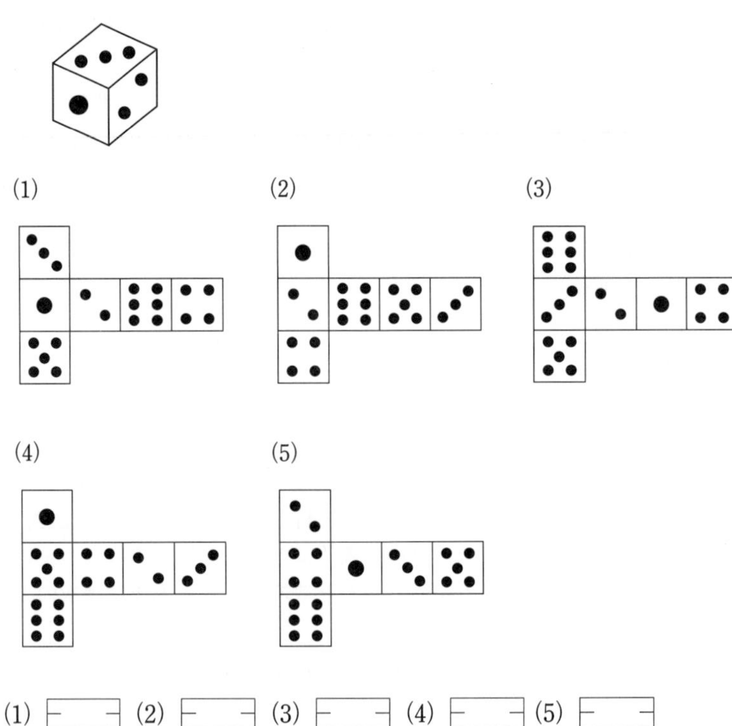

(1) ⊢　⊣ (2) ⊢　⊣ (3) ⊢　⊣ (4) ⊢　⊣ (5) ⊢　⊣

10. 真上から見ると，下図のように縦，横3列ずつ立方体が積んであり，それをA～Dの各水平方向から見ると，A～Dのようになる。このとき，積んである立方体の個数として，考えられる最小の値は次のうちどれか。

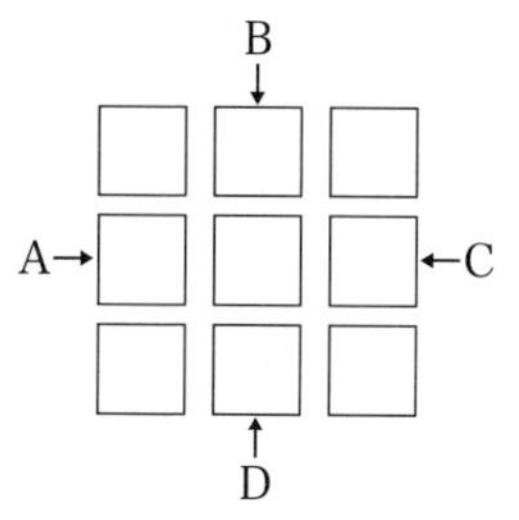

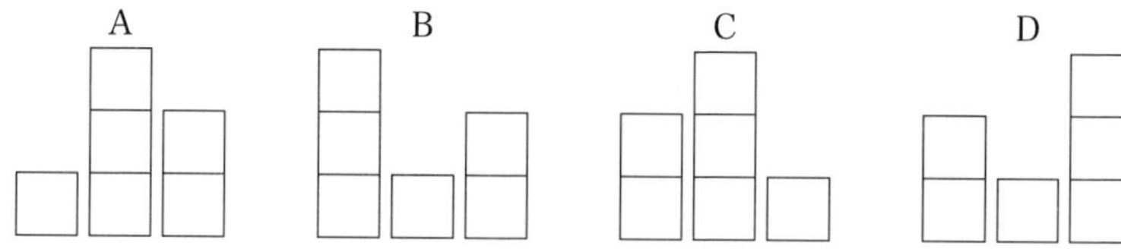

(1) 11 個
(2) 12 個
(3) 13 個
(4) 14 個
(5) 15 個

(1) ├─┤ (2) ├─┤ (3) ├─┤ (4) ├─┤ (5) ├─┤

11. ある電車が大勢の乗客を乗せて始発駅のA駅を出発した。B駅に着くと乗客の半数が下車し，新たに10人が乗ってきた。C駅では乗客の半数が下車し，新しく13人が乗ってきた。D駅では同じく乗客の半数が下車し，16人が乗ってきた。E駅ではまた半数の乗客が下車したが，乗った客はいなかった。その後，終着駅まで乗客の乗り降りはなかった。終着駅のF駅で降りた客は25人であったとすると，A駅を出発したときの乗客数とD駅を出発したときの乗客数との差は何人か。

(1) 110 人
(2) 130 人
(3) 150 人
(4) 170 人
(5) 190 人

(1) ├─┤ (2) ├─┤ (3) ├─┤ (4) ├─┤ (5) ├─┤

12.　ある電力会社の電気料金は次のように定められている。使用電力量が 15kWh まで，一定額の基本料金だけである。15kWh を超えるときは，15kWh を超えた分に対して，1 kWh につき定額の割合で超過料金をとり，基本料金に加算する。146kWh 以上になると，基本料金と超過料金の合計金額に対し 5 %の電気税がかかる。ある家では 8 月は 95kWh で 7,000 円，12月は 155kWh で 11,760 円の電気料金を支払ったという。このとき，正しいものは次のうちどれか。

(1) 基本料金は 1,000 円である。
(2) 基本料金は 1,200 円である。
(3) 基本料金は 1,400 円である。
(4) 超過料金は 1 kWh につき 80 円である。
(5) 超過料金は 1 kWh につき 90 円である。

(1) (2) (3) (4) (5)

13.　a，b，c はいずれも正の整数で，a は b より，b は c よりそれぞれ大きく，a と b との積は 108，b と c との積は 18 となる。また，a，b，c の最大公約数は 3 である。このとき，a の値として正しいものはどれか。

(1) 9　　(2) 12
(3) 18　　(4) 27
(5) 36

(1) (2) (3) (4) (5)

14.　下図で，円 O と円 O′は同半径で互いに接し，直線 PP′は円 O′の接線である。△ PO′M と△ MNO′の面積比はいくらか。

(1) 2 : 1
(2) 3 : 1
(3) 3 : 2
(4) 4 : 3
(5) 5 : 3

15.　下表は，A，B，Cの３市における年間収入額の階層別世帯数を示したものである。表から正しくいえるのはどれか。

年間収入額	世帯数		
	A 市	B 市	C 市
300 万円未満	1,205	2,150	912
300 万円以上 500 万円未満	4,098	10,210	5,474
500 万円以上 700 万円未満	4,580	10,748	8,210
700 万円以上 1,000 万円未満	1,567	2,687	2,190
1,000 万円以上	603	1,075	1,460
合　計	12,053	26,870	18,246

(1) A 市において，年間収入が 500 万円以上 1,000 万円未満の階層に属する世帯の年間収入合計額は 630 億円を超えている。

(2) B 市において , 年間収入が 500 万円未満の世帯数は総世帯数の約 39%を占めている。

(3) C 市の年間収入が 500 万円以上 700 万円未満の階層に属する人数は, A 市の年間収入が 1,000 万円以上の階層に属する人数の 13 倍以上である。

(4) A，B，Cの３市とも，年間収入が 300 万円以上 500 万円未満の階層に属する世帯数の総世帯数に占める割合は 35%を超えている。

(5) A 市とC 市における年間収入が 700 万円以上の世帯数の，A 市とC 市の総世帯数に占める割合は 25%未満である。

(1) ［　　］ (2) ［　　］ (3) ［　　］ (4) ［　　］ (5) ［　　］

16.　下図は，ある国の，2021 年と 2022 年の費目別の消費者物価指数の対前年上昇率を示したものである。次のア～ウの記述のうちから，正しいものをすべて挙げているものはどれか。

ア　2020 年を基準とした 2022 年の消費者物価指数が最も低いのは家事用品である。

イ　2020 年を基準とした 2022 年の消費者物価指数が最も高いのは保健医療である。

ウ　2021 年に比べて 2022 年の消費者物価が上がっているのは光熱・水道，被服・履物，保健医療の３つである。

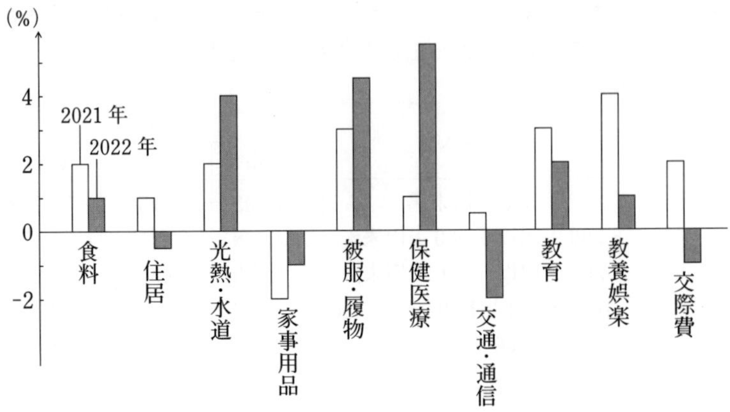

(1) ア
(2) ア，イ
(3) イ，ウ
(4) ウ
(5) ア，イ，ウ

(1) ⊢　⊣ (2) ⊢　⊣ (3) ⊢　⊣ (4) ⊢　⊣ (5) ⊢　⊣

17. 内閣総理大臣および国務大臣に関する次の記述のうち，正しいものはどれか。

(1) 内閣総理大臣は，国務大臣を罷免することができるが，その際には必ず閣議にかける必要がある。
(2) 内閣総理大臣は，必ずしも，文民でなくてもよい。
(3) 国務大臣は内閣総理大臣によって任命され，これを天皇が認証する。
(4) 国務大臣は，その在任中，国会の同意がなければ訴追されないが，この特典は国会の会期中に限られる。
(5) 国務大臣の数は憲法上定められており，1人の国務大臣がいくつかの各省大臣を兼ねることは許されない。

(1) ⊢　⊣ (2) ⊢　⊣ (3) ⊢　⊣ (4) ⊢　⊣ (5) ⊢　⊣

18. わが国の憲法改正に関する記述として正しいものは，次のうちどれか。

(1) 憲法改正についての国会の発議には，参議院においては総議員の2分の1以上の賛成が必要とされている。

(2) 憲法改正の発議についても，予算，条約と同様に，衆議院は参議院に対して優越的地位を占めている。
(3) 憲法改正についての国会の発議の議決には，衆議院においては出席議員の３分の２以上の賛成が必要とされている。
(4) 国会が発議した改正案は国民投票を行い，過半数の賛成を得た場合，国民の承認を受けたものとされる。
(5) 憲法には改正の限界についての特別の規定はないから，国会の議決があれば根本規範に触れるような改正も発議できるというのが学説上の多数説である。

(1) ├ ┤ (2) ├ ┤ (3) ├ ┤ (4) ├ ┤ (5) ├ ┤

19. わが国の財政に関する次の記述のうち，正しいものはどれか。
(1) 昭和 50 年度以降，赤字国債（特例国債）などが大量に発行されたことから，国債残高は 2023 年度末において 2,000 兆円に上ると見込まれている。
(2) 消費税率が徐々に引き上げられたことから，それに伴い間接税の割合が高まり，現在，国税のうち直接税の割合は 40％未満となっている。
(3) 最近，名目国内総生産（GDP）に対する財政（一般会計）の割合は 20％程度で推移している。
(4) 2023 年度当初予算における国債依存度は約 60％となり，歳入の半分以上を借金で賄う事態となった。
(5) 2023 年度の一般会計歳出における主要経費別の内訳は，例年通り社会保障関係費が最も多く，次いで国債費，地方交付税交付金，公共事業関係費の順となっている。

(1) ├ ┤ (2) ├ ┤ (3) ├ ┤ (4) ├ ┤ (5) ├ ┤

20. Ａ～Ｄは最近の世界経済の動向に関して述べたものである。正誤の組合せとして正しいものは，次のうちどれか。
A　2021 年の世界全体の実質経済成長率が，新型コロナウイルスの感染拡大によりマイナス成長を記録したため，2022 年の世界の実質経済成長率はその反動から 6.1％の高い値を達成した。
B　米連邦準備制度理事会は 2023 年９月に開いた米連邦公開市場委員会（FOMC）で，政策金利である FF（フェデラルファンド）金利を 0.25％引き上げ，5.25～5.50％とした。これで利上げは，2022 年３月以降，

13会合連続となった。

C　環太平洋経済連携協定（TPP）の加盟11か国は2023年7月，閣僚会合において，イギリスのTPPへの参加を正式に承認した。この結果，太平洋を中心としたTPPの経済圏が欧州に拡大することになった。

D　ロシアのウクライナ侵攻に伴い，ユーロ圏ではエネルギーや食品などの価格が大幅に上昇したことで，経済成長が減速している。中でも，欧州の経済大国であるドイツの低迷が2023年に入っても顕著となっている。

	A	B	C	D		A	B	C	D
(1)	○	○	×	×	(2)	×	○	×	○
(3)	×	×	○	○	(4)	×	×	○	×
(5)	○	○	×	○					

(1) ［　］ (2) ［　］ (3) ［　］ (4) ［　］ (5) ［　］

21.　A～Dは，わが国の医療保険制度と年金制度に関する記述である。正誤の組合せとして正しいものはどれか。

A　治療費の窓口負担割合は年齢と所得により異なる。70歳以上75歳未満の場合，一般の人は1割であるが，現役並みの所得のある人は3割である。

B　国民年金は，日本国内に住んでいる20歳以上60歳未満のすべての人が加入しなければならない。ただし，日本国内に住んでいても，外国人は国民年金に加入する必要はない。

C　会社員の場合，勤務先に組合があれば「組合健康保険」，組合がないときは「協会けんぽ」に加入することになっているが，保険料率は「協会けんぽ」の方が高めとなっている。

D　2015年10月に被用者年金一元化法が施行されたことで，共済年金は廃止され，厚生年金と統合した。

	A	B	C	D		A	B	C	D
(1)	○	×	×	○	(2)	×	○	○	×
(3)	○	○	×	○	(4)	×	×	○	○
(5)	○	○	×	×					

(1) ［　］ (2) ［　］ (3) ［　］ (4) ［　］ (5) ［　］

22.　A～Dは最近の出来事に関する記述である。正しいものをすべて挙げているものは，次のうちどれか。

A　ロシアが2022年2月，ウクライナに侵攻したため，欧米諸国はウクライナに対して武器支援を行うとともに，ロシアに対する経済制裁を強めている。しかし，中国やインドなどの多くの国はこの経済制裁に参加していない。

B　2023年5月に広島で開催されたG7サミットでは，ウクライナのゼレンスキー大統領を招待したほか，「グローバルサウス」と呼ばれる新興国・途上国を取り込むため，インド，インドネシア，オーストラリア，韓国，ブラジル，ベトナム，コモロ，クック諸島の8か国が招待された。

C　マイナンバーカードの利用拡大に向けた改正マイナンバー法が2023年6月に成立したことで，2024年秋に健康保険証を廃止して，マイナンバーカードに一本化する動きが加速されることになった。

D　自営業者らが加入する国民年金の2020年度分の保険料の「最終納付率」が60%台にまで低下した。この原因としては，年金制度への不信感が高まっていることなどが挙げられる。

(1) A，B　(2) B，C　(3) C，D
(4) A，D　(5) A，C

(1) ［　］ (2) ［　］ (3) ［　］ (4) ［　］ (5) ［　］

23.　A～Dは時事用語を説明したものである。A～Dの正誤の組合せとして正しいものはどれか。

A　サステナビリティ――「持続可能性」「維持可能性」のことで，自然環境，社会，経済などが将来にわたり現在の価値を維持していくことを目指す考え方のこと。

B　生成AI――膨大なデータをもとに，文章，画像，動画などを生成するAIのこと。生成AIは自らが新たな創造が可能であるため，従来のAIのようなルールの設定などは必要ない。

C　超高齢社会――65歳以上の人口割合が30%を超えた社会のこと。わが国の場合，2020年に超高齢社会に突入し，その後も，高齢者の割合は持続的に上昇している。

D　IR――カジノを含む統合型リゾートのこと。自治体からの申請を受け，国土交通相が最大3地域を選ぶことになったが，整備計画を申請したのは横浜市と大阪府・大阪市の2地域であった。

	A	B	C	D		A	B	C	D
(1)	○	○	×	×	(2)	○	×	×	○
(3)	×	×	○	×	(4)	×	○	×	○
(5)	×	×	○	○					

(1) ├　┤ (2) ├　┤ (3) ├　┤ (4) ├　┤ (5) ├　┤

24.　歴史上の天皇に関する次の記述のうち，正しいものはどれか。

(1) 天智天皇――全国にわたる最初の戸籍である庚午年籍を作り，改新政治の推進に努めた。

(2) 桓武天皇――山背国の福原京に遷都し，次いで，現在の京都の地に平安京を作り，遷都した。

(3) 白河天皇――譲位後自ら上皇として幼少の天皇を後見しながら実権を握り，執権政治の基礎を築いた。

(4) 後醍醐天皇――室町幕府を倒すため正中の変や元弘の変を起こし，建武の新政を実現した。

(5) 孝明天皇――妹を 15 代将軍徳川慶喜に嫁がせて公武合体を試みたが，失敗した。

(1) ├　┤ (2) ├　┤ (3) ├　┤ (4) ├　┤ (5) ├　┤

25.　日露戦争に関する次の記述のうち，正しいものはどれか。

(1) 日本とロシアは，日本がロシア革命に干渉してシベリア出兵したことから，戦争に突入した。

(2) 日本とロシアは，ロシアが日本の満州占領に反対して満州に出兵したことから，戦争に突入した。

(3) 日本とロシアは，アメリカ大統領セオドア=ローズヴェルトの斡旋により，ポーツマスで講和条約に調印した。

(4) 日本とロシアは，アメリカ大統領ウィルソンの斡旋により，ワシントンで講和条約に調印した。

(5) 日本とロシアは，講和条約締結を巡って対立したが，最終的にはロシアが賠償金を支払うことで合意した。

(1) ├　┤ (2) ├　┤ (3) ├　┤ (4) ├　┤ (5) ├　┤

26.　ウィーン体制に関する次の記述のうち，正しいものはどれか。

(1) ウィーン体制を成立させたウィーン会議は，オーストリアの宰相メッテルニヒの主導で行われた。

(2) ウィーン体制を支えた四国同盟は，ロシア皇帝アレクサンドル1世の主唱で成立したもので，キリスト教の正義・友愛の精神をもって平和維持をはかることをその目的とした。

(3) ウィーン体制は，各国内に台頭しつつある自由主義運動を擁護しつつ，ヨーロッパの現状を維持することを目指している。

(4) ウィーン体制は，ラテンアメリカ諸国やギリシャ独立により一時激しく動揺したが，その後一層強固なものとなった。

(5) ウィーン体制においては，神聖ローマ帝国が復活し，フランス，スペイン，ナポリでブルボン家が国王に復位するなど，反動的，復古的措置がとられた。

(1) [ ] (2) [ ] (3) [ ] (4) [ ] (5) [ ]

27. 次のA～Cは西欧諸国の植民地活動について述べたものである。A～Cに該当する国名の組み合わせとして正しいものはどれか。

A　ジャワ島のバタヴィアを根拠地としてセイロン，マラッカ，モルッカ諸島など東南アジア以東の香辛料の生産地を独占的に支配し，南アフリカのケープ植民地を東方貿易の中継とした。

B　アジアにおいてはインド経営に専念し，カルカッタ，マドラス，ボンベイを占領してその根拠地とした。また，16世紀より北アメリカに植民地を試み，17世紀には東海岸に新教徒による植民地が開かれた。

C　1608年，ケベック市を建設し，その後，カナダ一帯に進出した。また，ミシシッピ川を下ってメキシコ湾に到達し，ルイジアナ植民地をつくった。

	A	B	C
(1)	イギリス	オランダ	フランス
(2)	オランダ	イギリス	フランス
(3)	フランス	イギリス	オランダ
(4)	オランダ	フランス	イギリス
(5)	フランス	オランダ	イギリス

(1) [ ] (2) [ ] (3) [ ] (4) [ ] (5) [ ]

28.　世界の主要な湖水に関する次の記述のうち，正しいものはどれか。

(1) マラカイボ湖はメキシコ東部の湖で，湖岸・湖底は油田地帯を形成し，国内の約 80％を生産している。

(2) 五大湖は氷食を成因として形成された湖で，セントローレンス海路により大西洋に通じている。

(3) バイカル湖の周辺は，チュメニ油田の開発によって急速に発展し，湖岸にはハバロフスクなどの工業都市がある。

(4) カスピ海は，イスタンブール付近の狭い海峡によって地中海に連絡しており，世界最大の湖である。

(5) アイセル湖はバルト海の干拓により生じた淡水湖で，運河で北海と連絡している。

(1) (2) (3) (4) (5)

29.　次のＡ～Ｃは南アメリカ諸国に関する記述である。Ａ～Ｃに該当する国の組み合わせとして正しいものはどれか。

A　アンデス山脈が中央部を南北に走り，住民の大部分はインディオとメスチソである。インカ帝国の中心地があり，1821 年にスペインから独立した。

B　住民の大部分は高地に住んでいる。主要な産物は綿花，バナナ，タバコ，コーヒー豆などで，特にコーヒー豆の生産量は世界有数で，輸出量も多い。

C　チリとの太平洋戦争（1879 ～ 83）に敗北し，太平洋岸を奪われて，内陸国となった。首都ラパスは世界一標高が高い首都である。すず鉱の生産高は世界有数である。

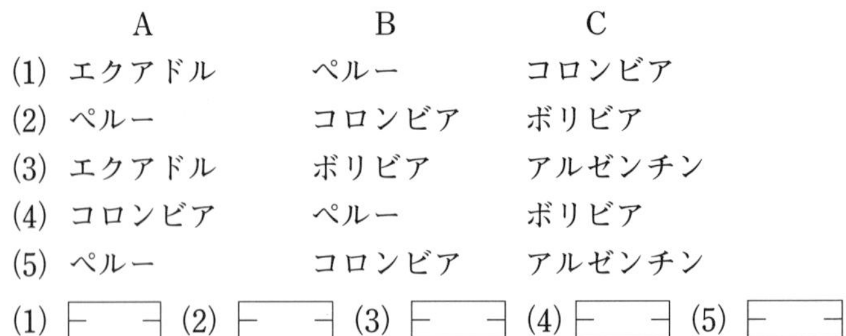

	A	B	C
(1)	エクアドル	ペルー	コロンビア
(2)	ペルー	コロンビア	ボリビア
(3)	エクアドル	ボリビア	アルゼンチン
(4)	コロンビア	ペルー	ボリビア
(5)	ペルー	コロンビア	アルゼンチン

(1) (2) (3) (4) (5)

30.　下線部の漢字の使い方が正しいものをすべて挙げているものは，次のうちどれか。

A　不況で操業短縮にふみきる。
B　彼が私の複心の部下である。
C　露天で赤いセーターを買う。
D　先方に損害陪償を請求する。
E　戦場は焦土と化した。

(1) A，B，D
(2) A，E
(3) B，C，E
(4) D，E
(5) A，C，D

(1) ☐ (2) ☐ (3) ☐ (4) ☐ (5) ☐

31.　カタカナにあてた漢字が正しいものは，次のうちどれか。

(1) 老後は無事アンノン（安隠）に暮らしたい。
(2) 彼女の発言はフンガイ（憤概）に堪えない。
(3) ユウゼン（裕然）としていて少しもあわてない。
(4) あの評論家はドクゼツ（毒説）家として有名である。
(5) 交通事故でヒンシ（瀕死）の重傷を負う。

(1) ☐ (2) ☐ (3) ☐ (4) ☐ (5) ☐

32.　作者と作品の組み合わせがすべて正しいものはどれか。

(1) 芥川龍之介———和解，河童
(2) 谷崎潤一郎———細雪，阿部一族
(3) 山本有三————女の一生，路傍の石
(4) 武者小路実篤——不如帰，友情
(5) 川端康成————雪国，蒲団

(1) ☐ (2) ☐ (3) ☐ (4) ☐ (5) ☐

33. 第２象限における角 θ について，$\cos\theta = -\dfrac{2}{3}$ のとき，$\tan\theta$ の値はいくらか。

(1) $\dfrac{\sqrt{5}}{2}$

(2) $-\dfrac{\sqrt{5}}{2}$

(3) $\dfrac{\sqrt{5}}{3}$

(4) $-\dfrac{\sqrt{5}}{3}$

(5) $\dfrac{\sqrt{5}}{4}$

(1) ⊢ ⊣ (2) ⊢ ⊣ (3) ⊢ ⊣ (4) ⊢ ⊣ (5) ⊢ ⊣

34. 重さ 100kg のおもりを下図のように下げたとき，A，B にかかる重さはいくらか。

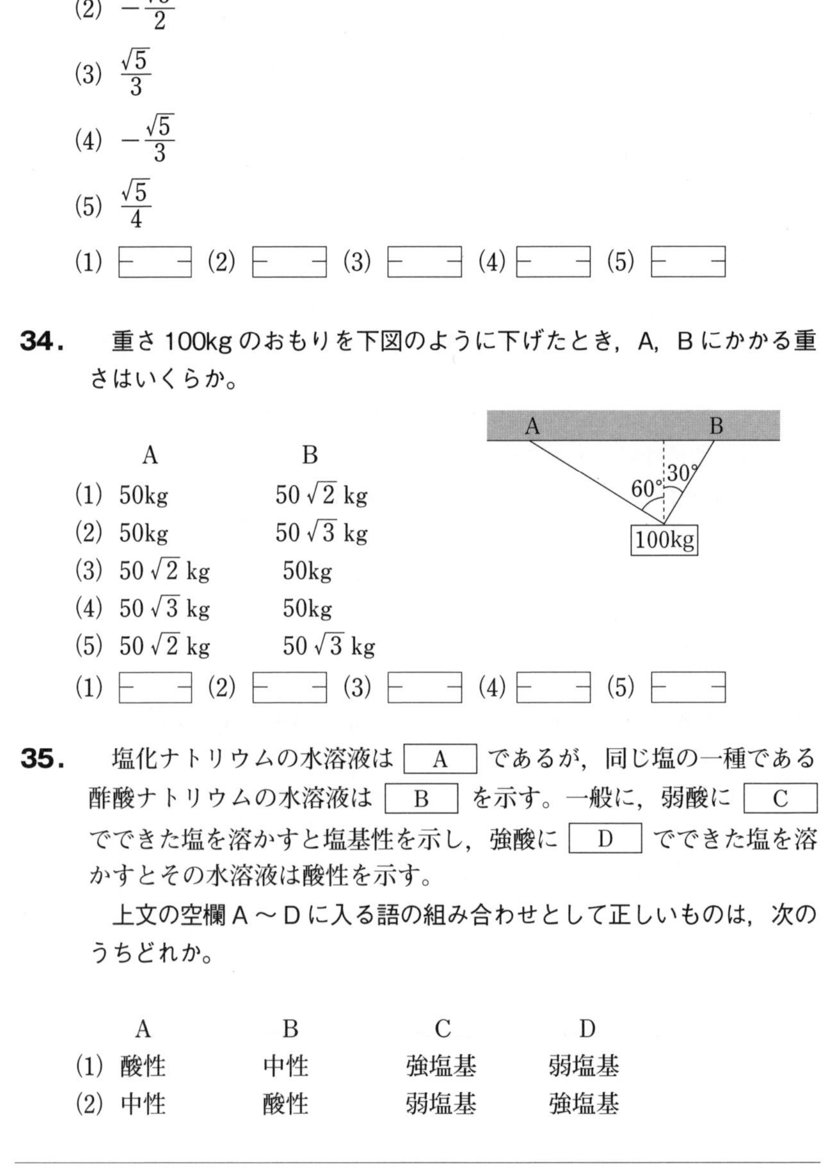

	A	B
(1)	50kg	$50\sqrt{2}$ kg
(2)	50kg	$50\sqrt{3}$ kg
(3)	$50\sqrt{2}$ kg	50kg
(4)	$50\sqrt{3}$ kg	50kg
(5)	$50\sqrt{2}$ kg	$50\sqrt{3}$ kg

(1) ⊢ ⊣ (2) ⊢ ⊣ (3) ⊢ ⊣ (4) ⊢ ⊣ (5) ⊢ ⊣

35. 塩化ナトリウムの水溶液は［　A　］であるが，同じ塩の一種である酢酸ナトリウムの水溶液は［　B　］を示す。一般に，弱酸に［　C　］でできた塩を溶かすと塩基性を示し，強酸に［　D　］でできた塩を溶かすとその水溶液は酸性を示す。

上文の空欄Ａ～Ｄに入る語の組み合わせとして正しいものは，次のうちどれか。

	A	B	C	D
(1)	酸性	中性	強塩基	弱塩基
(2)	中性	酸性	弱塩基	強塩基

(3) 塩基性　　　中性　　　強塩基　　　弱塩基
(4) 酸性　　　塩基性　　　弱塩基　　　強塩基
(5) 中性　　　塩基性　　　強塩基　　　弱塩基

(1) ［　　］ (2) ［　　］ (3) ［　　］ (4) ［　　］ (5) ［　　］

36. ヒトの血管系に関する次の記述のうち，正しいものはどれか。

(1) 動脈は心臓へ近づいていく血管で，その内皮を取り巻く筋肉の層は薄いが弾力性に富み，血流速度が速い。

(2) 静脈は心臓から遠ざかる血管で，その内皮を取り巻く筋肉の層は薄いが，弾力性に乏しく，血流速度が遅い。

(3) 毛細血管は組織の細胞と接触する血管で，ところどころに体表から熱が出るのを防ぐ役割を果たすクチクラ細胞と呼ばれる膨張性の細胞をもつ。

(4) 心臓は，血管の壁に筋肉が発達し，自動的に収縮するようになった器官で，この拍動によって血液を動脈に送り出す。

(5) 肺循環を経て肺動脈にもどってきた動脈血は，左心房→左心室→大動脈へと送り出され，からだ全体に循環する。

(1) ［　　］ (2) ［　　］ (3) ［　　］ (4) ［　　］ (5) ［　　］

37. 日本の気候と関係の深い気団についての記述として，正しいものはどれか。

(1) シベリア気団は，日本には主として梅雨期と秋期に到来する，寒冷で湿度の高い気団である。

(2) オホーツク気団は，日本には主として冬期に到来する，寒冷で湿度の低い気団である。

(3) 小笠原気団は，日本には主として夏期に到来し，積雲や雷雨をもたらす高温多湿の気団である。

(4) 赤道気団は，日本には主として夏期に到来し，梅雨をもたらす高温多湿の気団である。

(5) 揚子江気団は，日本には主として春期に秋期に到来する，温暖で湿度の高い気団である。

(1) ［　　］ (2) ［　　］ (3) ［　　］ (4) ［　　］ (5) ［　　］

模擬試験 2

制限時間：110分
正解 → 別冊 P20

合格圏突入→ 24/37 以上

1. 今の世の中は解説が過剰になっている。美術作品に対してあまりにも微細に解説を加えた結果，私たちは美術作品に対して自分で考えることができなくなった。知識が先行して観察がおろそかになってしまった。

今の人たちは美術作品に対する知識がなければ，その美はわからないという。だが、美とはわかるものではなく，感じ取るものだ。美術作品が作られた時代，その作者などをわかるということとその美を感じ取ることは，本来別種のことであるはずである。しかし，今の人たちはこの違いに気づかないだけではなく，わかるということを重視し過ぎている。その結果，美を感じ取ることはできず，その思考の中で加減乗除されるばかりになっている。

上文の下線部分の意味として最も適当なものはどれか。

(1) 美的要素の取捨選択をする。
(2) 感じとろうと必死で頑張る。
(3) 茫然自失する。
(4) 金銭的な評価を試みる。
(5) わかろうとあれこれ考える。

(1) [ ] (2) [ ] (3) [ ] (4) [ ] (5) [ ]

2. 次の英文の内容に一致するものとして，適切なものはどれか。

After my dog disappeared I was so sad for so long that my mother, on a trip to Tokyo, bought me a pair of *bantams. The metal box they came in was too small, so we had a carpenter build a *coop for them in the corner of the garden. The bantams were different from the dog —— they weren't affectionate, and you couldn't *romp around with them —— but there was something lovable about that, too, I thought. I took care of them diligently, feeding them and cleaning their cages. Taking care of them was a pleasure. After some days, I saw little white eggs laid by our birds. But the next day too there were eggs, neatly placed right there in the nest. These had to be new eggs, because yesterday's eggs we had eaten for this morning's breakfast, before going to school. I had felt sorry to eat them, after the bird had worked so hard to lay them. If you let them alone, wouldn't the eggs change, and hatch into chicks? My mother said, "I don't think we can expect a hen to set all year round, but anyway let's not take eggs for a while and see what happens."

* bantams……チャボ　* coop……鶏小屋　* romp……駆け回る

(1) 姿を消した犬のことで，私がいつまでもとても悲しがっていたので，母は私を１つがいのチャボを買いに東京へ行かせた。
(2) チャボは，犬と違い，一緒にその辺を駆け回ったりできないので，私はかわいいと思った。
(3) 私は，巣の中に白い卵が１つもないのに気づいたとき，私たちの鳥が本当に卵を産むとは信じられなかった。
(4) 昨日の新しい卵は今朝学校に行く前，朝食で食べてしまったので，この卵は新しい卵に相違なかった。
(5) 母は，鶏をずっとここに置いておくことはできないが，少しの間卵を取らず，様子を見ることにしようと言った。

(1) [　　] (2) [　　] (3) [　　] (4) [　　] (5) [　　]

3. 次の英文の標題として最も適切なものはどれか。

One day an old man was looking for something on the street. He picked up something and put it into his pocket. Then he picked up another and put it into his pocket again. So he went on. A policeman came up to him and asked him what he was doing. The old man took a broken piece of glass out of his pocket and showed it to the policeman. The old man pointed to the children who were playing a little way off and said with a smile, "Look at the children. They are all playing without shoes and stockings. I do not want them to hurt their feet."

(1) 老人の失敗
(2) 老人の拾いもの
(3) 老人の隠れた善行
(4) 老人とよい子供たち

(5) 警官にとがめられた老人

(1) ├─┤ (2) ├─┤ (3) ├─┤ (4) ├─┤ (5) ├─┤

4.　A～Eの5人が100mと400mの競走を行った。順位について，ア～オのことがわかっている。

ア　Aはいずれにおいても5位はない。

イ　Bはいずれか一方はEより順位が上である。

ウ　Cは400m競走で3位であった。

エ　Dはいずれか一方が1位であり，もう一方は4位であった。

オ　Eはいずれにおいても Aより順位は上であるが，1位にはなっていない。

1位が7点，2位が5点，3位が3点，4位が2点，5位が1点として，合計点が2番目に高いのはA～Eのうちだれか。

(1) A
(2) B
(3) C
(4) D
(5) E

(1) ├─┤ (2) ├─┤ (3) ├─┤ (4) ├─┤ (5) ├─┤

5.　20人の留学生について語学の調査をしたところ，英語を話せる者は12人，フランス語を話せる者は15人であった。また全員，英語，フランス語，ドイツ語のうち2か国語を話すことができるが，3か国語全部話せる者はいなかった。

英語とフランス語の両方を話せる者が7人であるとすると，フランス語とドイツ語の両方を話せる者は何人か。

(1) 5人
(2) 6人
(3) 7人
(4) 8人
(5) 9人

(1) ├─┤ (2) ├─┤ (3) ├─┤ (4) ├─┤ (5) ├─┤

6. A～Eの5クラスから，学園祭の実行委員を各クラス2人ずつ選出したところ，次のア～カのようになった。ただし，A，B，Cは男子と女子のいるクラスで，D，Eは男子のみのクラスである。

ア 選出された者は，体育会か文化会のどちらか1つだけに属しており，男女とも体育会に属する者と文化会に属する者の人数は等しい。
イ 1クラスから2人とも女子が選出されたのはBのみである。
ウ Bから選出された者は，2人とも文化会に属している。
エ Cから選出された者のうち，1人は体育会に属する女子である。
オ Dから選出された者は，それぞれ体育会と文化会に属している。
カ Eから選出された者のうち，1人は体育会に属している。

以上のことから判断して，Aから選出された者について確実にいえることはどれか。

(1) 2人とも男子で，ともに体育会に属している。
(2) 2人とも男子で，1人は体育会に，もう1人は文化会に属している。
(3) 1人は体育会に属する男子で，もう1人は文化会に属する女子である。
(4) 男子1人，女子1人で，ともに文化会に属している。
(5) 2人のうち，1人は体育会に属する女子である。

(1) (2) (3) (4) (5)

7. 下図のようにつながった9枚の切手がある。3枚の切手をつながったまま切り取りたい。残りの6枚もつながったままで残るように切ると，何通りの方法があるか。

(1) 16通り
(2) 18通り
(3) 20通り
(4) 22通り
(5) 24通り

(1) (2) (3) (4) (5)

8.　A～Eの友人5人は，テニス，サッカー，水泳，バレーの4つの運動部のうち，それぞれ2つの部に所属している。しかし，5人ともお互いが2つとも同じ部に所属していることはない。A～Eの各人は自分の所属している部について以下のように言っている。

A：私はテニス部に入っています。

B：私はほかの4人のうち2人とサッカー部に入っています。

C：私は友人と3人でバレー部に入っています。

D：私はA，B両君と同じ部に入っていますが，C君とは一緒ではありません。

E：私はテニス部に入ると水泳部が入部を許可しないので，水泳部に入りました。

以上より，各人の所属として正しいものは次のうちどれか。

(1) Aはテニス部，バレー部に所属している。
(2) Bはテニス部，サッカー部に所属している。
(3) Cはサッカー部，バレー部に所属している。
(4) Dはテニス部，水泳部に所属している。
(5) Eはバレー部，水泳部に所属している。

(1) ☐ (2) ☐ (3) ☐ (4) ☐ (5) ☐

9.　下図のような1辺が6 cmの立方体の8つの頂点にア～クの記号をつけることにし，ア，イ，ウの3つの記号は下図の通りに入れたとする。残り5つの頂点に，次の甲，乙の示す条件に従ってエ～クの記号をつけたい。記号のつけ方は全部で何通りか。

甲：頂点エと頂点アは立方体の同じ面上にない。

乙：頂点オと頂点カを結んだ線分の長さは6 cmである。

(1) 2通り
(2) 4通り
(3) 6通り
(4) 8通り
(5) 10通り

(1) ☐ (2) ☐ (3) ☐ (4) ☐ (5) ☐

10.　240 ℓ 入る水槽に$\frac{1}{4}$だけ水が入っている。この水槽の栓をぬくと同時に同じ太さの２本のホースを使って水を入れ始めたが，５分間たっても水は水槽の$\frac{1}{3}$までしか増えなかった。そこで，直ちにホースを３本にしたところ，４分間で水は$\frac{1}{2}$まで増えた。このままの状態で給水と排水を同時に行った場合，この水槽が$\frac{1}{2}$になった時から満杯になるまでの時間(A)とホース１本当たりの給水量(B)との組み合わせとして正しいものは，次のうちどれか。ただし，毎分当たりの排水量および各ホースの給水量は一定とする。

	A	B
(1)	8分間	6 ℓ / 分
(2)	9分間	8 ℓ / 分
(3)	10分間	6 ℓ / 分
(4)	11分間	8 ℓ / 分
(5)	12分間	6 ℓ / 分

(1) ［　］ (2) ［　］ (3) ［　］ (4) ［　］ (5) ［　］

11.　ある高校の野球部員は，１年生，２年生，３年生，それぞれ同数ずつ合計21名である。また，部員の出身中学はA～Eの５校で，A, B, C校の出身者は同数で，D, E２校の出身者も同数である。１年生の部員の出身校はA校，B校，２年生の部員の出身校はC校，D校，３年生の部員の出身校はB校，C校，E校である。

以上のことから正しくいえることは，次のうちどれか。

(1)　１年生のA校出身者は４名である。
(2)　１年生のB校出身者は３名である。
(3)　２年生のD校出身者は４名である。
(4)　３年生のC校出身者は１名である。
(5)　３年生のE校出身者は４名である。

(1) ［　］ (2) ［　］ (3) ［　］ (4) ［　］ (5) ［　］

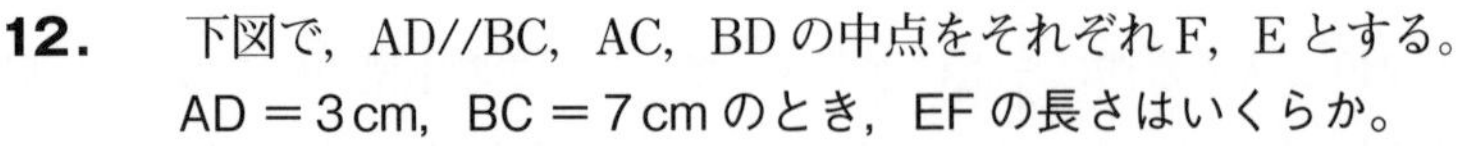

12. 下図で，AD//BC，AC，BD の中点をそれぞれ F，E とする。AD ＝3cm，BC ＝7cm のとき，EF の長さはいくらか。

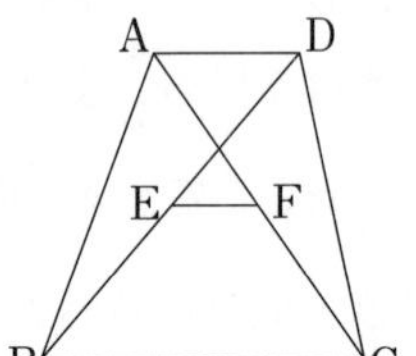

(1) 1.5cm
(2) 1.8cm
(3) 2.0cm
(4) 2.2cm
(5) 2.4cm

(1) ▭ (2) ▭ (3) ▭ (4) ▭ (5) ▭

13. 箱 A，B にはそれぞれ，赤い玉が２個，白い玉が３個，黒い玉が２個ずつ入っている。まず，箱 A から箱 B に玉を２個移し，次に箱 B から箱 A に玉を２個移すとすると，どちらの移動でも，赤い玉が１個，白い玉が１個，移動する確率はいくらか。

(1) $\frac{1}{5}$

(2) $\frac{1}{7}$

(3) $\frac{2}{21}$

(4) $\frac{2}{25}$

(5) $\frac{3}{25}$

(1) ▭ (2) ▭ (3) ▭ (4) ▭ (5) ▭

14. 下図において，直角をはさむ２辺の和が 21cm の直角三角形 ABC に半径３cm の円 O が内接している。このとき，△ ABC の面積はいくらか。

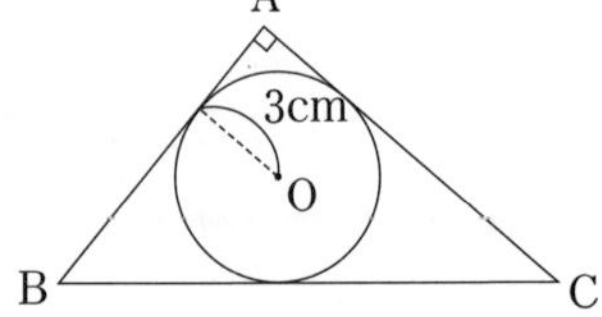

(1) $42cm^2$
(2) $46cm^2$
(3) $50cm^2$
(4) $54cm^2$
(5) $58cm^2$

(1) ▭ (2) ▭ (3) ▭ (4) ▭ (5) ▭

15. 下表は，主要国の自動車生産台数の推移を示したものである。この表から確実にいえるものはどれか。

（単位：千台）

	1990 年	2000 年	2010 年	2020 年
日　本	13,487	10,141	9,629	8,068
中　国	470	2,069	18,265	25,225
インド	364	801	3,557	3,382
アメリカ	9,785	12,800	7,743	8,821
ドイツ	4,977	5,527	5,906	3,743
ブラジル	914	1,682	3,382	2,014

(1) 中国は 1990 年～ 2020 年の間，生産台数が 50 倍以上に増加しているが，これは輸出の増加によるものである。
(2) 1990 年のインドの生産台数を 100 としたとき，2020 年の日本の生産台数の指数は 2,500 を上回っている。
(3) 2000 年～ 2020 年の間におけるアメリカの平均生産台数は ,1990 年～ 2010 年の間におけるドイツのそれの 2 倍を上回っている。
(4) 2000 年の世界計の生産台数が 5,800 万台，2020 年のそれが 7,700 万台の場合，中国の世界計に占める割合は 20 年間で約 30％上昇したことになる。
(5) 2000 年～ 2010 年の間におけるアメリカの生産台数の減少率は，2010 年～ 2020 年の間におけるブラジルの減少率の約半分である。

(1) [　　] (2) [　　] (3) [　　] (4) [　　] (5) [　　]

16. 下図は，部門別社会保障給付費の国民所得に対する割合を示したものである。この図から正しくいえるものはどれか。

なお，社会保障給付費＝年金給付費＋医療給付費＋その他の給付費

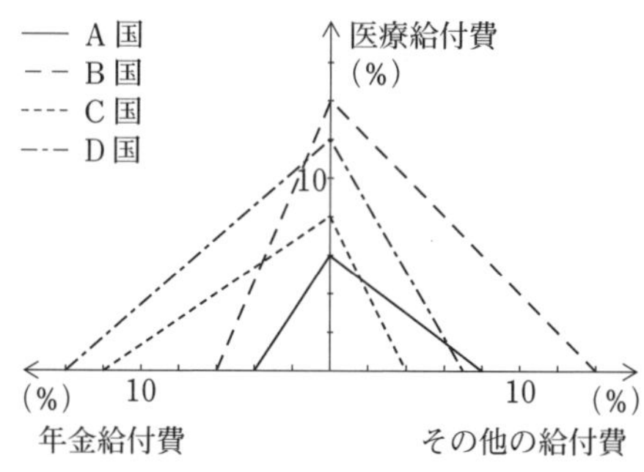

模擬試験 2

(1) 年金給付費をみると，その額が最も多いのはD国であり，A国のそれの約3.5倍である。

(2) C国の社会保障給付費の合計に占める割合が，最も高いのは年金給付費で，その額は医療給付費とその他の給付費の合計額にほぼ等しい。

(3) B国の社会保障給付費の合計に占める割合が，最も高いのはその他の給付費で，その額はD国のそれの約2倍である。

(4) A国の社会保障給付費の合計に占める割合が，最も高いのはその他の給付費で，その額は年金給付費と医療給付費の合計額よりも多い。

(5) B国の社会保障給付費の合計額は，C国のそれよりは多く，D国のそれよりは少ない。

(1) ├　┤ (2) ├　┤ (3) ├　┤ (4) ├　┤ (5) ├　┤

17.　現行憲法における三権相互の関係に関する次の記述のうち，正しいものはどれか。

(1) 内閣総理大臣は，衆議院議員の中から国会の議決で指名する。

(2) 参議院の内閣不信任決議によって，内閣は総辞職か解散かを選択しなければならない。

(3) 裁判所が内閣の締結した条約の憲法適合性を審査することは，憲法上の明文がある。

(4) 裁判所の違憲立法審査権は，具体的な事件の裁判を通してのみ行える。

(5) 内閣は下級裁判所の裁判官を指名する。

(1) ├　┤ (2) ├　┤ (3) ├　┤ (4) ├　┤ (5) ├　┤

18.　次のA～Cに該当する政治思想家の組み合わせとして，正しいものはどれか。

(A)は，国家は主体である諸個人が自然法に従い，自らの自然権を放棄するという相互契約によって成立すると考えた。これに対して(B)は，(A)においていまだ認められていなかった国家主権の絶対性を人民の抵抗する権利によって否定し，人民主権の立場をさらに徹底した。

(A)や(B)の説が市民社会の発展に即し，市民階級の利益を反映するものであったのに対し，(C)は，国家主権を社会契約によって形成される一般意思に基づくものとしたが，この一般意思のもとでは利己的個人主義が否定されて人間の共同体的なあり方の回復が求められた。

	A	B	C
(1)	ロック	ホッブズ	ルソー
(2)	ロック	ルソー	ホッブズ
(3)	ホッブズ	ロック	ルソー
(4)	ルソー	ホッブズ	ロック
(5)	ルソー	ロック	ホッブズ

(1) ☐ (2) ☐ (3) ☐ (4) ☐ (5) ☐

19. 国家間の結びつきに関する次の記述のうち，正しいものはどれか。

(1) NATOは，第二次世界大戦後の東西対立を背景に，西ヨーロッパ諸国とアメリカ・カナダの相互防衛を目的に創設された軍事的結合組織である。2020年，ノルウェーなどが加盟した。

(2) ASEANは，東南アジアの経済，社会の発展を目的とした地域協力組織で，マレーシア，タイ，インドネシア，フィリピン，インドなど10か国で構成されている。2022年11月，東ティモールの新規加盟が内定した。

(3) EUは，ヨーロッパ諸国の経済・政治統合をめざす連合である。2020年，イギリスがEUを離脱した。2021年，トルコ，北マケドニア，アルバニアの3か国が加盟したことで，加盟国は30か国となった。

(4) AUはアフリカ統一機構（OAU）が発展改組されて2002年に発足したもので，2023年10月現在の加盟国はEUを上回る35か国・地域である。本部はエジプトのカイロにある。

(5) USMCAはNAFTA（北米自由貿易協定）を抜本改定したアメリカ，メキシコ，カナダの新しい協定で，2020年7月に発効した。USMCAはNAFTAに比べ，管理貿易の色彩が強い。

(1) ☐ (2) ☐ (3) ☐ (4) ☐ (5) ☐

20. 文中の空欄A～Cに適する語句の組み合わせとして正しいものは，次のうちどれか。

たとえば，外国為替相場において，1ドルが150円から140円になった場合，(A)になったという。(A)になった場合，日本からアメリカへの輸出量は長期的には（B）することになり，反対に，日本のアメリカからの輸入量は長期的には（C）することになる。

	A	B	C		A	B	C
(1)	円高	増加	減少	(2)	円安	減少	増加
(3)	円高	減少	増加	(4)	円安	増加	減少
(5)	円高	減少	減少				

(1) ├─┤ (2) ├─┤ (3) ├─┤ (4) ├─┤ (5) ├─┤

21. 最近の日本経済の動向に関する次の記述のうち，正しいものはどれか。

(1) 新型コロナウイルス感染の拡大により，2019年度と2020年度の実質経済成長率はマイナスを記録したものの，緊急事態宣言の解除後に経済活動が活発化したことで，2021年度と2022年度の実質経済成長率はプラスを達成した。

(2) 2023年当初予算の一般会計総額は，景気浮揚のため公共事業関係費が前年度比で約5兆円増えたこともあり，初めて110兆円を超えた。また，社会保障関係費の歳出全体に占める割合は32.3%となった。

(3) 2022年2月にロシアがウクライナに侵攻したことで，原油や穀物の国際価格が高騰し，これに円安が重なったことで，わが国の2022年の消費者物価指数（生鮮食品を除く）は前年比で約7％上昇した。

(4) 2021年の輸出入額はともにコロナ禍以前の2019年のそれを上回った。また，2022年の輸出入額もともに前年を上回るとともに，貿易収支は過去最大の約20兆円の黒字を記録した。

(5) コロナ禍において，百貨店，スーパーなどの小売業は営業時間の短縮や消費マインドの低下などにより多くの店舗が実績を下げた。この結果，百貨店，スーパーの売上額は2020～2022年の3年間，コロナ禍以前の2019年を下回った。

(1) ├─┤ (2) ├─┤ (3) ├─┤ (4) ├─┤ (5) ├─┤

22. A～Dは最近の社会事情に関する記述である。正誤の組合せとして正しいものはどれか。

A　新型コロナウイルス感染症の法律上の分類が2023年5月から，これまでの「2類」相当から季節性インフルエンザと同じ「5類」に引き下げられた。

B　団塊の世代（1947年生まれ～1949年生まれ）が75歳以上の後期高齢者になることにより生じる社会保障費の負担増や働き手不足などの問題を2030年問題という。

C　2023年6月に発表された「持続可能な開発報告書2023」によれば，日本のSDGs（持続可能な開発目標）達成度ランキングは前年の75位から2位上昇し，73位となった。

D　2022年12月に改正航空法が施行されたことで，無人航空機を有人地帯において補助者なしで目視できない範囲を自動飛行させることが可能となった。このため，物質輸送などがドローンの活用により変革されることが期待されている。

	A	B	C	D		A	B	C	D
(1)	○	○	×	×	(2)	○	×	×	○
(3)	○	×	○	○	(4)	×	○	○	×
(5)	×	×	×	○					

(1) ⊢⊣ (2) ⊢⊣ (3) ⊢⊣ (4) ⊢⊣ (5) ⊢⊣

23.　A～Dは時事用語について説明したものである。正しいものをすべて挙げているものはどれか。

A　線状降水帯――積乱雲が帯状に連なることで作り出されるもので，特定の地域に数時間にわたり大雨が降るため，大きな災害を引き起こすことになる。

B　ウイグル族――現在，中国の新疆ウイグル自治区やカザフスタン，ウズベキスタンなどの中央アジアに居住するトルコ系民族で，大半はキリスト教徒である。

C　ジョブ型雇用――職務，労働時間，勤務地などの詳細な労働条件を明確にし，労使が雇用契約を結ぶ働き方のこと。

D　ジェネリック医薬品――先発医薬品の特許期間満了後に販売される医薬品のことで，先薬に比べ研究開発コストが大幅に削減できるため，新薬より3～6割安く販売できる。

(1)　A，B，C　　(2)　A，C，D　　(3)　B，C，D
(4)　A，C　　(5)　B，D

(1) ⊢⊣ (2) ⊢⊣ (3) ⊢⊣ (4) ⊢⊣ (5) ⊢⊣

24.　わが国の荘園に関する次の記述のうち，正しいものはどれか。

(1)　奈良時代の初期荘園は，地方の豪族が所有地を広げ，拡大したものである。

(2)　有力な武士は墾田永年私財法の制定を機に，一般の農民や浮浪人を雇って開墾させ，私有地を広げ，荘園を拡大した。

(3) 荘園は，国司に租税を納めない不輸の特権や，国司の派遣した検田使の立入りを認めない不入の特権を獲得していた。

(4) 後三条天皇は延久の荘園整理令を出し，記録荘園券契所を設けて，荘園制を廃止した。

(5) 荘園の領主は地頭と契約を結び，地頭が行っていた荘園の管理を自らが行うようにして，次第に荘園の支配権を確立していった。

(1) ├─┤ (2) ├─┤ (3) ├─┤ (4) ├─┤ (5) ├─┤

25. 室町時代の東山文化に関する次の記述のうち，正しいものはどれか。

(1) 足利尊氏の時代に開花した文化で，花の御所と呼ばれた将軍の邸宅がその代表的な建築物である。

(2) 足利義満の時代に開花した文化で，狩野正信・元信父子が水墨画に大和絵の技法を取り入れ，狩野派を起こした。

(3) 足利義満の時代に開花した文化で，鹿苑寺舎利殿（金閣）がその代表的な建築物である。

(4) 足利義政の時代に開花した文化で，観阿弥・世阿弥父子が将軍の保護の下で能を芸術として完成させた。

(5) 足利義政の時代に開花した文化で，慈照寺観音殿（銀閣）がその代表的な建築物である。

(1) ├─┤ (2) ├─┤ (3) ├─┤ (4) ├─┤ (5) ├─┤

26. アメリカの独立革命に関する次の記述のうち，正しいものはどれか。

(1) 独立革命の原因の１つは，七年戦争におけるフランスの敗退により，フランスの脅威がなくなったことにある。

(2) 独立軍は当初武器・食糧などの不足で苦戦したが，自力で形勢を逆転し，独立を勝ち得た。

(3) 独立賛成派と反対派の両者に分かれ，中立派に属する者はほとんどいなかった。

(4) 独立に反対した大部分の人々は，自営農民・商工業者・役人で占められていた。

(5) ジェファソンが起草した「独立宣言」は，パリ条約締結の後，発布された。

(1) ├─┤ (2) ├─┤ (3) ├─┤ (4) ├─┤ (5) ├─┤

27. 中国の宋の時代に関する記述として正しいものは，次のうちどれか。

(1) 唐の後期から五代十国の時代にわたる戦乱を経て軍人により統一が達成され，宋の成立後も引き続き武人政治が行われた。

(2) 中央集権が確立され，主な政治機関は皇帝直属であり，さらに政治上の決定権は皇帝のみがもつなど，皇帝の権力が強大であった。

(3) 遼・西夏など周辺諸民族が強大となり国境地域を圧迫したが，宋はその軍事力を背景に，これら諸民族と有利な和議を結び臣下の礼をとらせた。

(4) 江南の開発が進み生産力が増大したが，商業・貿易において発達がみられなかったため財政が破たんし，国力が衰退していった。

(5) 宋の時代の四大発明である印刷術・火薬・羅針盤・製紙法は西洋に伝わり，ルネサンスなどの西洋文化に大きな影響を与えた。

(1) [ ] (2) [ ] (3) [ ] (4) [ ] (5) [ ]

28. 次のA～Cは世界の気候区に関する記述である。A～Cに該当するものの組み合わせとして正しいものはどれか。

A　1年中高温の気候で，太陽の回帰によって雨季と乾季との区別が明瞭にみられる。

B　乾燥した気候であるが，長い乾季のあとに弱い雨季があるため，丈の短い草の生えた草原が広がっている。

C　温和な温帯気候で量は多くないが，1年中平均して降水がある。偏西風の影響を受けている。

	A	B	C
(1)	熱帯雨林気候	ステップ気候	西岸海洋性気候
(2)	サバナ気候	砂漠気候	温暖湿潤気候
(3)	熱帯雨林気候	サバナ気候	西岸海洋性気候
(4)	熱帯雨林気候	サバナ気候	温暖湿潤気候
(5)	サバナ気候	ステップ気候	西岸海洋性気候

(1) [ ] (2) [ ] (3) [ ] (4) [ ] (5) [ ]

29. 次のA～Cは東南アジア諸国について述べたものである。A～Cに該当するものの組み合わせとして正しいものはどれか。

A　国土の中央部にチャオプラヤ川が流れ，米作地帯となっている。全土は熱帯気候に属し，マレー半島部は熱帯雨林気候である。仏教徒は80％以上を占める。

B　イスラム教徒が約90％を占め，キリスト教徒が10％弱である。石炭とすず鉱の産出量は，ともに世界有数である。

C　北部は中国，西部はラオス，カンボジアと接している。1986年からドイモイ（刷新）政策を推進している。

	A	B	C
(1)	タ　イ	マレーシア	ベトナム
(2)	マレーシア	ミャンマー	タ　イ
(3)	ミャンマー	マレーシア	タ　イ
(4)	タ　イ	インドネシア	ベトナム
(5)	マレーシア	インドネシア	ミャンマー

(1) ☐ (2) ☐ (3) ☐ (4) ☐ (5) ☐

30.　次のA～Eの四字熟語とことわざの組み合わせで，意味が同じになるものはどれか。

A　奇想天外――河童の川流れ

B　言語道断――釈迦に説法

C　馬耳東風――犬に論語

D　鎧袖一触――袖振り合うも多生の縁

E　雲散霧消――覆水盆に返らず

(1) A　(2) B　(3) C　(4) D　(5) E

(1) ☐ (2) ☐ (3) ☐ (4) ☐ (5) ☐

31.　次のA～Eのうち，反対の意味の組み合わせとして正しいものはどれか。

A　閑古鳥が鳴く――――門前市を成す

B　柳に雪折れ無し――――柔よく剛を制す

C　恩を以て怨みに報ず――後足で砂をかける

D　言わぬは言うに優る――雄弁は銀，沈黙は金

E　火事後の火の用心―――暮れぬ先の提灯

(1) A，B，D　(2) A，C，D

(3) A，C，E　(4) B，C，E

(5) B，D，E

32. 西洋の作曲家に関する次の記述のうち，正しいものはどれか。

(1) バッハは，ドイツのバロック音楽の作曲家であり，作品には『天地創造』がある。

(2) モーツァルトは，オーストリアの古典派の作曲家であり，作品には『魔笛』がある。

(3) ヴィヴァルディは，イタリアのロマン派の作曲家であり，作品には『椿姫』がある。

(4) ドビュッシーは，フランスの印象派の作曲家であり，作品には『ボレロ』がある。

(5) ドヴォルザークは，チェコの国民楽派の作曲家であり，作品には『くるみ割り人形』がある。

(1) ⊢ ⊣ (2) ⊢ ⊣ (3) ⊢ ⊣ (4) ⊢ ⊣ (5) ⊢ ⊣

33. 方程式 $x^2+4x+y^2=0$ の表す図形は，次のうちどれか。

(1)

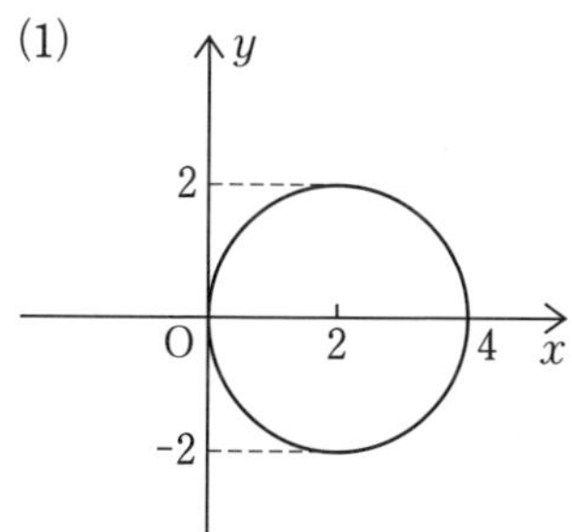

(2)

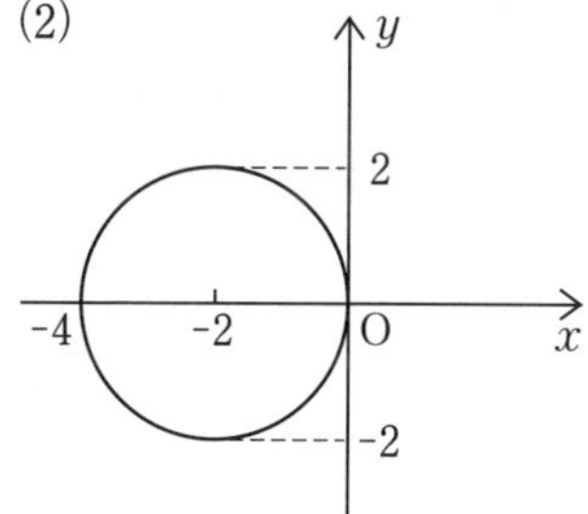

(3)

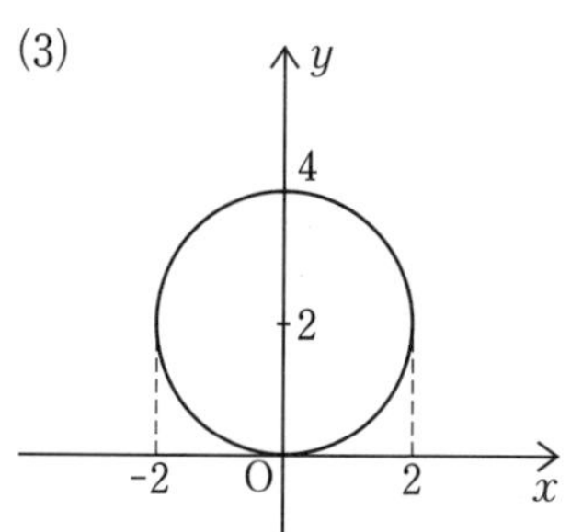

(4)

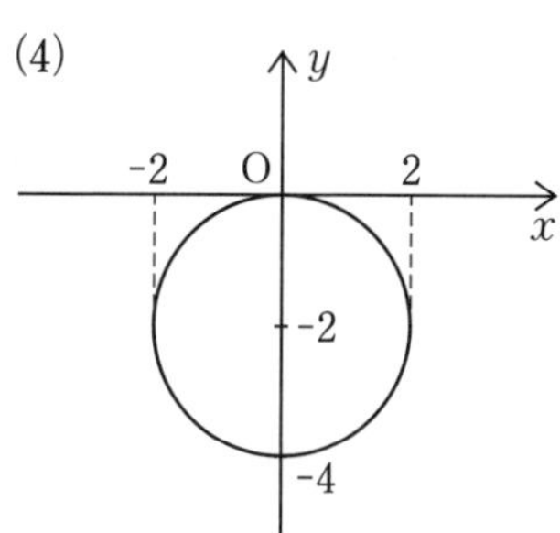

模擬試験 2

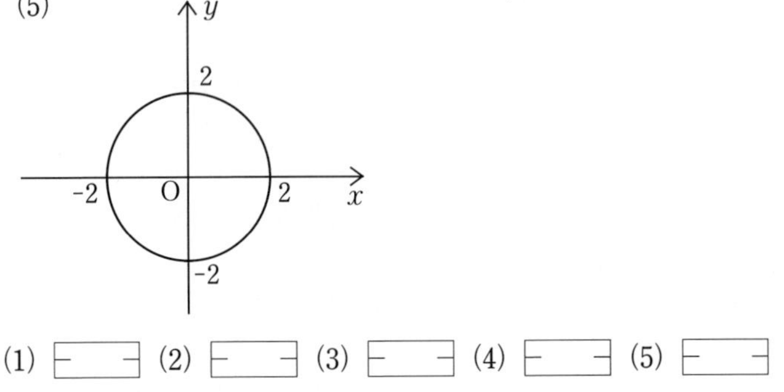

(1) [ ] (2) [ ] (3) [ ] (4) [ ] (5) [ ]

34． 音の速さに関する次の記述のうち，正しいものはどれか。

(1) 移動中の音源による音速は移動方向によって異なり，前方の音速は後方の音速より大きい。

(2) 振動数および振幅の異なる音源による音速は，振動数の高いほうが，また振幅の大きなほうが大きい。

(3) 空気中を伝わる音の速さは温度と気圧によって決まり，湿度には無関係である。

(4) 空気中の音速は常温では約 340m/s であるが，気温によって変化し，気温が高いほど音速は大きい。

(5) 水中の音速は気体中の音速よりも小さく約２分の１であるが，固体中の音速よりも大きく約３倍である。

(1) [ ] (2) [ ] (3) [ ] (4) [ ] (5) [ ]

35． ア～ウの性質をすべて満たす金属群の組み合わせとして正しいものは，次のうちどれか。

ア　１価の陽イオンになりやすい。

イ　空気中で速やかに酸化され，光沢を失う。

ウ　常温で水と激しく反応し，水素を発生する。

(1) Na，Ca　　(2) Na，K

(3) Ca，K　　(4) K，Mg

(5) Na，Mg

(1) [ ] (2) [ ] (3) [ ] (4) [ ] (5) [ ]

36.　植物の細胞や組織に関する次の記述のうち，正しいものはどれか。

(1) 道管は，細長い細胞が縦に並び，その間のしきりの細胞壁に多数の小孔をもつ管で，根から吸収した水分や養分の上昇通路である。

(2) 形成層は，薄い細胞壁をもつ細胞がすきまなく並び，分裂する細胞層で，皮膚のまわりをおおっている。

(3) 気孔は，葉緑体をもつ2つの孔辺細胞からなり，表皮組織に属し，ガス交換や水分の調節を行う。

(4) 師管は，縦に並んでいる細長い細胞間のしきりがなくなってできた管で，同化物質を植物体の貯蔵組織などに運ぶときの通路である。

(5) 根毛は，内皮組織の細胞の一部が変形したもので，水分や養分の吸収を行う。

(1)　(2)　(3)　(4)　(5)

37.　月と地球，太陽との関係についての記述として正しいものは，次のうちどれか。

(1) 月の公転周期と自転周期とは等しく，これは地球に対していつも同じ半面を向けていることを意味する。

(2) 月食は，太陽と地球の間に月が入って月の影が地球上に落ちる現象である。

(3) 月は太陽と同じ方向にあるときは全面が照らされて満月に，太陽と正反対の位置に来ると全面が影となって新月になる。

(4) 月が太陽の周りを1回転する周期は，新月—満月—新月の周期に等しい。

(5) 月が上弦と下弦のときは大潮となり，新月と満月のときは小潮となる。

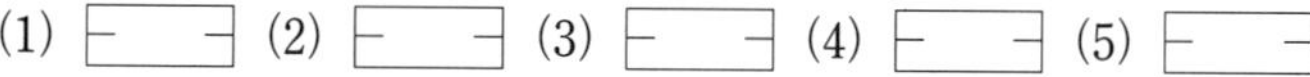
(1)　(2)　(3)　(4)　(5)

模擬試験 3

制限時間：110分
正解 → 別冊 P38

合格圏突入→ 24/37 以上

1. A～Eを正しく並べかえて意味の通る文章にするとき，妥当なものは次のうちどれか。

A それこそが，この地球に生きる人類として最も重要で賢明な道ではないか。

B 持続可能な生命の多様性の保持という自己中心的な発想は一度棚上げにしよう。

C 自己の繁栄のために地球の自然をことごとく費消するという手前勝手な考え方をやめ，我々人類の能力に応じて地球の生命体系の中で生きる道を探し求めていくことが，人類を本当の意味で知性を持つ生物として生存させ続けるたった一つの道といえよう。

D 人類が自然界の中で生存し，地球上の生命体系の多様性において役割を果たしていくのなら、今からでも決して遅くはない。

E 地球上の生命体系を維持するしくみを支える生物の一員として，未来の地球における進化を続けていこう。

(1) B—C—D—A—E
(2) C—A—B—D—E
(3) C—D—B—E—A
(4) D—B—C—A—E
(5) D—B—E—A—C

(1) ☐ (2) ☐ (3) ☐ (4) ☐ (5) ☐

2. 次の英文の内容と合致するものはどれか。

It used to be said that the Englishman's home is his castle. In so far as this saying creates the impression that there is something defensive and inhospitable about the Englishman's home, it is quite misleading ; for there is no country where family life has always been more readily thrown open to friends, and even to strangers, than England. It represents a certain truth, however, in the sense that the Englishman hates to be interfered with, and prefers to live without too close a contact with his neighbors. He is clubbable, but he is not gregarious. That is to say, he readily associates with those who are sympathetic to him, but has no love for the kind of communal life which brings him into constant touch with everybody and anybody.

(1) イギリス人はもてなしが悪いので，他人に対して不親切であるという印象をもたれている。
(2) イギリス人は密接な交際を嫌うが，隣人とは仲良くしなければならないと思っている。
(3) イギリス人は社交的ではあるが，誰とでも付き合うわけではない。
(4) イギリス人にとって家庭は城のようなもので，他人に開放することを好まない。
(5) イギリス人は他人に干渉されることを嫌うとともに，他人の生活に干渉することも嫌うという面がある。

(1) ⊢⊣ (2) ⊢⊣ (3) ⊢⊣ (4) ⊢⊣ (5) ⊢⊣

3. 次の英文中のことわざと同じ趣旨の日本のことわざはどれか。

"If you give them an inch, they will take a mile." In this saying, which suggests that human desire is never satisfied, the words "inch" and "mile" simply mean "a little" and "a lot".

(1) 欲に欲がつく
(2) 五十歩百歩
(3) 花より団子
(4) 一文惜しみの百失い
(5) 一難去ってまた一難

(1) ⊢⊣ (2) ⊢⊣ (3) ⊢⊣ (4) ⊢⊣ (5) ⊢⊣

4. 6個の箱の中に，それぞれ金色をした同じ大きさの玉が5個ずつ入っていた。1箱は本物の金でできた玉からなり，他の箱のものはすべて鉄に金メッキしたものである。鉄の玉の重さを10 g，金の玉の重さを11 gとすると，はかりを用いて本物の金の入った箱を識別するには，最少何回の計量が必要になるか。

(1) 1回
(2) 2回

(3) 3回
(4) 4回
(5) 5回

(1) ⊢⊣ (2) ⊢⊣ (3) ⊢⊣ (4) ⊢⊣ (5) ⊢⊣

5. ある商店街に道をはさんで，下図のような位置にA～Fの6軒の店がある。灰色の箇所をAとすると，これらの商店の位置関係は次のようになっている。

Ⅰ：Aの右隣はカレーショップで，カレーショップの前はBで，Bの隣はCである。
Ⅱ：コンビニの前は花屋で，花屋の隣はパン屋である。
Ⅲ：Dの前はEで，Eの隣はコンビニである。
Ⅳ：ファストフードとEは，ともに道の同じ側にある。

以上のことから判断して，Aは何の店か。

(1) カレーショップ
(2) 花屋
(3) パン屋
(4) コンビニ
(5) ファストフード

(1) ⊢⊣ (2) ⊢⊣ (3) ⊢⊣ (4) ⊢⊣ (5) ⊢⊣

6. 下図のAからBへ行く最短経路は何通りあるか。ただし，F点は工事中であるので通ることはできない。

(1) 32通り
(2) 34通り
(3) 36通り
(4) 38通り
(5) 40通り

B
F
A

(1) ⊢⊣ (2) ⊢⊣ (3) ⊢⊣ (4) ⊢⊣ (5) ⊢⊣

7.　下図のような正五角形の中に大きさの異なる三角形は何種類あるか。

(1)　4種類
(2)　5種類
(3)　6種類
(4)　7種類
(5)　8種類

8.　黄色が4個，赤色が2個，青色が1個の計7個の帽子がある。A～Eの5人を，Aを先頭にA～Eの順に縦に1列に並ばせ，前の人のかぶっている帽子はすべて見えるが，自分および自分の後ろの人のかぶっている帽子の色は分からないように各人に帽子をかぶらせ，また残った帽子は誰にも見えないように隠した。

そして，まずEに「あなたより前の人たちの帽子を見て自分の帽子の色が何色か分かるか」と聞いたところ，Eは「分かる」と答えた。次にCに，「自分の見える範囲およびEの答えから判断して，自分の帽子の色が何色か分かるか」と聞いたところ,Cも「分かる」と答えた。

以上から判断して，確実にいえるのは次のうちどれか。ただし，A～Eの5人は7個の帽子の色の内訳を知っているものとする。

(1)　Aの帽子は青色である。
(2)　Bの帽子は黄色である。
(3)　Cの帽子は黄色である。
(4)　Dの帽子は赤色である。
(5)　Eの帽子は赤色である。

(1)　(2)　(3)　(4)　(5)

模擬試験 3

9.　下の図Ⅰ，図Ⅱは正八面体の展開図である。この２つの展開図を組み立てたとき，辺 a，b とそれぞれ重なる辺の数字の和はいくつか。

図Ⅰ

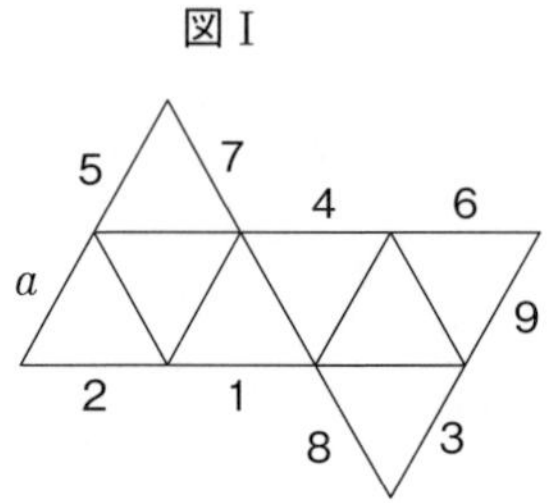

図Ⅱ

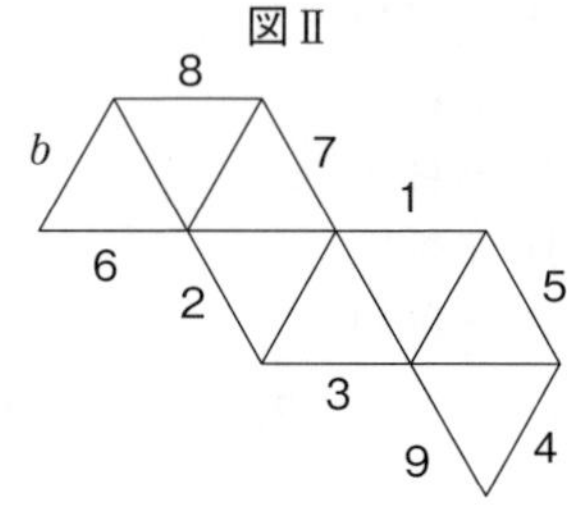

(1) 10
(2) 11
(3) 12
(4) 13
(5) 14

(1) ⊢⊣ (2) ⊢⊣ (3) ⊢⊣ (4) ⊢⊣ (5) ⊢⊣

10.　A，B，Cの３人は，午前正刻10時に集合することを約束して集まったところ，BはCよりも３分早い正刻９時55分に来た。このとき，Bの時計は10時２分前であった。CはCの時計で約束の時間より４分遅く，AはAの時計で10時３分に来た。なお，Cの時計はAの時計より５分進んでいた。

以上のことから，正しくいえることは次のうちどれか。

(1) BはCの時計で10時に来た。
(2) Cの時計はBの時計より３分進んでいた。
(3) Aの時計だけ正しい時計より遅れていた。
(4) Cの時計は正しい時計より７分進んでいた。
(5) AはBより５分遅く来た。

(1) ⊢⊣ (2) ⊢⊣ (3) ⊢⊣ (4) ⊢⊣ (5) ⊢⊣

11.　横と縦の長さの比が２：１である長方形のブリキ板がある。この四隅から，１辺の長さが 10cm の正方形を切り落として折り曲げて，ふたのない長方体の箱をつくったところ，その容積は 12 ℓになった。このとき，もとのブリキ板の縦の長さはいくらか。なお，１ℓ＝1,000cm³ である。

(1) 28cm
(2) 30cm
(3) 32cm
(4) 36cm
(5) 40cm

(1) ☐ (2) ☐ (3) ☐ (4) ☐ (5) ☐

12.　トーナメント方式で 30 チームが優勝を争おうとしている。このとき，１回戦のみ不戦勝のチームがあるとすると，この不戦勝のところにはいって優勝する確率はどれだけか。ただし，すべてのチームの力は互角とする。

(1) $\frac{1}{40}$
(2) $\frac{1}{60}$
(3) $\frac{1}{120}$
(4) $\frac{1}{240}$
(5) $\frac{1}{360}$

(1) ☐ (2) ☐ (3) ☐ (4) ☐ (5) ☐

13.　右図は，1から16までの数字を縦に加えても，横に加えても，斜めに加えても，いずれも和が一定になるようにしたものである。このとき，A，Bに入る数字の和はいくつか。

(1) 21
(2) 22
(3) 23
(4) 24
(5) 25

15	6		10
4	B		5
A			11
1	12		8

(1) (2) (3) (4) (5)

14.　下図のような長方形を対角線で折り返したときにできる図の灰色の部分の面積はどれか。

(1) 256cm²
(2) 294cm²
(3) 300cm²
(4) 320cm²
(5) 336cm²

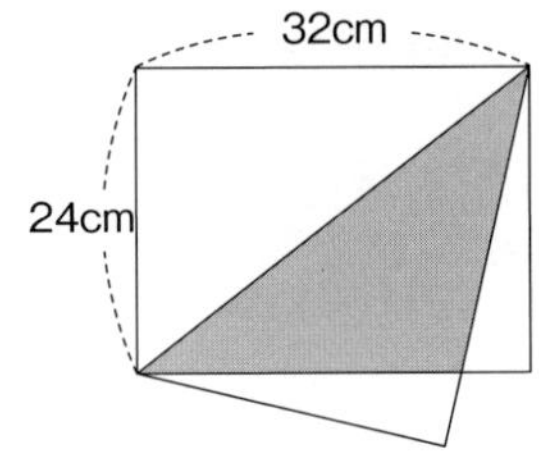

(1) (2) (3) (4) (5)

15. 下表は，男女各300人に関し，男女別，年齢別のBMIを示したものである。この表から正しくいえるのは次のうちどれか。

なお，BMIとは体重（kg）を身長（m）で2回割った体格指数のことで，日本の場合，18.5～25未満が標準で，25以上が肥満，18.5未満が低体重とされている。

	年齢層	BMI		
		18.5未満	18.5～25未満	25以上
男	20～30歳	32人	36人	32人
	31～50歳	7	25	68
	51～60歳	6	16	78
女	20～30歳	37人	25人	38人
	31～50歳	29	31	40
	51～60歳	22	19	59

(1) BMIが18.5～25未満の男性は，全体の約20％を占めている。

(2) 男女別にみると肥満は女性に多く，年齢別にみると肥満は51～60歳が最も多い。

(3) BMIが25以上の男性は，BMIが18.5未満の女性の約2倍に達している。

(4) 男性は年齢が上がるにつれて肥満になる傾向があるが，女性はそうした傾向はみられない。

(5) BMIが18.5～25未満の男女を年齢別にみると，31～50歳が最も多い。

(1) (2) (3) (4) (5)

模擬試験 3

16. 下図は，A，B，C，D，E 5か国の米生産量と米輸出量を 2000 年と 2020 年とで比較したものである。この図からいえることとして正しいものは，次のうちどれか。なお，米輸出率とは，米生産量に占める米輸出量の割合（%）のことである。

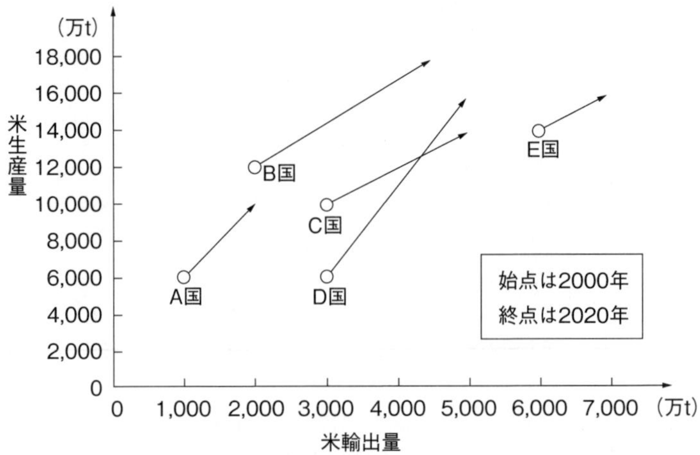

(1) 2000 年において米生産量が最も多いのはB国であり，最も少ないのはA国である。

(2) 2000 年において，米輸出率が最も大きいのはD国である。

(3) 2020 年におけるC国の米生産量は，2000 年におけるE国の米輸出量の3倍を超えている。

(4) 2020 年において，米輸出率が最も小さいのはB国である。

(5) 2000 年から 2020 年にかけて米生産量が最も増加したのはD国であり，米輸出量が最も増加したのはC国である。

(1) ├─┤ (2) ├─┤ (3) ├─┤ (4) ├─┤ (5) ├─┤

17. 小選挙区制の特徴は次のうちどれか。

(1) 選挙費用が高くなる。

(2) 国民の意思が議会に公正に反映される。

(3) 多党制になりやすい。

(4) 死票が多くなる。

(5) 候補者とのつながりが少ない。

(1) ├─┤ (2) ├─┤ (3) ├─┤ (4) ├─┤ (5) ├─┤

18.　A～Dは衆議院の選挙制度に関する記述である。正誤の組合せとして正しいものはどれか。

A　衆議院の小選挙区の数を「10増10減」とし，区割りを見直す改正公職選挙法が2022年12月に施行されたことで，以降に公示される衆議院選挙から適用されることになった。

B　「10増10減」する改正公職選挙法が成立したことで，東京都の選挙区は4つ，神奈川県と埼玉県の選挙区は2つ，千葉県と愛知県の選挙区は1つ，それぞれ増えた。

C　改正公職選挙法の施行に伴い，比例代表の定数も変更となった。東京ブロックと近畿ブロックで各1増え，東北ブロックと四国ブロックで各1減った。

D　15の都県において小選挙区の数が変更となったが，10の道府県では小選挙区の数はそのままであるものの，線引きが見直されて，区割りが変更された。

	A	B	C	D
(1)	○	○	×	×
(2)	○	×	×	○
(3)	×	○	×	○
(4)	×	×	○	×
(5)	○	×	○	×

(1) ⊢⊣ (2) ⊢⊣ (3) ⊢⊣ (4) ⊢⊣ (5) ⊢⊣

19.　A～Fの財政政策あるいは金融政策の中で，景気刺激策となるものの組合せはどれか。

A　公共投資の増大

B　売りオペレーションの実施

C　減税の実施

D　買いオペレーションの実施

E　預金準備率の引き上げ

F　市中金利の引き上げ

(1) A，B，C　　(2) A，C，D

(3) B，C，D　　(4) B，D，E，F

(5) A，E，F

(1) ⊢⊣ (2) ⊢⊣ (3) ⊢⊣ (4) ⊢⊣ (5) ⊢⊣

20.　A～Eは経済用語を説明したものである。＿＿線部が正しいものをすべて挙げているものはどれか。

A　GPIF ―― 年金積立金管理運用独立行政法人のこと。厚生年金と国民年金の積立金を管理・運用し，得られた収益を国庫に納めている。年金給付の財源となるため，株式の運用は禁止されており，債券のみの運用となっている。

B　イールドカーブ・コントロール ―― 2016年9月から導入された，長短金利を実勢よりも低く抑えるための政策のこと。そのため，金利が上昇局面にあるときには，日銀は債券市場において大量の国債買いを余儀なくされることになる。

C　ステーブルコイン ―― 暗号資産の一種であるものの，価格に安定性をもたせるためにドルやユーロなどの法定通貨の価格と連動するように設計されている。海外への送金のコストや時間を大幅に短縮できるなどのメリットがある。

D　TPP ―― 環太平洋経済連携協定のこと。2017年にトランプ政権下でアメリカが離脱したため，2018年3月に11か国で再度署名がなされた。2018年12月にTPPは6か国（日本，メキシコ，オーストラリアなど）について発効したが，チリとブルネイについては依然TPPが発効していない。

E　企業物価指数 ―― 企業間で取引される商品の物価の動きを示すもので，国内企業物価指数，輸出物価指数，輸入物価指数の3つがある。消費者物価指数は総務省統計局が公表しているが，企業物価指数は日本銀行が公表している。

(1)　A，B，C　　(2)　A，B，D　　(3)　A，D，E
(4)　B，C，E　　(5)　C，D，E

(1) ☐　(2) ☐　(3) ☐　(4) ☐　(5) ☐

21.　わが国の社会保障・社会福祉の現状に関する次の記述のうち，＿＿線部が正しいものはどれか。

(1)　2022年度における国民医療費の総額は約46兆円であった。また，1人当たりの医療費は75歳未満が24万5,000円だったのに対して，75歳以上は49万6,000円で約2.0倍であった。

(2)　現在，公的年金の被保険者は，第1号被保険者，第2号被保険者，第3号被保険者の3種類に分けられている。2000年度において，第1号被保険者の全体に占める割合は31%であったが，近年の自営業者の増加により，2021年度において第1号被保険者の割合は40%にまで上昇した。

(3) 2021年度末における，年金総額は56.0兆円である。その内訳は，国民年金が33.7%，厚生年金(第1号)が55.5%，厚生年金(第2～4号)が10.8%である。なお，厚生年金(第2～4号)はかつての共済年金にあたる。

(4) 介護サービスには,居宅介護サービスのほかに,地域密着型サービス,施設介護サービスがある。居宅介護サービスは都道府県が指定・監督を行うのに対し，地域密着型サービスは市町村が指定・監督を行う。

(5) 2023年4月1日時点において，待機児童数は2,680人となり,1994年の調査開始以降，最小となった。また，特定の施設を希望して入所できない場合，国の定義する待機児童にカウントされないが，こうした「隠れ待機児童」も前年より大幅に減少した。

(1) ├──┤ (2) ├──┤ (3) ├──┤ (4) ├──┤ (5) ├──┤

22.　A～Dは，世界および日本の直面する課題に関する記述である。正誤の組合せとして正しいものは，次のうちどれか。

A　わが国の場合，生活に伴って発生するゴミの総排出量は2000年度をピークとして減少傾向が続いているものの，産業廃棄物の総排出量は依然増加傾向にあり，再生利用率も30%台にとどまっている。

B　2020年における国別の温室効果ガス排出量をみると，中国とアメリカの2か国で世界全体の約45%を排出している。また，地域別にみると，アジア，北米，欧州の順に多くなっている。

C　近年，世界的に少子高齢化が進んでおり，1991年から2021年までの30年間において，65歳以上人口の割合は6.2%から9.6%に上昇し，14歳以下人口の割合は32.8%から25.5%に低下した。

D　わが国の男性の平均初婚年齢は2020年に31.3歳，女性も29.8歳となり，男女とも晩婚化はさらに進んでいる。また，非婚化の指標である生涯未婚率も2020年には男性が26.7%，女性が17.3%となり，男女とも非婚化傾向が進展している。

	A	B	C	D		A	B	C	D
(1)	○	○	×	×	(2)	○	×	○	×
(3)	○	×	×	○	(4)	×	×	○	×
(5)	×	○	×	○					

(1) ├──┤ (2) ├──┤ (3) ├──┤ (4) ├──┤ (5) ├──┤

模擬試験 3

23. 時事用語に関する次の記述のうち，正しいものはどれか。

(1) 処理水――東京電力福島第１原子力発電所で発生した汚染水を「ALPS」（アルプス）と呼ばれる専用設備でトリチウムなどのすべての放射性物質を基準以下にした後，さらに大量の海水で薄めた水のこと。

(2) カーボンニュートラル――企業の経済活動などにおいて排出した温室効果ガスの排出量のうち，植林などによる吸収で埋め合わせることができない分をカーボンクレジットの購入で補うこと。

(3) メタバース――インターネット上に構築された仮想空間のこと。利用者は自分の分身であるアバターを使ってメタバースの世界に入り，他のアバターとの間で商品やサービスの売買などといったビジネス活動を行うことができる。

(4) アルテミス計画――アメリカが単独で行う有人月探査計画のこと。2025年に女性を含む２人の月面着陸を行う予定で，その後月面基地の建設も予定されている。また，宇宙ステーション「ゲートウェイ」を拠点に火星探査も目指す方針である。

(5) サブスクリプション――商品やサービスを一定期間利用することに対して，定額料金を支払うこと。ただし，利用している商品やサービスがアップデートや新機能を追加した場合には，その分の別料金を支払う必要がある。

(1) [　] (2) [　] (3) [　] (4) [　] (5) [　]

24. 日本国内で発生した歴史的事件Ａ～Ｅを年代の古い順に並べたとき，正しいものはどれか。

Ａ　正中の変

Ｂ　三世一身法

Ｃ　承平・天慶の乱

Ｄ　御成敗式目の制定

Ｅ　院政開始

(1) Ｂ－Ｃ－Ａ－Ｅ－Ｄ　(2) Ｃ－Ｂ－Ｄ－Ａ－Ｅ

(3) Ｄ－Ｂ－Ａ－Ｅ－Ｃ　(4) Ｂ－Ｃ－Ｅ－Ｄ－Ａ

(5) Ｃ－Ｄ－Ｅ－Ｂ－Ａ

(1) [　] (2) [　] (3) [　] (4) [　] (5) [　]

25. A～Eは，日本と中国の交流に関する記述である。これらのうち，正しいものだけを挙げているものはどれか。

A　7世紀の初め，先進国である中国の文化を取り入れて国家機構を整備し，日本の地位を向上させる目的で，日本から遣唐使が派遣された。

B　12世紀後半に，平氏と宋との間に私貿易が行われ，その利益は平氏隆盛の財政的基礎となった。

C　15世紀初め，明は倭寇対策として，一方室町幕府は財政対策として，両国の間に統制貿易的な勘合貿易が行われた。

D　17世紀半ばに，江戸幕府は鎖国政策をとったが，清に対してはオランダと同様，長崎だけで貿易を行った。

E　19世紀終わり，日本は清の領土保全，門戸開放，機会均等の3原則を唱え，列強の清に対する圧力を除こうとした。

(1) A，B，C　　(2) B，C，D

(3) A，C，E　　(4) B，D，E

(5) A，D，E

(1) ☐ (2) ☐ (3) ☐ (4) ☐ (5) ☐

26. 次の中国史の出来事を正しく年代順に並べたものはどれか。

A　五胡十六国時代

B　黄巾の乱

C　垓下の戦い

D　南北朝時代

E　黄巣の乱

(1) A－C－E－D－B

(2) C－B－A－D－E

(3) C－E－A－B－D

(4) E－B－C－A－D

(5) E－C－B－D－A

(1) ☐ (2) ☐ (3) ☐ (4) ☐ (5) ☐

27.　この戦争は，イギリス王エドワード３世のフランス王位継承の主張とフランドル地方に関する経済上の利害とがからんで始まった。初めフランスは劣勢であったが，シャルル７世の時にジャンヌ＝ダルクの活躍で逆転し，勝利を収めた。

この戦争とは，次のうちどれか。

(1) ばら戦争
(2) 百年戦争
(3) 三十年戦争
(4) ユグノー戦争
(5) 七年戦争

(1) [ ] (2) [ ] (3) [ ] (4) [ ] (5) [ ]

28.　Ａ～Ｄは平野の地形と海岸の地形に関する記述である。正誤の組合せとして正しいものはどれか。

A　世界的にみると，平野は侵食平野と堆積平野に大別され，前者は準平原と構造平野に分けられる。

B　ケスタ地形は構造平野にみられるもので，硬層と軟層とが交互に重なり合って緩傾斜している場合に形成される。

C　フィヨルドは，陸地が地殻運動によって沈降するか，海面が上昇することによってできたものである。

D　三角江は，河口付近の沈水により河口がラッパ状に開いたもので，代表例としてノルウェー西海岸が挙げられる。

	A	B	C	D
(1)	×	○	×	○
(2)	○	×	○	○
(3)	×	○	○	×
(4)	○	○	×	×
(5)	○	×	×	×

(1) [ ] (2) [ ] (3) [ ] (4) [ ] (5) [ ]

29.　A～Dは地図の投影法に関する記述である。A～Dの記述に該当する図法の組合せとして正しいものはどれか。

A　経線と緯線が直交する正角図法で，等角航路が直線で表わされるため，航海図として用いられている。しかし，赤道付近以外は距離・面積・方位とも正しくない。

B　緯線は等間隔の平行線で，経線は中央線を除きすべて正弦曲線を用いたもので，高緯度はひずみが著しい。なお，中央経線と赤道の比は1：2である。

C　図の中心点と任意の地点を結ぶ線分が最短コースで，正しい距離になるようにした図法で,図の中心からの方位も正しい。このため,航空図に用いられる。

D　低緯度をサンソン図法，高緯度をモルワイデ図法で描き，両者を接合して海洋の部分で断裂した図法。世界全体の陸地上の分布図に用いられる。ホモロサイン図法ともいう。

	A	B	C	D
(1)	メルカトル図法	サンソン図法	正距方位図法	ボンヌ図法
(2)	メルカトル図法	サンソン図法	正距方位図法	グード図法
(3)	エケルト図法	モルワイデ図法	正射図法	グード図法
(4)	メルカトル図法	モルワイデ図法	正射図法	ボンヌ図法
(5)	エケルト図法	モルワイデ図法	正距方位図法	グード図法

(1) ⊢⊣ (2) ⊢⊣ (3) ⊢⊣ (4) ⊢⊣ (5) ⊢⊣

30.　カタカナにあてた漢字が正しいものはどれか。

(1)　悪の道からコウセイ（更正）する。
(2)　来月，株主総会をショウシュウ（召集）する。
(3)　租税をフカ（賦課）する。
(4)　体験者の話をケイチョウ（啓聴）する。
(5)　あの人は神のケシン（化神）としか思えない。

(1) ⊢⊣ (2) ⊢⊣ (3) ⊢⊣ (4) ⊢⊣ (5) ⊢⊣

31.　次のうち，四字熟語の意味として正しいものはどれか。

(1) 無為徒食——一見無駄とも思えることを積み重ねることが，将来の暮らしを豊かにするということ。

(2) 軽挙妄動——物事を深く考えすぎると，慎重になりすぎて，何の行動もできなくなること。

(3) 夏炉冬扇——その時季にあったものを選ぶこと。

(4) 八面六臂——だれに対してもうまくふるまうため，かえって人から信用されないこと。

(5) 朝三暮四——目先の利益にとらわれて，全体をとらえられていないこと。

(1) ├　┤ (2) ├　┤ (3) ├　┤ (4) ├　┤ (5) ├　┤

32.　A～Eは日本の文学に関する記述である。正しいものだけを挙げているものはどれか。

A　吉田兼好の『徒然草』は室町時代の随筆である。

B 『枕草子』は，作者の清少納言が宮中に仕えていたときの日常生活をもとに書かれたものである。

C 『世間胸算用』は井原西鶴の町人物で，大晦日の借金取りに悩まされる町人の姿を描いたものである。

D　松尾芭蕉は，東北・北陸，伊勢・奈良・近江あたりを歩き，紀行文『奥の細道』を書いた。

E　紀貫之の『土佐日記』は奈良時代の作品である。

(1) A，B
(2) B，C
(3) A，C，E
(4) A，D，E
(5) B，D，E

(1) ├　┤ (2) ├　┤ (3) ├　┤ (4) ├　┤ (5) ├　┤

33.　下図の平行四辺形ABCDにおいて，∠ABE＝45°，∠ECD＝70°のとき，$\angle x+\angle y$の大きさはいくらか。

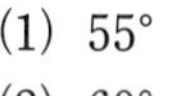

(1) 55°
(2) 60°
(3) 65°
(4) 70°
(5) 75°

(1) (2) (3) (4) (5)

34.　次の電気回路を20Vの電源に接続した。AB間に流れる電流の大きさはいくらか。

(1) 2 A
(2) 3 A
(3) 4 A
(4) 5 A
(5) 6 A

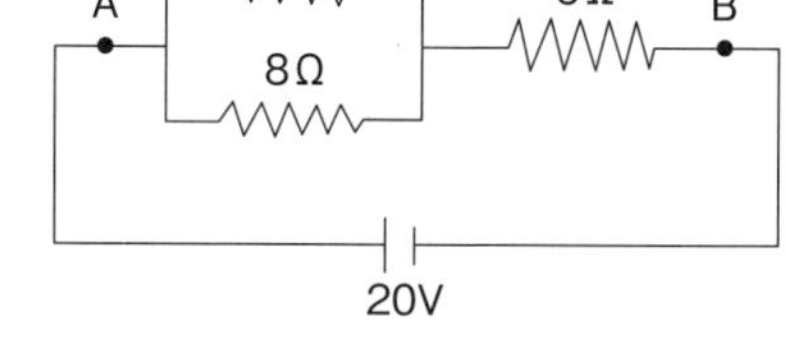

(1) (2) (3) (4) (5)

35.　A～Dはイオン化傾向に関して述べたものである。正誤の組合せとして正しいものは，次のうちどれか。

A　イオン化傾向の大きい金属は，水の中で電子を放ちやすい。
B　イオン化傾向の小さい金属のイオンを含む水溶液にイオン化傾向の大きい金属を加えると，イオン化傾向の小さい金属が析出し，イオン化傾向の大きい金属がイオンとなって溶け出す。
C　イオン化傾向の小さい金属は酸化されやすく，反応性に富んでいる。
D　Ca（カルシウム）とAg（銀）についてイオン化傾向を比較すると，Agの方がCaよりイオン化傾向は大きい。
E　Mg（マグネシウム）とAl（アルミニウム）は，水とはまったく反応しない。

	A	B	C	D	E
(1)	○	×	○	×	○
(2)	×	○	○	×	×
(3)	○	○	×	×	×
(4)	×	○	○	○	×
(5)	○	×	×	○	○

(1) ☐ (2) ☐ (3) ☐ (4) ☐ (5) ☐

36. 中枢神経系とそのはたらきに関する次の記述のうち，正しいものはどれか。

(1) ヒトの神経系は中枢神経系と末梢神経系からできていて，前者には大脳，間脳，中脳，小脳，脊髄の５つがある。

(2) 大脳は，大脳皮質と髄質から成り，感覚・運動・言語・記憶などの中枢は大脳皮質に分布している。

(3) 間脳の主なはたらきは体温を一定に保つことであり，中脳のそれは体の平衡を保つことである。

(4) 脊髄は背骨の中を通る細長い管状の中枢で，そのつくりは外側に灰白質があり，内側に白質がある。

(5) 末梢神経系は，中枢（脳・脊髄）と体の各部とを連絡する神経系で，自律神経系とも呼ばれる。

(1) ☐ (2) ☐ (3) ☐ (4) ☐ (5) ☐

37. 高気圧・低気圧と風に関する次の記述のうち，正しいものはどれか。

(1) 気圧の値が１気圧（1013hPa）よりも高い部分を高気圧，低い部分を低気圧という。

(2) 周囲から高気圧の中心に向かって，右まわり（時計の針の進む方向）に風が吹き込んでいる。

(3) 一般に，低気圧の中心付近では等圧線の間隔は広く，強い風が吹いている。

(4) 高気圧の中心付近では上昇気流が生じているので雲ができにくいため，通常天気がよい。

(5) 風は気圧の高いほうから低いほうへ吹くが，そのとき，風向は等圧線に対して直角にはならない。

(1) ☐ (2) ☐ (3) ☐ (4) ☐ (5) ☐

2025年度版 スイスイわかる　保育士採用　教養試験問題集

(2023年度版　2022年4月12日　初版　第1刷発行)
2024年4月20日　初版　第1刷発行

編著者　TAC株式会社
(保育士採用試験情報研究会)
発行者　多田敏男
発行所　TAC株式会社　出版事業部
(TAC出版)
〒101-8383　東京都千代田区神田三崎町 3-2-18
電話 03(5276)9492(営業)
FAX 03(5276)9674
https://shuppan.tac-school.co.jp

組版　有限会社　文字屋
印刷　日新印刷　株式会社
製本　株式会社　常川製本

ISBN 978-4-300-11092-8
N.D.C. 376

TAC出版 書籍のご案内

TAC出版では、資格の学校TAC各講座の定評ある執筆陣による資格試験の参考書をはじめ、資格取得者の開業法や仕事術、実務書、ビジネス書、一般書などを発行しています！

TAC出版の書籍

＊一部書籍は、早稲田経営出版のブランドにて刊行しております。

資格・検定試験の受験対策書籍

- 日商簿記検定
- 建設業経理士
- 全経簿記上級
- 税　理　士
- 公認会計士
- 社会保険労務士
- 中小企業診断士
- 証券アナリスト
- ファイナンシャルプランナー(FP)
- 証券外務員
- 貸金業務取扱主任者
- 不動産鑑定士
- 宅地建物取引士
- 賃貸不動産経営管理士
- マンション管理士
- 管理業務主任者
- 司法書士
- 行政書士
- 司法試験
- 弁理士
- 公務員試験(大卒程度・高卒者)
- 情報処理試験
- 介護福祉士
- ケアマネジャー
- 電験三種　ほか

実務書・ビジネス書

- 会計実務、税法、税務、経理
- 総務、労務、人事
- ビジネススキル、マナー、就職、自己啓発
- 資格取得者の開業法、仕事術、営業術

一般書・エンタメ書

- ファッション
- エッセイ、レシピ
- スポーツ
- 旅行ガイド（おとな旅プレミアム/旅コン）

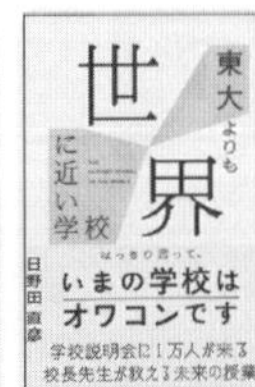

(2024年2月現在)

書籍のご購入は

1 全国の書店、大学生協、ネット書店で

2 TAC各校の書籍コーナーで

資格の学校TACの校舎は全国に展開!
校舎のご確認はホームページにて

資格の学校TAC ホームページ
https://www.tac-school.co.jp

3 TAC出版書籍販売サイトで

TAC 出版 で 検索

https://bookstore.tac-school.co.jp/

新刊情報を
いち早くチェック!

たっぷり読める
立ち読み機能

学習お役立ちの
特設ページも充実!

TAC出版書籍販売サイト「サイバーブックストア」では、TAC出版および早稲田経営出版から刊行されている、すべての最新書籍をお取り扱いしています。
また、会員登録(無料)をしていただくことで、会員様限定キャンペーンのほか、送料無料サービス、メールマガジン配信サービス、マイページのご利用など、うれしい特典がたくさん受けられます。

サイバーブックストア会員は、特典がいっぱい!(一部抜粋)

通常、1万円(税込)未満のご注文につきましては、送料・手数料として500円(全国一律・税込)頂戴しておりますが、1冊から無料となります。

専用の「マイページ」は、「購入履歴・配送状況の確認」のほか、「ほしいものリスト」や「マイフォルダ」など、便利な機能が満載です。

メールマガジンでは、キャンペーンやおすすめ書籍、新刊情報のほか、「電子ブック版TACNEWS(ダイジェスト版)」をお届けします。

書籍の発売を、販売開始当日にメールにてお知らせします。これなら買い忘れの心配もありません。

書籍の正誤に関するご確認とお問合せについて

書籍の記載内容に誤りではないかと思われる箇所がございましたら、以下の手順にてご確認とお問合せをしてくださいますよう、お願い申し上げます。
なお、正誤のお問合せ以外の**書籍内容に関する解説および受験指導などは、一切行っておりません。**
そのようなお問合せにつきましては、お答えいたしかねますので、あらかじめご了承ください。

1 「Cyber Book Store」にて正誤表を確認する

TAC出版書籍販売サイト「Cyber Book Store」の
トップページ内「正誤表」コーナーにて、正誤表をご確認ください。

CYBER BOOK STORE TAC出版書籍販売サイト

URL:https://bookstore.tac-school.co.jp/

2 1の正誤表がない、あるいは正誤表に該当箇所の記載がない ⇒ 下記①、②のどちらかの方法で文書にて問合せをする

★ご注意ください★

お電話でのお問合せは、お受けいたしません。
①、②のどちらの方法でも、お問合せの際には、「お名前」とともに、
「対象の書籍名(○級・第○回対策も含む)およびその版数(第○版・○○年度版など)」
「お問合せ該当箇所の頁数と行数」
「誤りと思われる記載」
「正しいとお考えになる記載とその根拠」
を明記してください。
なお、回答までに1週間前後を要する場合もございます。あらかじめご了承ください。

① ウェブページ「Cyber Book Store」内の「お問合せフォーム」より問合せをする

【お問合せフォームアドレス】

https://bookstore.tac-school.co.jp/inquiry/

② メールにより問合せをする

【メール宛先　TAC出版】

syuppan-h@tac-school.co.jp

※土日祝日はお問合せ対応をおこなっておりません。
※正誤のお問合せ対応は、該当書籍の改訂版刊行月末日までといたします。

乱丁・落丁による交換は、該当書籍の改訂版刊行月末日までといたします。なお、書籍の在庫状況等により、お受けできない場合もございます。
また、各種本試験の実施の延期、中止を理由とした本書の返品はお受けいたしません。返金もいたしかねますので、あらかじめご了承くださいますようお願い申し上げます。

TACにおける個人情報の取り扱いについて
■お預かりした個人情報は、TAC(株)で管理させていただき、お問合せへの対応、当社の記録保管にのみ利用いたします。お客様の同意なしに業務委託先以外の第三者に開示、提供することはございません(法令等により開示を求められた場合を除く)。その他、個人情報保護管理者、お預かりした個人情報の開示等及びTAC(株)への個人情報の提供の任意性については、当社ホームページ(https://www.tac-school.co.jp)をご覧いただくか、個人情報に関するお問い合わせ窓口(E-mail:privacy@tac-school.co.jp)までお問合せください。

(2022年7月現在)

別冊正解・解説冊子

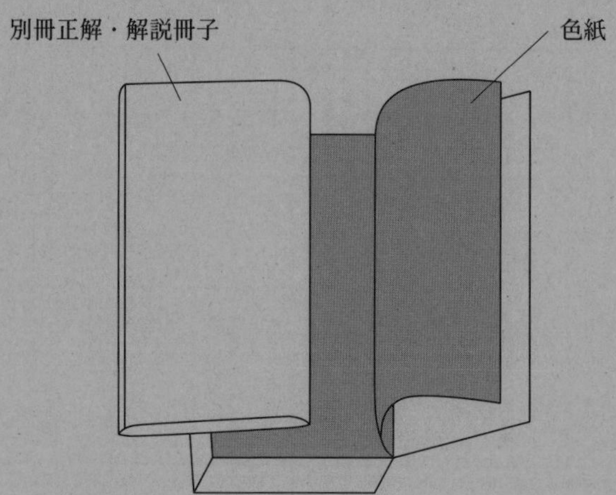

〈別冊正解・解説冊子ご利用時の注意〉

以下の「別冊正解・解説冊子」は，この色紙を残したままていねいに抜き取り，ご利用ください。

また，抜取りの際の損傷についてのお取替えはご遠慮願います。